Die hellenistische Welt
Größte Ausdehnung des Alexanderreiches
Städtegründungen
Gründungen Alexanders
Hellenistische Neugründungen
Hellenisierte Städte
Züge Alexanders des Großen
Zug des Feldherrn Krateros
Seefahrt des Admirals Nearchos
0
500
1000 km
Donau
Odessos
Schwarzes Meer
Makedonien
Pella
Thrakien
Byzanz
Amastris
Nikomedia
Eupatoria
334
Philetairia
Gordion
Pergamon
Ankyra
333
Athen
Sparta
Ephesos
Sardes
Dokimion
Lydien
Antiochia
Themisonion
Kappadokien
Armenien
Artaxata
Tyana
Halikarnassos
Stratonikia
Kilikien
Issos
333
Patara
Ptolemais
Alexandria
Antiochia
Zeugma
Apamia
Europos
Antiochia-
Nisibis
331
Gaugamela
Medien
Mittelmeer
Chalkis
Laodikia
Arados
Apamia
Sidon
Tyros
Syrien
Damaskus
Gadara
Dion
Samaria
Gaza
Mesopotamien
Nikephorion
Thapsakos
Alexandria
(Arbela)
Seleukia
Tigris
331
Chala
Apamia
Seleukia
(Opis)
Neapolis
Babylon
Euphrat
Parätonion
Alexandria
Ammonion
(OaseSiwa)
Memphis
Ägypten
Arsinoe
Nil
Ptolemais
Theben
Syene
(Assuan)
Rotes Meer
Arabien
Kaspisches Meer
Epiphania
(Ekbatana)
Gabai
(Isfahan)
Seleukia
(Susa)
Alexandria
Hekatompylos
Parthien
Alexandropolis
Alexandria
(Merv)
Marakanda
(Samarkand)
Oxos
(d. „äußerste")
Alexandria
329
(Chodschent)
Alexandria
Baktrien
Alexandria
Alexandria
(Herat)
Alexandria
(Ghasni)
Alexandria
(Kandahar)
Alexandria
(Prophthasia)
Bukephala
Nikaia
Reich d. Poros
326
Indus
Hyphasis
Alexandria
Alexandria
Gedrosien
Alexandria
Pattala
Pura
325
Reich der Ptolemäer
Pergamon
Reich der Seleukiden
Baktrien
Diadochenreiche

Grundzüge der Geschichte · Sekundarstufe I (Gymnasium) · Band 1

Bestell-Nr. 7941

Grundzüge der Geschichte

Sekundarstufe I (Gymnasium) · Band I
Herausgegeben von Dr. Eugen Kaier

Von der Urgeschichte bis zum Ende der Völkerwanderungszeit

Bearbeitet von
Gymnasialprofessor Dr. Rudolf Weirich
und Oberstudiendirektor Joachim Herbst
unter Mitarbeit von
Oberstudiendirektor Alfred Makatsch

VERLAG MORITZ DIESTERWEG
Frankfurt am Main · Berlin · München

Bildauswahl: Werner Bautsch
Kartenzeichnungen: Rudi Hubert, Berlin
Skizzen: Karl Schilling, Frankfurt am Main

Genehmigt für den Gebrauch in Schulen
Genehmigungsdaten teilt der Verlag auf Anfrage mit

ISBN 3-425-07941-7

12. Auflage

Satzarbeiten: Universitätsdruckerei Mainz GmbH.
Druck- und Bindearbeiten: Oscar Brandstetter Druckerei KG, Wiesbaden

Vorwort

Durch die Neugestaltung der gymnasialen Oberstufe gewinnt der Geschichtsunterricht der Sekundarstufe I neue Relevanz. Bereits hier müssen die soliden Grundlagen erarbeitet werden, auf denen der thematisch ausgerichtete Unterricht der Sekundarstufe II aufbauen kann.

Unter diesen Gesichtspunkten bemühen sich die Bearbeiter des vorliegenden Unterrichtswerkes um eine konsequente Straffung des Stoffes und eine übersichtliche Gliederung der großen Stoffeinheiten in Lehr- und Lerneinheiten, die für den Schüler der Sekundarstufe I überschaubar und faßbar sind. Sie glauben, dem Lehrer und dem Schüler einen Dienst zu erweisen, wenn sie durch schlichte Darbietung des geschichtlichen Stoffes – unter Verzicht auf phantasiereiche Ausdeutung – dem Lehrer die ihm gemäße methodische Gestaltung des Unterrichts überlassen, dem Schüler ein störendes Pathos ersparen und keine Wertungen aufzwingen.

Das umfangreiche Bildmaterial soll den Text verdeutlichen und ergänzen. Die Bilder sind selbst Elemente der Überlieferung, originale Zeugnisse und „Quellen", die das arbeitsunterrichtliche Verfahren erleichtern. Dieses Verfahren kann außerdem nachhaltig unterstützt werden durch die gleichzeitige Verwendung der Materialienbände des „Handbuchs des Geschichtsunterrichts": Das Altertum (Diesterweg 7331), Das Mittelalter (Diesterweg 7332). Sie enthalten zusätzliches Material für die Quellenarbeit, für Referate und für die Gruppenarbeit der Schüler.

In der Chronologie wurde bei umstrittenen Daten Vorsicht geübt. In der vorgeschichtlichen Forschung tauchen immer wieder Neuansätze von Datierungen auf, die noch nicht zur communis opinio der Wissenschaft geworden sind. In der orientalischen Geschichte weisen die Standardwerke oft bedeutende Unterschiede auf. In der frühgriechischen Geschichte hielten wir vorerst mit Berve an der alten Datierung für den Vorstoß der Achäer nach Kreta fest. Wir bitten hier die Kollegen, die als Experten auf Spezialgebieten in enger Berührung mit der Forschung stehen, Verständnis aufzubringen. Für jede Anregung und für alle begründeten Verbesserungswünsche werden wir wie von jeher dankbar sein.

Herausgeber und Verfasser

Inhaltsverzeichnis

ERSTES KAPITEL

Aus der Urzeit unserer Heimat und Europas

ZWEITES KAPITEL

Die alten Völker des Morgenlandes

DRITTES KAPITEL

Die Welt der Griechen

VIERTES KAPITEL

Das Römerreich

FÜNFTES KAPITEL

Die Zeit der großen Völkerwanderung

Bildnachweis

Fratelli Alinari, Florenz (32). Andres/Bormann, Hamburg (2). Archiv für Kunst und Geschichte, Berlin (3). archivio foto B, Mailand (2). Werner Bautsch, Frankfurt/M. (1). Bavaria-Verlag, Gauting (2). Erwin Böhm, Mainz (3). Karl Brandt, Herne (5). British Museum London (2). F. Bruckmann Bildarchiv, München (1). Deutsches Archäologisches Institut, Rom (1). Rudolf Diehl, Osnabrück (1). Foto Marburg (16). Germanisches Nationalmuseum Nürnberg (1). Giraudon, Paris (1). Konrad Helbig, Frankfurt/M. (1). Dr. Hellmut Hell, Reutlingen: aus Kimmig-Hell „Schätze der Vorzeit" (10). Hirmer Verlag, München (34). Holle Bildarchiv, Baden-Baden (7). Herbert Kraft, Berlin (2). Kunstarchiv Arntz, Haag/Obb. (2). Kunsthistorisches Museum Wien (1). Landesmuseum Trier (2). Dr. Ulrich Lübbert, Garmisch (1). Leonhard von Matt, Buochs/Schweiz (5). Musei e Gallerie Pontificio Vaticano (1). Nationalmuseum Kopenhagen (1). Pergamon Museum Berlin (2). Paul Popper, London (2). Oskar Poss, Regensburg (1). Rheinisches Bildarchiv, Köln (1). Scala, Florenz (1). Staatliche Antikensammlung München (3). Staatliche Museen zu Berlin/Ost (1). Stiftung Preußischer Kulturbesitz: Staatliche Museen Berlin (4); Staatsbibliothek, Bildarchiv Handke (1). Textilmuseum Münster (1). Ullstein-Bilderdienst, Berlin (4). Uni-Dia-Verlag, Großhesselohe (4). Zentrale Farbbild Agentur, Düsseldorf (8).

Bild auf dem Umschlag: Der große Sphinx von Gizeh (vgl. S. 26). Im Hintergrund rechts ist ein Teil der Pyramide des Pharaos Chefren sichtbar. Foto: Heinz Müller-Brunke, Grassau.

Rechte Seite: Eiszeitliche Wohnhöhle in der Schwäbischen Alb

ERSTES KAPITEL

Aus der Urzeit unserer Heimat und Europas

I. Von den ältesten Spuren des Menschen

1. Die Erdzeitalter und der Beginn der Menschheitsgeschichte

Die Erde, der Lebensboden des Menschen. Der wachsende Baum bildet jedes Jahr einen neuen Ring zwischen Rinde und Stamm; er wird Jahr für Jahr höher und mächtiger. Wenn ein Baum gefällt wird, zählt der Förster oft hundert und mehr solcher Jahresringe. Dann mag er an seinen Vater, den Großvater und den Urgroßvater denken, die während der Zeit gelebt haben, in der dieser Baum zu seiner jetzigen Stärke und Höhe heranwuchs.

Wie steht es aber mit der Erde, in der die Bäume wurzeln und auf der die Menschen leben? Auch sie ist allmählich entstanden, und die Erdoberfläche (Erdkruste) hat sich oft verändert, bis sie so war, wie wir sie heute vom Flugzeug aus auf weite Strecken überblicken können oder wie sie auf dem Globus im ganzen abgebildet ist. Ähnlich wie die Jahresringe dem Förster das Lebensalter des Baumes anzeigen, verraten die Boden- und Gesteinsschichten der Erdoberfläche dem Forscher das Alter und die Geschichte der Erde. Oft dauerte es Millionen von Jahren, bis sich solche Schichten gebildet hatten. Man schätzt das Alter der Erde heute auf mindestens drei Milliarden Jahre. Eine so lange Zeit kann sich der Mensch mit seiner kurzen Lebensdauer gar nicht vorstellen. Er muß dann wohl an das Wort denken: Tausend Jahre sind vor Gott wie ein Tag.

Die Gelehrten bestimmen das Alter der Erde nach Erdzeitaltern. Viele solcher Zeitalter vergingen, bevor der Mensch auf der Erde leben konnte. Wir wissen von einem Zeitalter, in dem es Lebewesen nur im Wasser gab. In einem anderen Erdzeitalter lebten drachenartige Tiere (Saurier), die Wasser, Land und Luft bevölkerten. Es gab Vögel mit Riesenschwingen, vergleichbar dem sagenhaften Vogel Greif, die wohl das Gewicht eines Mannes hätten tragen können. Schließlich kennen wir auch Zeitalter, in denen dort Meere waren, wo heute Gebirge sind, und andere, in denen große Landgebiete im Meer versanken.

etwa 600 000 bis 10 000 v. Chr.

Die Eiszeit. Vor ungefähr 600 000 Jahren begann ein Erdzeitalter, das wir die Eiszeit nennen. Damals verlor die Sonne an wärmender Kraft, und über weite Gebiete Europas, Asiens und Nordamerikas schoben sich mächtige Eismassen. In Europa wurden von Norden aus ganz Skandinavien, Deutschland bis etwa zu den Mittelgebirgen, England und große Teile Rußlands völlig mit Eis bedeckt. Im Süden Deutschlands reichte ein Eispanzer von den Alpen bis zur Donau. Pyrenäen, Schwarzwald und Vogesen, das Balkangebirge und der Kaukasus wurden von Gletschern überzogen. Eisfrei blieben jedoch der größte Teil Spaniens und Frankreichs, das Mittelmeergebiet, Teile Süd- und Mitteldeutschlands, die Donauländer und Südrußland. Das eisbedeckte Land glich dem heutigen Grönland; an seinen Rändern wuchs dürftiges Gras wie heute noch in den Kältesteppen des Nordens.

Die Eiszeit wurde dreimal durch lange, wärmere Zeitabschnitte unterbrochen, in denen das Eis abschmolz und ein tropischer Urwald weite Teile Europas bedeckte. Wir unterscheiden deshalb vier Zeiten der Vereisung und drei Warmzeiten (Zwischeneiszeiten). Mit dem Ende der letzten Vereisung um 10 000 v. Chr. beginnt das Gegenwartszeitalter der Erde.

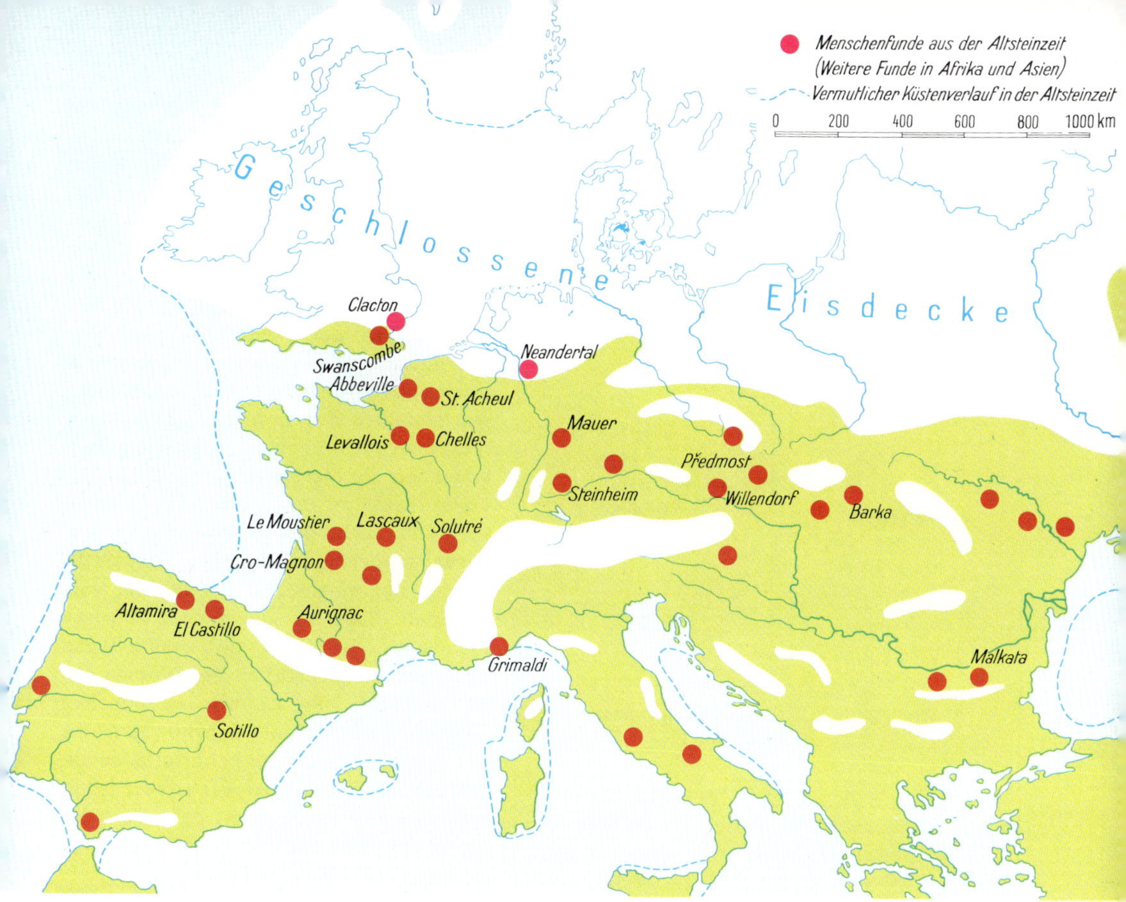

Europa zur Zeit der größten Vereisung. Die Karte zeigt auch einige wichtige Fundorte: Mauer bei Heidelberg (1. Zwischeneiszeit), Steinheim und Swanscombe (2. Zwischeneiszeit), das Neandertal (3. Zwischeneiszeit) sowie Lascaux und Altamira, wo Höhlenmalereien aus der letzten Eiszeit gefunden wurden (vgl. S. 6).

Der Beginn der Menschheitsgeschichte. Vielleicht schon vor der Eiszeit, sicher aber seit ihrem Beginn, lassen sich die ältesten Spuren des Menschen nachweisen. Meist werden sie, tief im Erdboden verborgen, ganz zufällig gefunden. Oft handelt es sich dabei nur um Skelettreste, die von den Knochenformen des heutigen Menschen teilweise abweichen. Wenn aber der Forscher an einer derartigen Fundstelle Steinwerkzeuge ausgräbt oder eine Feuerstelle entdeckt, weiß er, daß hier Menschen gelebt haben; denn nur der Mensch ist befähigt, Geräte zu ersinnen und die Kraft des Feuers zu bändigen und auszunützen. So führen uns diese Spuren an den Anfang der Geschichte aller Menschen, d. h. der Menschheit.

Viele hunderttausend Jahre hat es dann noch gedauert, bis die Menschen die Schrift erfanden und ihre Namen und ihre Taten überliefern konnten. Aber im Boden der Erde blieben uns Spuren der schriftlosen Urzeit erhalten: Gräber der Toten, Reste alter Siedlungen, Geräte, Werkzeuge und vieles andere. Den unvorstellbar langen Abschnitt der Menschheitsgeschichte ohne schriftliche Überlieferung nennen wir die Urgeschichte der Menschen. Aus zahllosen kleinen und großen Funden haben die Forscher wie aus Mosaiksteinen ein ungefähres Bild dieser Urgeschichte zusammengesetzt.

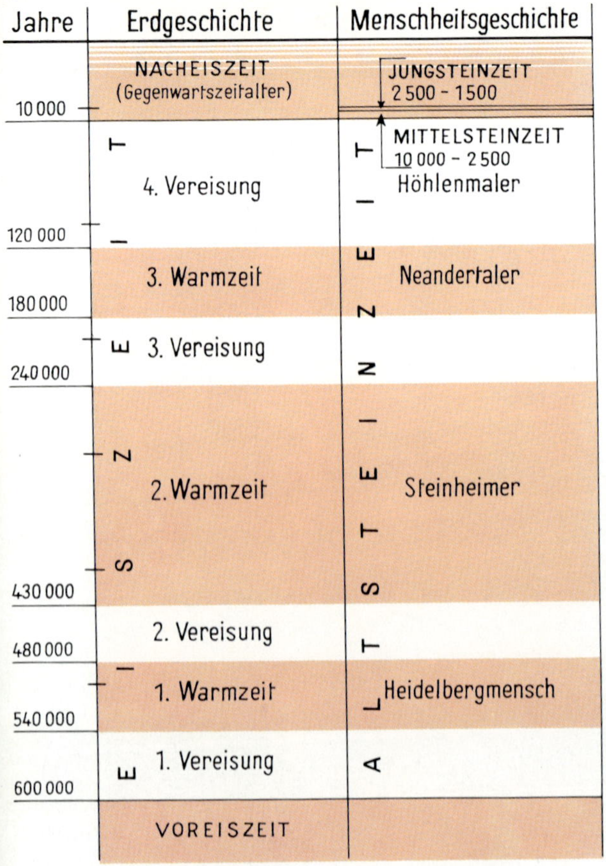

Die Steinzeit in Europa (nach Kühn)

Die Menschheitszeitalter. Nur langsam lernten die Menschen die Fähigkeiten ihres Geistes mehr und mehr zu gebrauchen und sich das, was die Erde ihnen bot, dienstbar zu machen. Lange Zeit fertigten sie ihre Geräte aus Stein. Dieses Zeitalter der menschlichen Urgeschichte nennen wir deshalb die Steinzeit. Sie umfaßt den größten Teil der Menschheitsgeschichte überhaupt und reicht über Hunderttausende von Jahren hinweg bis in das Gegenwartszeitalter der Erde (vgl. S. 2). Sehr spät, aber nicht überall zur gleichen Zeit, begannen die Menschen das Kupfer als erstes Metall zu verwenden. Bald lernten sie dann auch, das weiche Kupfer dadurch zu härten, daß sie neun Teile (9/10) Kupfer mit einem Teil (1/10) Zinn vermischten. Das so gewonnene härtere Metall, die Bronze, gab dem zweiten Zeitalter der Menschheit den Namen der Bronzezeit. Sie dauerte in manchen Gegenden nur ein paar Jahrhunderte, bis das Eisen, das bis dahin härteste Metall, in Gebrauch kam. In der Eisenzeit leben wir eigentlich heute noch; denn auch für uns ist das Eisen noch der wichtigste Werkstoff.

2. Die Menschen der Altsteinzeit

etwa 600000 bis 10000 v. Chr.

Der früheste Mensch im Europa der Altsteinzeit. Nach den Formen der gefundenen Steinwerkzeuge teilen wir die Steinzeit in drei Abschnitte ein, in Alt-, Mittel- und Jungsteinzeit. Den Abschnitt, der zeitlich mit der Eiszeit zusammenfällt, bezeichnen wir als Altsteinzeit (etwa 600000 bis 10000 v. Chr.).

Überreste von Menschen aus der frühen Altsteinzeit wurden auf der Insel Java, in China und in Afrika entdeckt. In Europa fand man die älteste Spur des Menschen dieser Zeit bei dem Dorfe Mauer in der Nähe Heidelbergs. Deshalb gab man diesem Fund den Namen „homo Heidelbergensis“ (= Heidelbergmensch). Erhalten ist allerdings nur ein Unterkieferknochen, der 24 m tief im Neckarkies lag. Der unförmige, plumpe Kiefer ist viel größer als beim heutigen Menschen; auch fehlt der Kinnvorsprung. Die überaus kräftigen Zähne lassen auf häufiges Kauen von Fleischnahrung schließen. Die Gelehrten nehmen an, daß der Heidelbergmensch in der ersten Zwischeneiszeit gelebt hat (etwa 500000 v. Chr.).

Den Menschen der frühen Altsteinzeit gelangen zwei wichtige Erfindungen: sie lernten mit dem Feuer umzugehen und aus hartem Feuerstein Werkzeuge herzustellen. Diese Feuersteinkeile wurden so zugeschlagen, daß sie mit der Hand bequem umfaßt werden konnten. Der spitze Teil ragte aus der zupackenden Faust heraus; darum nennt man diese ersten Werkzeuge und Waffen des Menschen Faustkeile.

Der Neandertaler und seine Opferstätten. Auch aus der zweiten Zwischeneiszeit hat man in Europa vereinzelt Überreste von Menschen gefunden (z. B. bei Steinheim in Württemberg). Die Kenntnis von einer weiter verbreiteten Menschengruppe brachte uns jedoch ein anderer europäischer Fund, auf den man bereits 1856 im Neandertal bei Düsseldorf stieß. Damals entdeckten Arbeiter in einer Grotte den Schädel und Skelettreste eines Menschen, der in der letzten Zwischeneiszeit (etwa 180000 bis 120000 v. Chr.) gelebt hat. Gleichartige Überreste hat man dann auch an vielen Orten in Europa, in Vorderasien und auf Java ausgegraben.

Der Neandertalmensch besaß eine flach zurückfliehende Stirn, die Augen lagen tief in ihren Höhlen, der Unterkiefer hatte keine Kinnspitze. Aber wir wissen heute, daß in den Neandertalmenschen trotz der groben Gesichtsform menschlicher Geist wirkte. Die Männer waren Jäger. Mit viel Geschick erlegten sie die Tiere, die während der Warmzeiten auch in Europa lebten: verschiedene Elefanten- und Nashornarten, Löwen und Affen, Riesenhirsche und Bären. Die Frauen sammelten Pflanzen, Früchte und Beeren. Sehr wahrscheinlich lebten die Neandertaler schon in kleinen Gruppen oder Horden zusammen.

Aus der Zeit des Neandertalers stammt wahrscheinlich auch das Skelett eines Altelefanten, das man in einem Mergellager bei Verden a.d. Aller gefunden hat. Dieser Elefant war ein wärmeliebendes Tier und größer als das Mammut. Zwischen den Rippen des Skeletts steckte noch ein 2,40 m langer Speer aus Eibenholz. Er war mit Steinklingen zugespitzt, die Spitze im Feuer gehärtet.

Die Neandertaler bestatteten ihre Toten, schmückten sie und bestreuten sie mit farbiger Tonerde (Ocker). Sie gaben ihnen Feuersteingeräte und Nahrungsmittel mit ins Grab, weil sie an ein Weiterleben nach dem Tode glaubten. Außer Gräbern wurden aber auch Opferstätten der Neandertaler entdeckt. So fand man in mehreren Berghöhlen bei St. Gallen in der Schweiz und in der Petershöhle bei Velden in Mittelfranken große Steinkästen. Darin lagen Bärenschädel und bestimmte Knochen sorgfältig geordnet, vermutlich Überreste von Opfergaben. Bei Jägervölkern in Sibirien und Japan, die sich Gewohnheiten aus den Urzeiten erhalten haben, herrschen heute noch ähnliche Opfersitten.

Die Höhlenmaler der ausgehenden Altsteinzeit. Während der letzten Vereisung (etwa 120000–10000 v. Chr.) verbreiteten sich in vielen Teilen Europas Menschen, die im Aussehen dem heutigen Europäer schon sehr ähnlich waren. Diese Menschen jagten vor allem das Wild, das während der Kaltzeiten die eisfreien Gebiete bevölkerte: das riesige Mammut, das Rentier und das Wildpferd, den Bison und den Hirsch, das Hermelin und den Eisfuchs. Da das Wild wanderte, zogen die Menschen in Horden hinter ihm her und ließen sich bald da, bald dort für

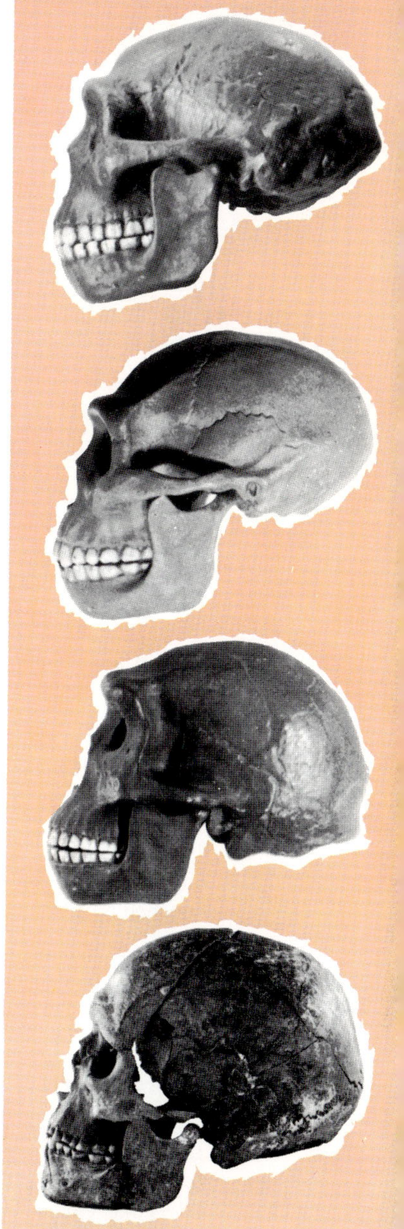

Schädelformen des eiszeitlichen Menschen. Von oben nach unten: Heidelbergmensch, Vor-Neandertaler, Neandertaler, Höhlenmaler

Darstellung eines tanzenden Zauberers (mit Tiermaske, Hirschgeweih und Fell eines Wildpferdes) in der Höhle von Les Trois Frères

einige Zeit nieder; sie waren also Nomaden. Als Wohnplatz benutzten sie gerne Höhlen und Felsüberhänge an der Südseite sonniger, geschützter Täler. Gelegentlich stellten sie wohl auch einfache Zelte aus Fellen im Freien auf.

Aus Tierknochen und Rentiergeweihen schnitzten sie Geräte und Waffen. Mit dünnen Knochennadeln, in die ein feines Öhr eingebohrt war, und mit Fäden aus Tierdarm nähten die Frauen ihren Kindern das Pelzkleid. Die Männer gebrauchten für den Fischfang Harpunen, Speerspitzen mit Widerhaken, die auf einem Holzschaft saßen.

Aber auch die Erfindung des Bogens, der die Jagd wesentlich erleichterte, fällt in jene Zeit. Immer vollkommener beherrschten die Menschen die Kunst, Feuersteine zuzuschlagen. Statt der groben Keile, die die Menschen früher benutzt hatten, fertigte man jetzt zierliche Steinklingen an.

Unter den Menschen dieser letzten Eiszeit lebten wohl die ersten großen Künstler, die die Erde kennt. In Frankreich und in Nordspanien hat man tief im Dunkel der Höhlen an den Wänden und Decken Zeichnungen und richtige Gemälde gefunden: vom Mammut, Bison, Rentier, Wildpferd und vielen andern Tieren. Einige Bilder wirken so vollendet, daß man lange Zeit an ihrem Alter zweifelte und von Fälschungen sprach. Bald fanden sich aber in unberührten Schichten des Bodens auch die genauen Entwürfe zu mehreren Großbildern; sie waren meist auf Tierknochen eingeritzt. So mußten die Zweifel verstummen.

Die mit Tierfett angerührte Farbe ist mit dem Pinsel oder mit der Hand aufgetragen; bei einigen Bildern ist sie auch mit Hilfe von Röhrenknochen angespritzt. Steinlampen, die mit Tierfett gespeist wurden, mußten dem Künstler das nötige Licht für seine Arbeit spenden. Die Maler hatten aber nicht etwa die Absicht, die düsteren Höhlen zu schmücken. Vielmehr wollten sie das Wild durch Zauber in ihre Gewalt bekommen; denn die Menschen lebten damals nur von der Jagd, und dabei ließ sie das Glück oft im Stich.

Der Zauberer einer Horde malte die Tiere an die Höhlenwand. Dann mag er die Jäger vor die Bilder geführt und beschwörend etwa folgende Worte gesprochen haben: „Dich Mammut, dich Bison, werden wir morgen erlegen!“ Danach tanzten die Männer vor den Bildern. In einer Höhle sind sogar noch die Fußspuren der Tänzer erhalten. Der Zauberer trug eine Tiermaske, Haupt, Geweih und Fell eines Hirsches oder Hörner eines Bisons, und blies zum Tanz eine einfache Flöte. Auch das zeigen die Bilder. Zahlreiche Zeichnungen sind auf Knochen gefunden worden, die an einem Ende durchlöchert waren. Sicher dienten diese Stäbe ebenfalls dem Jagdzauber.

Rechte Seite: Feuersteinwerkzeuge und Knochengerät aus der letzten Eiszeit. Die Abbildung zeigt Harpunenspitzen, die in der „Brillenhöhle“ in der Nähe von Ulm gefunden wurden. Die anderen Geräte stammen aus der „Vogelherdhöhle“ in der gleichen Gegend: Klingen, Stichel, Schaber und Kratzer.

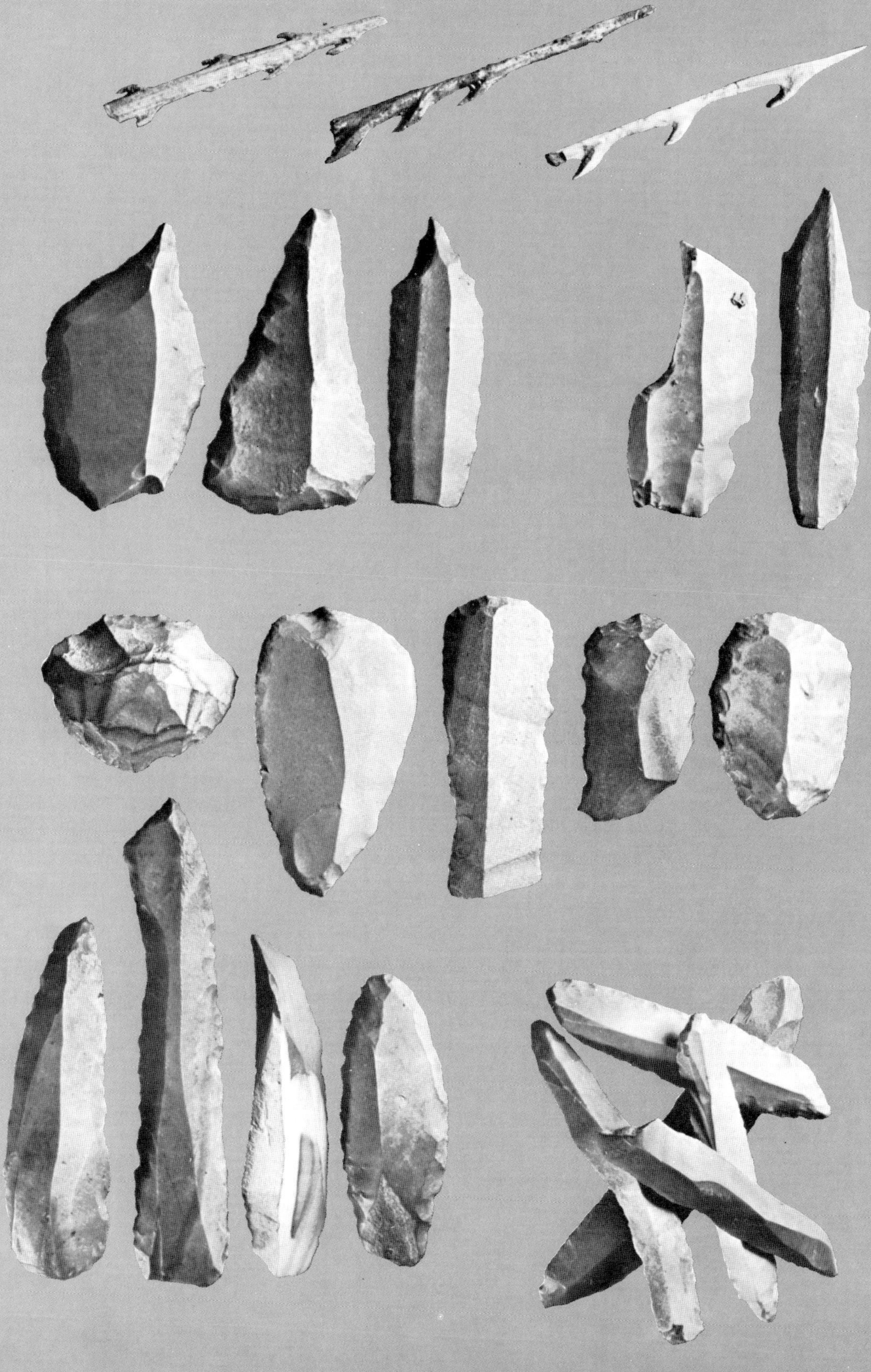

II. Mittelsteinzeit und Jungsteinzeit

1. Entdeckungen und Erfindungen der Mittelsteinzeit

10000 bis etwa 2500 v. Chr.

Das wärmere Klima der Mittelsteinzeit. Die Mittelsteinzeit dauerte in Mittel- und Nordeuropa von 10000 bis etwa 2500 v. Chr. Als die südlichen Binnengletscher abschmolzen, folgten die kälteliebenden Tiere der langsam nach Norden zurückweichenden Eisgrenze. Die Jäger zogen ihnen nach. Aus dem Schmelzwasser der Gletscher entstanden große Seen, und der Fischfang bot hier den Menschen neben der Jagd reiche Nahrung. Im Laufe der Jahrhunderte wurde es immer wärmer. Es wuchsen lichte Wälder mit Eichen, Birken, Ulmen und vor allem dem Haselstrauch, dessen Früchte die Menschen sammelten. Das günstige Klima lockte von Süden und Osten neue Menschengruppen nach Mitteleuropa.

Neuerungen in der Lebensweise. Den Menschen der Mittelsteinzeit gelang eine Reihe neuer Erfindungen. Bisher hatten die Frauen mühsam die Körner der wilden Gräser gesammelt und mit einem Grabstock Wurzeln und Pflanzenknollen aus der Erde gewühlt. Jetzt kamen die Menschen auf den Gedanken, selbst Körner und Knollen in gelockerte Erde zu stecken. Seitdem ernteten sie im Herbst reichere Erträge und konnten in ihren einfachen Hütten größere Vorräte für den Winter aufbewahren. So lernten die Menschen die Anfänge des Ackerbaus. Damals begannen sie auch mit der Zähmung wilder Tiere. Sie zogen Wildschweine in Gehegen auf und zähmten junge Wölfe. Schon jetzt wurde der Hund ein treuer Wächter des Menschen.

Findige Männer oder Frauen beobachteten, daß Lehm und Ton im Feuer hart wurden. Dies veranlaßte sie, einfache Tongefäße zu formen und im offenen Herdfeuer zu brennen. So wurde die Töpferei erfunden. Auch das Beil ist eine Erfindung der Mittelsteinzeit. Es bestand aus Geweihstangen oder scharfkantigen Feuersteinsplittern, die an einem Stiel befestigt wurden. Das Beil wurde bald zum wichtigsten Gerät und diente wie früher der Faustkeil als Waffe und Werkzeug zugleich. Beim Fischfang benutzten die Menschen der Mittelsteinzeit bereits ein einfaches Boot, den Einbaum. Dieser bestand aus einem mit Feuer und Beil der Länge nach ausgehöhlten Baumstamm, der auf dem Wasser mit Hilfe eines Paddels aus Holz fortbewegt wurde.

In den weiten Steppengebieten Innerasiens sind die Menschen erstmals Hirten geworden. Sie züchteten Schafe, Ziegen, Rinder und schließlich auch Pferde. Wandernde Menschengruppen oder auch Händler brachten diese Tiere dann nach Europa. Als die Menschen hier neben dem Anbau der Feldfrüchte noch die Viehzucht kennenlernten, wanderten sie nicht mehr unstet dem jagdbaren Wild nach; sie wurden seßhaft. Diese Veränderung in der menschlichen Lebensweise trat in Mitteleuropa am Ende der Mittelsteinzeit ein.

2. Die seßhaften Bauern der Jungsteinzeit

etwa 2500 bis 1500 v. Chr.

Die Erfindungen. Die seßhaften Menschen der Jungsteinzeit (in Mittel- und Nordeuropa etwa 2500 bis 1500 v. Chr.) waren nicht mehr so sehr von der Sorge um die tägliche Nahrung geplagt wie die Sammler und Jäger früherer Zeiten. Sie konnten jetzt viel mehr Mühe auf die Herstellung ihrer Werkzeuge und Geräte und auf den Bau ihrer Wohnstätten verwenden. Dabei wurde ihre Geschicklichkeit immer größer.

Rechte Seite oben: Altsteinzeitliches Felsbild aus der Höhle von Lascaux bei Montignac (vgl. S. 3). Das Bild des Urrindes ist überdeckt von Bildern eines großen und mehrerer kleiner Wildpferde. Ganz links erkennt man den Kopf und das Geweih eines Hirsches. – Unten: Von Pfeilen getroffener Bison. Felsbild in der Höhle von Niaux (Südfrankreich).

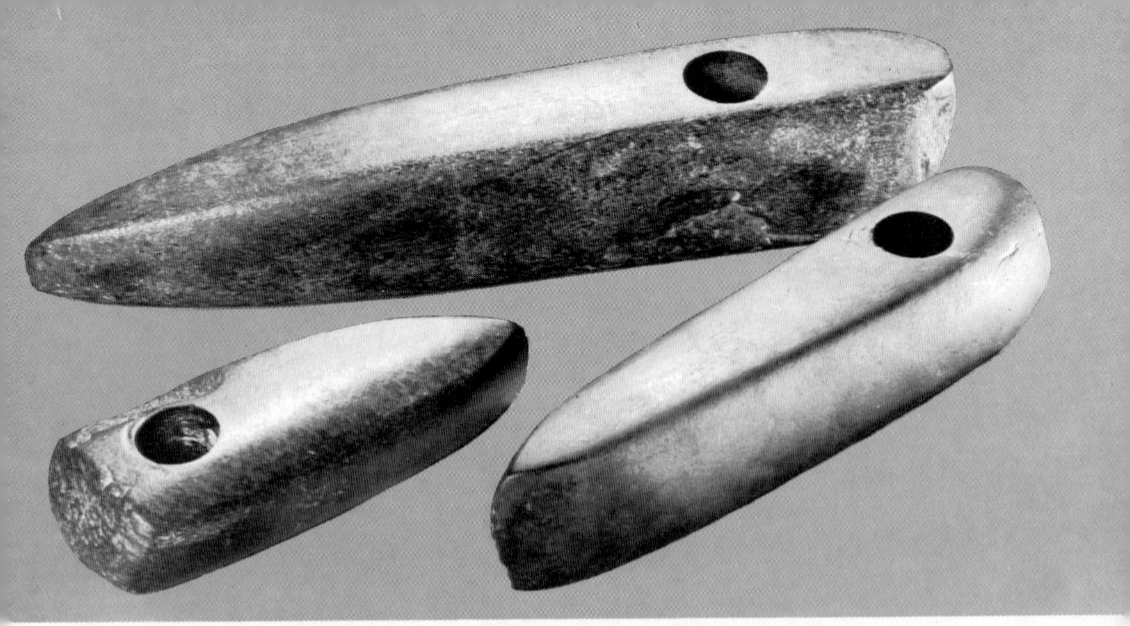

Durchbohrte Steinbeile aus der Jungsteinzeit. Diese Flachhacken (Länge zwischen 38,5 und 12 cm) wurden von den Bandtöpfern verwendet.

Ein großer Fortschritt wurde in der Bearbeitung des Steins erzielt. Früher hatten die Menschen den harten Feuerstein nur behauen oder abgespalten. Jetzt lernten sie, ihre Feuersteinbeile auf Steinplatten zu schleifen. In Beile aus weicherem Gestein bohrten sie mit einem Steinbohrer Schaftlöcher. Dadurch konnte das Beil viel haltbarer mit dem Stiel verbunden (geschäftet) werden. Mit dem besseren Werkzeug bauten sich die Menschen der Jungsteinzeit feste Blockhütten.

Auch Spindel und Webstuhl sind Erfindungen der Jungsteinzeit. Reste von geflochtenen Matten und gewebten Stoffen hat man z. B. in den später von Seen überfluteten Pfahlbausiedlungen Süddeutschlands gefunden (vgl. S. 14). Ihre Tongefäße fertigten die Menschen der Jungsteinzeit noch ohne Drehscheibe mit der Hand, formten sie aber kunstvoller und verzierten sie.

Die Töpferscheibe lernte man in Europa erst später kennen. Sie war eine Erfindung der Bauernvölker Vorderasiens. Diesen waren noch zwei andere bedeutende Erfindungen gelungen: das Wagenrad und der Pflug. Der Wagen erleichterte den Transport von Gütern. Der Pflug, der die Holzhacke ablöste, erleichterte den Anbau auf größeren Flächen.

Die Kulturkreise. Verwandte Familien, die Sippe, wohnten gemeinsam in dörflichen Siedlungen. Wenn die Bevölkerung wuchs, suchten sich die Jüngeren in der Nachbarschaft neues Acker- und Weideland. Allmählich schlossen sich die Sippen zu Stämmen und Völkerschaften zusammen, und schließlich bildeten sich in größeren Gebieten Völker mit eigener Sprache und Sitte. Wir wissen nicht, wie die damaligen Stämme oder Völker Europas sich nannten, aber wir kennen die Geräte, die sie täglich benutzten. Wir wissen, wie sie ihre Häuser gebaut, die Gräber angelegt und die Toten bestattet haben. Wir kennen ihre Waffen, ihren Schmuck und teilweise auch ihre Kleidung.

Die Lebensweise eines Volkes, seine Sitten und Gebräuche, seine Religion und Kunst fassen wir in dem Wort Kultur zusammen. Die Stämme und Völker der

„Hünengrab" in der Nähe von Osnabrück. In Niedersachsen gibt es heute noch etwa 300 Großsteingräber.

Jungsteinzeit unterscheiden sich deutlich durch die Art, wie sie ihre Tongefäße formten und verzierten. Danach können wir verschiedene Kulturkreise, die Wohngebiete einzelner Völker mit eigener Kultur, gegeneinander abgrenzen.

Die Großsteingräberleute. In dem Tiefland vom Rhein bis zur Weichsel, von Jütland bis zum Harz wohnte ein Bauernvolk, das seine Toten in Großsteingräbern bestattete. Es hatte diese Bestattungsweise offenbar aus dem Mittelmeerraum übernommen, wie entsprechende Funde in Kleinasien, Nordafrika, Sizilien, Sardinien, Frankreich und vor allem in Spanien beweisen.

Aus gewaltigen Findlingsblöcken, welche die Gletscher der Eiszeit zurückgelassen hatten, errichtete das Nordvolk seine Gräber. In der Mitte des Grabes lag eine Kammer, mächtige Blöcke bildeten die Seitenwände, riesige Steinplatten die Decke. Das Grab wurde mit einem Erdhügel überdeckt, doch führte ein schmaler Gang, den eine Steinplatte abschloß, aus der Kammer ins Freie. Denn nicht nur einem Toten, sondern einer ganzen Sippe diente die Kammer als Grabstätte. In einem der größten Gräber im heutigen Dänemark fand man Knochenreste von mehr als 200 Toten.

Den Toten gab man Feuersteindolche, Steinbeile und Schmuck mit ins Grab. Schmuckstücke aus dem Bernstein der Ostsee, sogar ägyptische Perlen wurden gefunden. Tongefäße mit Nahrung für das Leben im Jenseits stellte man neben den Toten; denn die Nordleute bauten ihre Gräber in dem Glauben an ein Fortleben nach dem Tode. Wind und Wetter der Jahrtausende haben die Erdhügel abgetragen, aber noch stehen von der Lüneburger Heide bis in die Halbinsel Jütland hinein zahlreiche Trägerblöcke der Grabkammern mit Deckplatten, die oft mehrere hundert Zentner wiegen. Der Volksmund nennt sie „Hünengräber", weil man annahm, daß nur Riesen diese gewaltigen Steine bewegt haben könnten. In Wirklichkeit haben aber die Nordleute zur Beförderung der Blöcke Baumstämme als Hebel und Rollen benutzt.

Die Bandtöpfer und die Pfahlbauleute. Aus den Gebieten an der unteren Donau wanderten erfahrene Ackerbauern weit nach Norden und Westen (bis in das heutige Westdeutschland). Sie verzierten ihre Tongefäße mit Bandmustern und werden deshalb Bandtöpfer genannt.

Oben: Rundbodige Gefäße der Bandtöpfer. Die Ausbuchtungen, oftmals durchbohrt, dienten als Aufhänger.
Unten: Geschliffene Streitäxte der Streitaxtleute. Der Schliff läßt deutlich erkennen, daß Geräte aus Metall als Vorbild dienten.

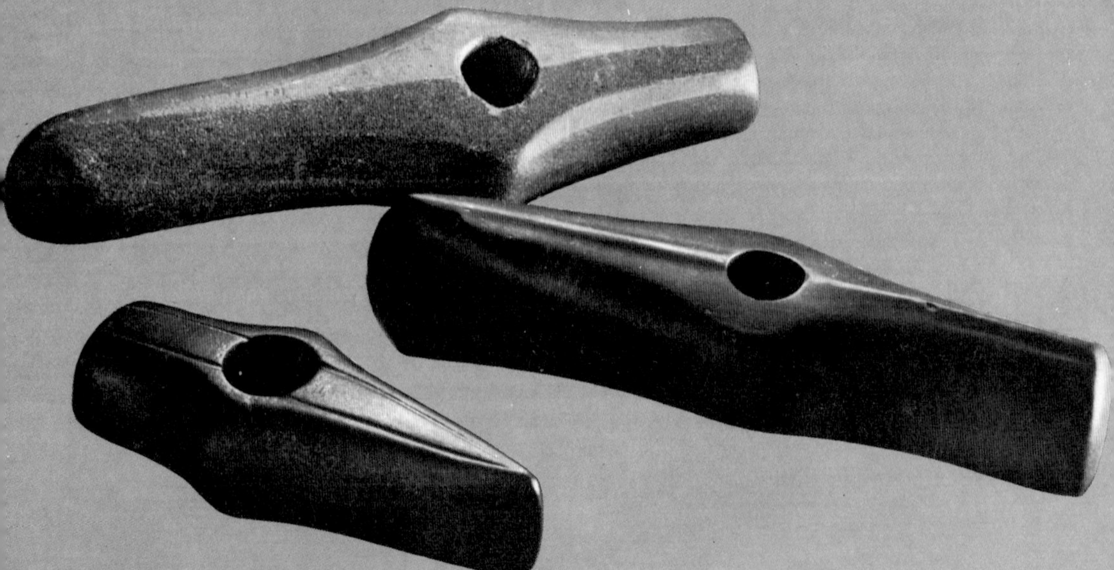

Oben: Schnurverzierte Gefäße der Streitaxtleute, die bei Tauberbischofsheim und Sinsheim gefunden wurden.

Unten: Grabbeigaben der Glockenbecherleute. Der kunstvoll verzierte Becher und die Füßchenschale wurden bei Emmendingen (Baden) gefunden.

Vom südwestlichen Europa her breitete sich ein anderes Volk in kleineren Gruppen aus. Dazu gehörten die Bewohner der Pfahlbaudörfer an den Seen nördlich der Alpen. Sie bauten wegen der Bodenfeuchtigkeit ihre Hütten auf Pfahlroste.

Schon in der Jungsteinzeit vermischten sich diese verschiedenen Volksgruppen, besonders in den Grenzgebieten.

um 2000 v. Chr.

Kriegerische Eindringlinge. Große Unruhe kam gegen Ende der Jungsteinzeit (um 2000 v. Chr.) unter die friedlichen Bauernvölker. Ein kampftüchtiges Volk drang wahrscheinlich von Südosten her in das Land der Nordleute vor. Die Männer führten als Waffe kunstvolle, teilweise doppelschneidige Steinäxte in der Form, wie man sie in Vorderasien zu dieser Zeit schon aus Metall herstellte. Man nennt die Träger dieser Steinäxte gewöhnlich Streitaxtleute oder auch Schnurtöpfer, weil sie ihre Gefäße mit Schnureindrücken verzierten. Auch im Gebiet des heutigen Mittel- und Süddeutschland bis in die Schweiz breiteten sich damals Streitaxtleute aus.

Fast zur gleichen Zeit stieß von Spanien her ein Volk, das Pfeil und Bogen als Hauptwaffe gebrauchte, über den Rhein weit nach Osten vor. Die Tongefäße (Glockenbecher) dieser Eindringlinge sind die schönsten, die wir aus der Steinzeit kennen. Die Glockenbecherleute brachten aus ihrer Heimat auch Dolche aus Kupfer mit, und bald verbreitete sich der Gebrauch dieses ersten Metalls. Im Laufe der Zeit vermischten sich die eingedrungenen Kriegervölker ebenfalls mit den seßhaften Bauernvölkern.

3. Die Indoeuropäer (Indogermanen)

Die Sprachverwandtschaft der indoeuropäischen Völker. Schon vor über hundert Jahren erkannten deutsche Sprachforscher, daß die Sprachen der meisten alteuropäischen Völker, der Germanen und Kelten, der Römer und Griechen miteinander verwandt sind. Auch von Kleinasien bis Indien gab es im Altertum einige Völker, die, trotz großer Unterschiede in der Kultur, der Sprache nach mit den europäischen Völkern verwandt waren. Diese sprachverwandte Völkergruppe nannten die Sprachforscher Indogermanen oder Indoeuropäer. Ein gutes Beispiel für die Sprachverwandtschaft bieten die verschiedenen Formen des Wortes „Mutter“:

dtsch.	germ.	engl.	schwed.	lat.	franz.	span.	griech.	alt-indisch
Mutter	modar	mother	moder	mater	mère	madre	mētēr	matar

Ein genau umgrenztes Ursprungsgebiet der indoeuropäischen Sprache läßt sich heute wohl kaum feststellen. Sicher ist, daß diese Sprache irgendwo im Raum zwischen Ostsee und Innerasien entstand und daß etwa seit 2000 v. Chr. immer wieder Stämme und Gruppen, die dieser Sprachfamilie angehörten, in das Mittelmeergebiet und nach Vorderasien vordrangen.

um 2000 v. Chr.

Ausbreitung der Indoeuropäer. Überall, wo die Indoeuropäer hinkamen, brachten sie das Pferd mit. Sie benützten es als Reittier und waren darum den Bauernvölkern, auf die sie trafen, im Kampf überlegen. Um 2000 v. Chr. gelangten indoeuropäische Völkergruppen nach Kleinasien. Wenig später stießen die ersten griechischen Eroberer aus dem Donauraum in die Balkanhalbinsel vor. Auch im östlichen Iran setzten sich schon früh Indoeuropäer fest, von denen die Meder und die Perser abstammen. Die Streitaxtleute oder Schnurtöpfer (siehe oben) waren sicher auch Indoeuropäer. Durch ihre Ausbreitung in Nord- und Mitteleuropa und ihre Vermischung mit den dort ansässigen Bauernvölkern haben sie dazu beigetragen, daß sich die beiden großen Völker der Kelten und Germanen bildeten.

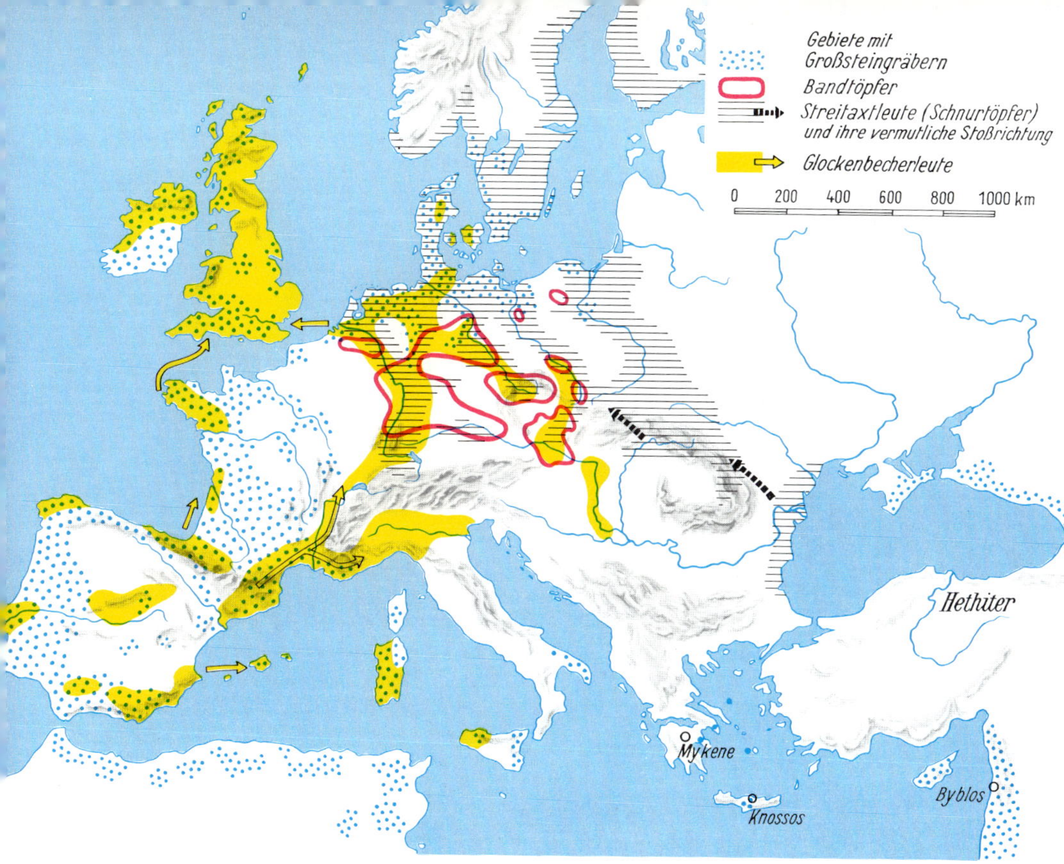

Kulturkreise der Jungsteinzeit in Europa

III. Die Germanen und Kelten in der Bronze- und Eisenzeit

1. Die urgermanische Bronzezeit

Der Beginn der Bronzezeit in Europa. Die ältesten Gegenstände aus Bronze hat man im Vorderen Orient, auf Kreta und in Ägypten gefunden. Um 1800 v. Chr. wurde das Bronzegießen auch in Europa bekannt. Überall dort, wo man Kupfer abbaute, zu Bronze verarbeitete und Bronzegeräte herstellte, mußten sich neben den Bauern die handwerklichen Spezialberufe der Bergleute, Gießer und Schmiede herausbilden.

Die Urgermanen und ihre Kunst. Im westlichen Ostseebereich verschmolz das Bauernvolk im Gebiet der Großsteingräber allmählich mit den eingedrungenen Streitaxtleuten (vgl. S. 14) zum Volk der Urgermanen, in denen wir die Ahnen der späteren Germanen sehen dürfen. Bei den Urgermanen dauerte die Bronzezeit von etwa 1500 bis 500 v. Chr.

etwa 1500 bis 500 v. Chr.

Zögernd übernahmen sie die Bronzetechnik, weil es im Norden kaum Metall gab. Als sie aber durch einen ausgedehnten Handel, vor allem mit Bernstein, reicher wurden, konnten sie sich auch das nötige Metall beschaffen. Nun entwickelten sie sich zu Meistern in der Kunst des Bronzegießens. Aus zahlreichen Schatzfunden kennen wir die schönen Schwerter und Äxte sowie die Schmuckstücke der Frauen: Halsringe,

Links: Urgermanische Tracht aus der Bronzezeit. Die Frau trägt kunstvollen Bronzeschmuck: einen Halskragen, eine Gürtelscheibe und einen Spiralplattenarmreif. Der Mann hält in der rechten Hand eine Lure.

Rechte Seite: Gräberfunde der Urnenfelderkultur.

Links: Eine bei Singen am Hohentwiel gefundene Urne. Bezeichnend sind die scharfen Kanten und die sogenannten „Seelenlöcher". Höhe: 39 cm.

Rechts: Vollendete Kunstwerke sind die Schwerter der Urnenfelderkultur. Die Abbildung zeigt ein Schwert, in dessen Griff Holz oder Horn eingelegt war, und ein anderes Schwert mit vollgraviertem Griff.

Armbänder und Fibeln (Sicherheitsnadeln). Besonders eigenartig waren große geschwungene Trompeten, sogenannte Luren, die ähnlich wie Waldhörner klangen.

Die Kleidung der Urgermanen. Auch eine neue Bestattungssitte kam auf. Man setzte die Toten in ausgehöhlten Eichenstämmen bei und wölbte über das Grab gewaltige Erdhügel. Die Gerbsäure des Eichenholzes hat vielfach den Toten mitsamt seiner Kleidung erhalten; darum kennen wir die Kleidung dieser Zeit genau. Die Männer trugen einen knielangen Leibrock, darüber einen mantelartigen Umhang und eine Filzmütze. Die Frauen trugen Blusen mit halblangen Ärmeln, lange weite Röcke und Haarnetze.

2. Die Kelten und Germanen in der Eisenzeit

Die Urkelten. In der älteren Bronzezeit bildete sich in Süddeutschland, in der Nordschweiz und in Teilen Ostfrankreichs eine Volksgruppe mit bäuerlicher Kultur heraus, die wir als Urkelten bezeichnen können. Auch sie bedeckten ihre Gräber mit einem Erdhügel. Er war jedoch bedeutend kleiner als der Grabhügel bei den Urgermanen. Wie diese verstanden sich die Urkelten besonders gut auf die Herstellung schöner Waffen und Schmuckstücke aus Bronze. Diese zeigen jedoch ganz andere Formen als die Bronzearbeiten der Urgermanen.

um 1200 v. Chr.

Die Urnenfelderkultur. Nach Jahrhunderten des Friedens geriet Europa durch eine Völkerwanderung erneut in Unruhe. Um 1200 v. Chr. begannen aus einem Raum, der sich von der Donau-Theiß-Ebene über das heutige Mähren und Böhmen bis in die heutige Lausitz erstreckte, volkreiche Stämme nach allen Richtungen abzuwandern. Die Gründe dafür sind noch unbekannt. Einige dieser Stämme brachen in das Gebiet

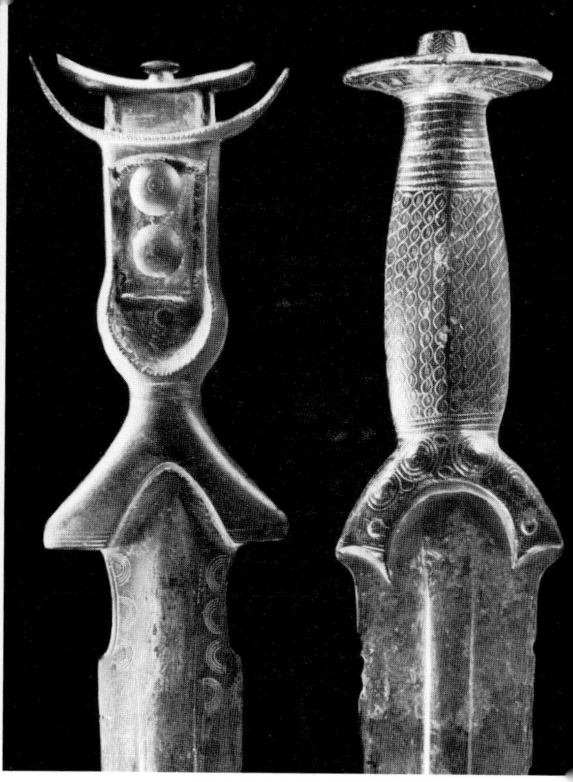

der Urkelten ein. Wie einst die Streitaxtleute (vgl. S. 14) waren auch diese Eindringlinge ohne Zweifel Indoeuropäer. Sie brachten eine neue Bestattungssitte mit, die sich dann über ganz Europa verbreitete. Ihre Toten verbrannten sie auf einem Scheiterhaufen und sammelten die Knochenreste in eine Urne, die sie mit reichen Beigaben in der Erde beisetzten. Man hat richtige Friedhöfe mit solchen Urnengräbern gefunden und nennt deshalb die Kultur dieser Stämme Urnenfelderkultur.

Nach harten Auseinandersetzungen vermischten sich die Fremdlinge allmählich mit der urkeltischen Bevölkerung. Aus dieser Zeit stammen zahlreiche Befestigungsanlagen.

Die „Wasserburg" Buchau im Federseemoor. Wie schon in der Jungsteinzeit wurden nun wieder in Süddeutschland die Ränder der Seen, aber auch die großen Moore, die damals fast trocken lagen, besiedelt. Im Federseemoor bei Buchau in Oberschwaben wurde ein ganzes Dorf freigelegt. Eine hohe Palisade umgab es zum Schutz gegen Feinde und wilde Tiere. Bei der Freilegung entdeckte man ein- und mehrräumige Holzhäuser, Hunderte von Tongefäßen, Schmuck und Gerät aus Bronze, Reste der Gießereien mit Barren aus Kupfer und Zinn. Sieben verschiedene Getreidesorten ließen sich feststellen; man fand Knochen von Rind, Schaf und Schwein, aber auch von Jagdwild wie Hirsch, Elch und Bär.

Die Kelten der Eisenzeit. Aus der Verbindung der Urkelten mit den Eindringlingen der Urnenfelderkultur entstand das Volkstum der Kelten. Nach den Stürmen der Wanderung erlebten diese eine lange Friedenszeit. Einige Jahrhunderte vor den Germanen kannten sie die Verwendung des Eisens und waren ihnen darum anfänglich überlegen. Die Eisenzeit, die auf die Bronzezeit folgte, begann bei den Kelten um 800 v. Chr. Dies war die große Zeit des keltischen Volkes, das damals in Mitteleuropa die führende Rolle spielte. Seine mächtigen Adelsgeschlechter herrschten von festen Burgen aus. Dafür zeugt die Heuneburg bei Hundersingen an der Donau (östlich von

Sigmaringen). Gewaltige Mauern und tiefe Gräben schützten sie gegen einen Überfall. Um die Burg herum liegen die großen Grabhügel der Burgherren und die kleineren der Gefolgsleute. Allmählich bestattete man die Toten wieder nach der alten Sitte und verbrannte sie nicht mehr. Für die Fürsten baute man Grabkammern aus Holz in der Form eines Hauses. Darin lag der Tote auf seinem Streitwagen. Das Totenhaus wurde mit einem riesigen Erdhügel bedeckt.

Die Kelten entfalteten eine große Kunstfertigkeit. Sie lernten die Töpferscheibe kennen und konnten ihren bemalten Tongefäßen nun viel schönere Formen geben. In den keltischen Gräbern fand man reichen Schmuck aus Bronze und Gold. Der Handel der Kelten reichte bis nach Griechenland und Italien. Sie übernahmen vieles aus der Kultur der südlichen Länder und begannen, selbst Städte zu bauen und Geld zu prägen. Zahlreiche solcher Keltenstädte sind bekannt. Oft umschloß ein gewaltiger Wall aus zwei Palisadenwänden, deren Zwischenraum mit Steinen ausgefüllt war, nicht nur die Wohnbezirke, sondern auch Wiesen und Ackerland. Diese Keltenstädte lagen z. T. auf schwer zugänglichen Bergen, aber auch breit hingelagert in der Ebene.

Keltische Wanderungen. Übervölkerung, Abenteuerlust und Begehrlichkeit nach Reichtümern trieben die Kelten auf Wanderungen. Sie breiteten sich über Frankreich nach Spanien und England aus und brachten dorthin die indoeuropäische Sprache. Sie überschritten die Alpen und eroberten 387 v. Chr. Rom (vgl. S. 123). Andere keltische Scharen drangen nach Griechenland und von hier nach Kleinasien vor. Dort gründeten sie 278 v. Chr. das keltische Galaterreich. Zwischen 300 und 100 v. Chr. herrschten Kelten zwischen dem Schwarzen Meer und dem Atlantischen Ozean, von den deutschen Mittelgebirgen bis nach Oberitalien.

Die Germanen während der Eisenzeit. In der Bronzezeit hatte sich das Volk der Germanen gebildet. Zäh und beharrlich breitete es sich nach Osten bis in das Gebiet der Oder und Weichsel, im Westen bis an den Rhein, im Süden bis zu den deutschen Mittelgebirgen aus. Um 500 v. Chr. waren Germanen und Kelten unmittelbare Nachbarn. In den Grenzgebieten begannen wechselvolle Kämpfe. Auf beiden Seiten sicherten befestigte Fluchtburgen die Grenzräume.

Während der jüngeren Eisenzeit gerieten die Germanen im Norden in Bewegung. Im 2. Jahrhundert v. Chr. machten sich die germanischen Stämme der Kimbern und Teutonen plötzlich auf die Wanderschaft (vgl. S. 137). Das Klima im Norden war kühler und feuchter geworden, Sturmfluten hatten Teile des Küstenlandes verschlungen, und so reichte der Boden für die zahlreiche Bevölkerung nicht mehr aus. Nach den indoeuropäischen (indogermanischen) Wanderzeiten um 2000 v. Chr. und um 1200 v. Chr. (s. S. 14 und S. 16) und der Wanderung der Kelten nahm nun die vierte Wanderbewegung ihren Anfang, die wir die germanische Völkerwanderung nennen. Sie fand ihren Abschluß erst im 6. Jahrhundert n. Chr.

Von der Urgeschichte zur Geschichte. Die Kelten und Germanen kamen auf ihren Wanderzügen mit den Völkern des Mittelmeergebietes in nähere Berührung. Im Bereich des Mittelmeeres waren bereits während der Eiszeit klimatisch günstigere Lebensbedingungen vorhanden. Darum konnten dort schon zu dieser Zeit viel mehr Menschen leben als in Mitteleuropa. Im Niltal und im Stromland des Euphrat und Tigris sind die ältesten seßhaften Bauernvölker entstanden; auch sie haben ihre Steinzeiten und Metallzeiten durchgemacht, doch begann bei ihnen die Bronzezeit früher als in Europa. Sie haben auch zuerst die Schrift erfunden, so daß wir von dort die früheste schriftliche Kunde in der Geschichte überhaupt erhalten. Der Beginn

Rechte Seite: Goldfunde aus einem in Württemberg entdeckten keltischen Fürstengrab: getriebene Gefäße, Hals- und Armringe, Ohrringe und Nadeln

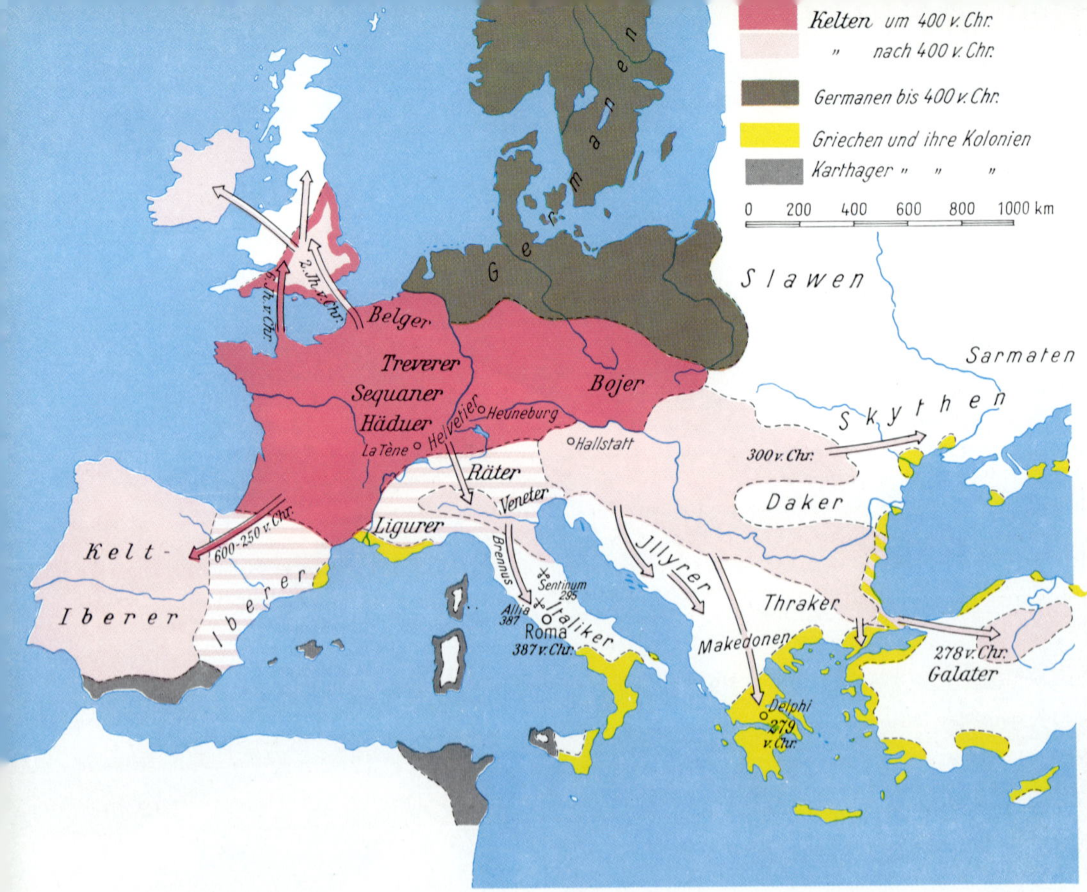

Die Wanderungen der Kelten

schriftlicher Überlieferung bedeutet das Ende der Urgeschichte (vgl. S. 3). Den ersten großen Abschnitt schriftlich überlieferter Menschheitsgeschichte nennen wir das Altertum.

Wir fassen zusammen:

Die Menschheitsgeschichte beginnt mit der Altsteinzeit (etwa 600000 bis 10000 v. Chr.). In diesem Abschnitt erlebte die Erde vier Zeiten der Vereisung und drei Zwischeneiszeiten (Warmzeiten). Die ältesten Menschenfunde dieser Zeit sind in unserer Heimat der Mensch von Mauer (homo Heidelbergensis), der Steinheimer in Württemberg und der Neandertaler bei Düsseldorf. In der letzten Eiszeit (etwa seit 120000 v. Chr.) tauchten die vermutlichen Vorfahren der heutigen Europäer in Mitteleuropa auf (Höhlenmaler).

Erst in der Jungsteinzeit Mitteleuropas (etwa seit 2500 v. Chr.) lassen sich Kulturkreise einzelner Völker unterscheiden. Volksgruppen verschiedener Kulturkreise verschmolzen zu den Völkern der Germanen und Kelten. Um 500 v. Chr. waren Germanen und Kelten am Rhein und in den deutschen Mittelgebirgen Nachbarn. Beide waren Bauernvölker und erlebten ihre Bronze- und Eisenzeit später als die alten Kulturvölker im Mittelmeergebiet.

Die alten Völker des Morgenlandes

I. Das Nilreich der ägyptischen Pharaonen

1. Die Staatsgründung und die Entwicklung des ägyptischen Reiches

Ägypten, das Geschenk des Nils. In langen Zeiträumen hat der Nil sein Talbett durch das felsige Land im Nordosten Afrikas gegraben und sein Delta aus mitgeführtem Erdreich immer weiter ins Meer hinausgeschoben. Bevor der Fluß langsam und träge seine Wassermassen durch Ägypten drängt, braust er über mehrere Stromschnellen hinweg. Man bezeichnet diese Stromschnellen auch mit dem griechischen Wort Katarakt. Beim 1. Katarakt (von der Mündung aus gesehen) beginnt das Land Ägypten. Rund 1000 km sind es von hier bis zur Flußmündung.

An seinen breitesten Stellen erreicht das Niltal kaum 25 km. Erst das Schwemmland des Deltas dehnt sich weiter nach Osten und Westen aus. Unmittelbar hinter den Steilhängen am Rande des Tales beginnt die Wüste. Nur an wenigen Tagen der Wintermonate fällt im Delta dürftiger Regen, weiter im Süden bleibt er jahrelang aus.

Doch der Nil spendet das nötige Wasser, das aus dem Tale eine fruchtbare Oase inmitten des Wüstenlandes macht. Bevor man in unserer Zeit die großen Stauanlagen baute, trat der Nil alljährlich zwischen Juni und Oktober über die Ufer. In diesen Monaten strömen ungeheure Wassermassen nilabwärts, die von den tropischen Regenfällen im abessinischen Gebirge und im Hochland Ostafrikas herrühren. Das Hochwasser überschwemmte das Tal; die wieder fallende Flut ließ fruchtbaren Schlamm auf dem Talboden zurück. In den feuchten Nilschlamm säten die alten Ägypter seit den frühesten Zeiten das Saatkorn und ließen es durch Schafherden festtreten.

Der Nil hat das Tal gegraben und erhält es fruchtbar. Das altägyptische Volk verehrte deshalb den Nil wie eine Gottheit, und mit Recht nennt ein griechischer Geschichtsschreiber Ägypten das „Geschenk des Nils".

Die Anfänge des Staates im Niltal. Nicht immer war das Niltal besiedelt, denn die Flußniederungen waren ursprünglich versumpft, ein urwaldähnliches Dickicht breitete sich überall aus. Auch sind die großen Wüstengebiete Afrikas erst ganz allmählich nach der letzten Eiszeit entstanden. Da, wo heute Wüsten sind, gab es einst ausgedehnte Wälder und tierreiche Grassteppen, in denen die Menschen als Jäger und Hirten umherschweifen konnten.

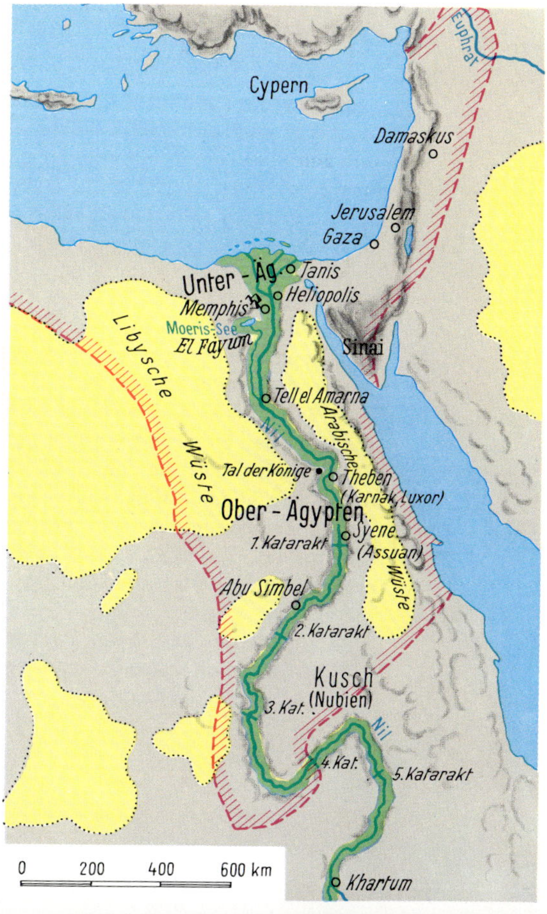

Das Pharaonenreich zur Zeit seiner größten Ausdehnung nach 1500 v. Chr. (vgl. S. 24)

Links: Schminkpalette des Königs Menes. Der mit der oberägyptischen Krone geschmückte König schlägt einen Feind nieder, den er an den Haaren hält. Darüber der Horusfalke, hinter dem König sein Sandalenträger. – Rechts: Der königliche Schreiber Hesirê mit Amtsstab (um 2650 v. Chr.).

Erst als die Sonne das umliegende Land immer mehr ausbrannte, besiedelten die Menschen nach und nach das schmale Niltal. Sie wurden Bauern und rangen geduldig und zäh dem Sumpf und dem Urwald fruchtbaren Boden ab. Sie bauten Deiche, um ihre Siedlungen zu schützen. Durch künstliche Bewässerungsanlagen, Kanäle und mit Schöpfrädern führten sie auch den höher liegenden Teilen des Tales, die von der Überschwemmung nicht erreicht wurden, das kostbare Naß zu. Das war nur möglich, wenn die Menschen sich zu einer festen Gemeinschaft zusammenschlossen und sich fähigen Männern unterordneten, die die Gemeinschaftsarbeit planvoll leiteten.

Sehr früh entwickelten sich im Niltal stadtartige Siedlungen, von denen aus ein selbstbewußter Herrscher uneingeschränkt über das umliegende Land gebot. Diese Herrschaftsgebiete nennen wir Gaue. Die wichtigste Aufgabe der Gaufürsten und ihrer Beamten war, den Fluß zu zähmen und nach der jährlichen Überschwemmung das Land neu zu vermessen und aufzuteilen.

um 3000 v. Chr.

Tatkräftigen Fürsten gelang es, mehrere Gaue unter ihrer Herrschaft zu vereinigen. Allmählich bildeten sich zwei große Königreiche: Unterägypten um das Nildelta und Oberägypten (bis zum heutigen Assuan). Um 3000 v. Chr. vereinigte König Menes von Oberägypten aus beide Reiche. An der Grenze beider Länder gründete er die gemeinsame Hauptstadt Memphis.

Der ägyptische Staat der Pyramidenzeit. Die Nachfolger des Menes gaben dem geeinten Reich eine straffe Ordnung. Die mächtigsten unter ihnen waren die Erbauer der gewaltigen Pyramiden von Gizeh (vgl. S. 24). Der allmächtige König oder

ZWEITES KAPITEL

Stiere, Kühe und Geflügel werden von Hirten vorgeführt. Einzelne Tiere versuchen, aus der Ordnung auszubrechen. Relief aus einem Grab bei Sakkara, um 2450 v. Chr. Über den einzelnen Gruppen Hieroglyphen.

Pharao (d. h. großes Haus) galt als Gott; ihm gehörte alles Land mit seinen Bewohnern; diese waren Untertanen des Herrschers. Die Vornehmen dienten ihm als hohe Beamte oder verwalteten als Priester die Tempel. Daneben gab es ein Heer von niederen Beamten, die des Schreibens kundig sein mußten. Sie führten die Listen über die Abgaben, die von den Bauern eingezogen wurden.

Die Vornehmen und die dünkelhaften Schreiber verachteten die rechtlosen Bauern, die wie eine Sache zu dem Ackerland gehörten, das sie bebauen mußten. Schenkte der Pharao einem hohen Beamten ein Landgut, so übergab er ihm damit auch die dazugehörigen Bauern als Leibeigene. In der Zeit der Nilüberschwemmung, wenn die Feldarbeit ruhte, aber auch sonst, wenn es nötig war, wurden die Bauern zu Arbeiten für den Pharao und den Staat herangezogen. Beim Bau der königlichen Grabstätten und der Göttertempel, an den Kanälen, Deichen und in den Steinbrüchen, überall mußten sie zwangsweise unentgeltliche Dienste leisten. Nur die Verpflegung lieferten die Beamten des Pharao.

Im Besitz und Dienst der Vornehmen standen die Sklaven. Das waren unfreie Menschen, meist Kriegsgefangene. Aber trotzdem ging es den Sklaven, mit deren Hilfe die Schreiber die Abgaben eintrieben, manchmal noch besser als den Bauern.

Gewöhnlich wurden in jedem zweiten Jahr die Äcker und das bewegliche Gut gezählt; danach legte man dann fest, wieviel Getreide, Vieh, Leinwand und Öl jeder abgeben mußte. Alle Erzeugnisse des Landes wurden in staatlichen Vorratshäusern gesammelt. Von hier erhielten die Beamten und alle, die im Dienste des Pharaos standen, ihren Lohn in Getreide, Öl, Kleidung. Auch gab es keine selbständigen Kaufleute;

Die Pyramiden des Mykerinos, des Chefren und des Cheops bei Gizeh (von links nach rechts). Im Vordergrund die Reste von drei kleineren Pyramiden (vgl. S. 26).

Beamte des Staates lenkten Aus- und Einfuhr. Die Handwerker arbeiteten in staatlichen Werkstätten, und selbst die Künstler wurden vom Staat beschäftigt.

Die größte Ausdehnung des ägyptischen Reiches. Nach 1600 v. Chr. war das „hunderttorige Theben", wie die Hauptstadt Oberägyptens von den Griechen genannt wurde, der Mittelpunkt des Reiches. Dort herrschten kriegstüchtige Pharaonen. Einige von ihnen drangen über die Sinaihalbinsel nach Syrien bis zum Euphrat vor. Der erfolgreiche König Thutmosis III. (nach 1500 v. Chr.) gebot über ein Land, das vom Euphrat und von den Südostgrenzen Kleinasiens bis tief in den Sudan hineinreichte.

Auflösung des Reiches. Bald nach 1100 v. Chr. begann Ägypten seine Kraft in inneren Kämpfen zu verbrauchen. Einflußreiche Priester, mächtige Heerführer und die Herren des Landes Äthiopien (am Oberlauf des Nils) stritten um die Macht. Perser, Griechen und Römer wurden im späteren Altertum Beherrscher des Landes. Aber sie alle standen staunend vor den Bauwerken dieses merkwürdigen Volkes, das so zäh an seinem Götterglauben und an seinen Sitten festhielt. Vieles haben diese Völker von der Weisheit, von der Baukunst und von der staatlichen Ordnung der alten Ägypter gelernt.

2. Kultur und Religion der alten Ägypter

Die Schrift und das „Papier". Noch vor der Vereinigung der beiden Reiche durch Menes erfanden die Ägypter eine Schrift. Diese war ursprünglich eine reine Bilderschrift; jedes Bild bedeutete den dargestellten Gegenstand. Die Griechen nannten diese Schriftzeichen Hieroglyphen (= heilige Einzeichnungen). In den uns erhaltenen Hieroglyphentexten, die in den Stein der Grabkammern und Tempel eingemeißelt

Der Totentempel der Königin Hatschepsut in Dêr el Bahari am Fuß der thebanischen Felsen (um 1500 v. Chr.). Hatschepsut war die Tochter des Königs Thutmosis I.

oder an die Wände gemalt sind, werden einzelne Bilder auch für Silben und Buchstaben benützt. Doch schrieben die Ägypter nur Konsonanten. Im täglichen Gebrauch, wenn mit der Hand geschrieben wurde, verkürzte und vereinfachte man die Bildzeichen. Daraus entwickelte sich eine besondere Schrift, die die Schreiber des Königs benützten. Es war sehr schwierig, die vielen Schriftzeichen zu erlernen. Darum genossen die Schreiber hohes Ansehen. „Werde Schreiber, dann leitest du die Menschen", sagt ein altes ägyptisches Sprichwort. Deshalb sind auf ägyptischen Bildern oft hohe Beamte mit einem Schreibzeug in der Hand oder einer Papyrusrolle auf den Knien dargestellt. Man schrieb mit einer zugespitzten Binse und einer außerordentlich haltbaren Tinte.

Ihr Schreibpapier bereiteten sich die Ägypter aus der Papyrusstaude. Das Mark der Stengel wurde in der Längsrichtung in dünne Streifen geschnitten; diese reihte man senkrecht dicht aneinander und legte eine zweite Schicht waagrecht darüber. Beide Schichten wurden dann durch Klopfen fest miteinander verbunden, wobei der Pflanzensaft den Klebstoff abgab. Das Ergebnis dieser Bearbeitung waren schöne, glatte Blätter, die ihrerseits wiederum in größerer Zahl aneinandergeklebt wurden. So entstand das „Buch" der alten Ägypter: die Papyrusrolle. Die längste erhaltene Rolle aus dem 12. Jahrhundert v. Chr. erreicht eine Länge von fast 45 m und ist im Besitz des Britischen Museums in London.

Der ägyptische Kalender. Die Nilüberschwemmungen zwangen die Ägypter, genau auf den Ablauf des Jahres zu achten. Sie bemerkten sehr bald, daß das Hochwasser um die Zeit der Sommersonnenwende begann, beim Aufgang des Hundssternes (Sirius) am Morgenhimmel. Zuerst teilten sie das Jahr in drei Zeitabschnitte ein: vier Monate Überschwemmungszeit, vier Monate der Aussaat und des Wachstums und vier

Monate der Trockenheit, in denen die Ernte eingebracht wurde. Den Monat rechneten sie zu 30 Tagen. Es mußten also immer einige Tage eingeschaltet werden bis zur neuen Überschwemmung, die nie ganz regelmäßig einsetzte. Als himmelskundige Priester lange Zeit den Eintritt der Überschwemmung mit dem Lauf der Sonne und der Sterne verglichen hatten, wurde wohl zu Beginn des geeinten Reiches ein fester Kalender eingeführt. Man bestimmte, daß das Jahr zwölf Monate zu 30 Tagen und fünf Zusatztage haben solle. Die Könige mußten sich bei der Krönung eidlich verpflichten, den Kalender nie zu ändern. So hatten die Ägypter, wenn auch nicht ganz genau, das Sonnenjahr entdeckt.

Pyramiden und Jenseitsglaube. Nicht weit vom heutigen Kairo entfernt ragen im Wüstensand die Pyramiden von Gizeh empor. Die größte, die des Königs Cheops, erreicht eine Höhe von 146 m. Ihr Mantel könnte die größte christliche Kirche, den Petersdom in Rom, zusammen mit der St. Paulskathedrale in London überdecken (vgl. S. 24).

20 Jahre hat das Volk Ägyptens an dem Bau gearbeitet, der einem einzigen König als Grabstätte dienen sollte. 2640000 cbm Stein benötigte man dafür. Stufenförmig sind die Steinblöcke von 1 cbm Inhalt aufgeschichtet. Mit blendend weißem Kalkstein war die Außenfläche geglättet. Weither mußten die Steine zu Wasser und zu Lande herangeschafft werden, ebenso das Holz, um Rampen und Rollen für die Steinbeförderung herzustellen. Viele Tausende mußten jahrelang ihre Kraft hergeben, um die Steinblöcke immer höher auf den langsam wachsenden Bau hinaufzuziehen. Die Baumeister konnten ihre Pläne so genau berechnen, daß sich die behauenen Steine lückenlos zusammenfügten.

Im Innern der Cheopspyramide führt eine Halle von 47 m Länge und 8 m Höhe zu der Sargkammer. Der Sarg selbst ist aus einem einzigen Granitblock gehauen. Damit kein Fremder die Ruhe des toten Herrschers stören könne, sperrten riesige Steinblöcke den Zugang zur Grabkammer. Im Osten der großen Pyramide liegen drei kleinere, in denen die Gemahlinnen des Königs beigesetzt sind. Im Westen liegen die Gräber der Prinzen und Prinzessinnen und der hohen Beamten, alle nach Rang und Würde geordnet; je höher der Tote im Leben stand, um so näher liegt seine Grabstätte bei der des Herrschers.

Der Pharao Chefren baute die zweite große Pyramide. Von ihr aus führt ein langer Tunnel zu seinem Totentempel am Talrand. Ein großer Sphinx, ein Löwe mit menschlichem Haupt, bewacht den Weg zur Pyramide. Der Kopf dieses 73 m langen Ungeheuers trägt das Antlitz des Königs.

Bauten für die Ewigkeit sollten diese Pyramiden sein. Denn der Tote lebt nach ägyptischem Glauben im Jenseits weiter. Nur darf der Körper nie zerstört werden, damit die Seele immer wieder den Weg zu ihm findet und ihn beleben kann. Deshalb machte man den Leichnam mit Natron oder mit dem Pech der Libanonzeder unverweslich. Den auf diese Weise vor dem Zerfall bewahrten Körper nennt man eine Mumie. Zahlreiche solcher Mumien sind bis heute erhalten geblieben.

Durch reiche Stiftungen sorgten die Pharaonen dafür, daß ihnen nach dem Tode regelmäßige Opfer an Speise und Trank ins Jenseits nachgeschickt wurden. Auch im Tode wollten sie wie Könige leben. Einen großen Teil ihres Reichtums nahmen sie mit ins Grab, kostbaren Schmuck, wertvolle Geräte aus Gold und anderen edlen Metallen.

Rechte Seite: Funde aus dem Grab des Tutenchamun. Oben: Die Goldmaske des Königs (1358–1349 v. Chr.). Unten: Die hölzerne Rückenlehne des Thronsessels ist mit Gold, Silber und Einlegearbeiten geschmückt. König und Königin bei der Vorbereitung einer Zeremonie.

Aber gerade diese Schätze lockten schon im Altertum die Räuber. Den Granitsarg des Cheops fanden die Forscher beschädigt und leer, der Sarg des Chefren war mit Geröll angefüllt.

Die Felsengräber im „Tal der Könige". Rund 1000 Jahre nach dem Bau der großen Pyramiden ließen sich die Pharaonen in einem öden Wüstental westlich von Theben ihre Gräber tief in die Felswände am Talrand einhauen. Lange Gänge führen in das Felsgestein hinein; an ihrem Ende liegen rechteckige Hallen und die Sargkammer. Dort, im „Tal der Könige", wurde im Jahre 1922 von dem Engländer Carter das einzige Königsgrab entdeckt, das die Grabräuber verschont hatten, das Grab des Tutenchamun.

Noch nie hatten der Entdecker und seine Helfer solche Schätze und Kostbarkeiten gesehen, wie sie die Vorkammern des Grabes zeigten. Sie fanden eine prachtvolle hölzerne Truhe, mit Gips verkleidet und allseitig mit herrlichen Jagd- und Schlachtbildern bemalt. Drei Bahren standen da, überladen mit Schmuck, Waffen und Kleidern. Ein Thronsessel mit dem Bild des jungen Königs und seiner Gemahlin wird von Carter selbst das Schönste genannt, „was bis jetzt in Ägypten gefunden worden ist". In der Sargkammer stieß der Forscher auf vier ineinandergestellte Schreine; der äußerste war ganz mit Gold überzogen, der innerste barg einen gelben Quarzitsarg, den eine Granitplatte schloß. Als die Platte mühevoll gehoben war, lag darunter auf einem weiteren Sarg das goldene Abbild des Königs.

Der Götterglaube. Jeder Gau hatte ursprünglich seinen eigenen Gott, den sich die Ägypter meist in Tiergestalt oder als Menschen mit Tierkopf vorstellten. Die Könige erhoben jeweils den Gott ihres Stammgaues zum Reichsgott, dem sich dann die andern Götter unterordnen mußten. Menes und seine Nachfolger verehrten den Falkengott Horus. Ein späteres Herrschergeschlecht stellte den Sonnengott Re an die Spitze der Götterfamilie. Die Tempel des Re lagen auf den Höhen über dem Tal. Ein dunkler Gang führte aus dem Tiefland hinauf in den Tempelbezirk, und wenn der opfernde König oder Priester aus dem Dunkel heraustrat, stand er vor dem Obelisk, einem vierseitigen Steinpfeiler, den eine goldene Spitze krönte. In der weithin sichtbaren Goldspitze spiegelten sich die Strahlen des Sonnengottes, dem die Verehrung galt. Allmählich betrachteten die Priester vieler tiergestaltiger Götter auch ihren Gott als Erscheinung des Sonnengottes und fügten ihm den Namen Re bei. So nannte man den widderköpfigen Gott Thebens Ammon-Re.

Über die Toten herrschte Osiris mit seiner Gemahlin Isis. Er war einstmals ein weiser König Ägyptens und trug darum auch im Totenreiche die Zeichen der Pharaonenwürde. Er richtete die Verstorbenen und wog ihr Herz auf der Waage. Ungeheuer vernichteten die Unwürdigen, die Gerechten durften in das Reich des Osiris eingehen. Der Osirisglaube ließ auch den Armen die Hoffnung auf ein Glück im Jenseits, selbst wenn sie keine schützenden Grabstätten besaßen und keine dauernden Opferspenden nach dem Tode erwarten durften.

Im Reiche der großen Erobererkönige kam der alte Gaugott Thebens, Ammon, zu höchstem Ansehen. Dem „Vater Ammon" glaubten die Pharaonen ihre Siege und Eroberungen zu verdanken. Sie schenkten ihm reiche Schätze aus der Kriegsbeute und ließen riesige Tempel bauen. Jeder neue Herrscher suchte seinen Vorgänger zu übertreffen. Thutmosis III. (vgl. S. 24) schenkte dem Gotte drei der von ihm eroberten Städte mit all ihren Abgaben, außerdem noch Gold, Silber, Edelsteine und umfangreiche Güter in Ägypten selbst. In die Wände des Ammontempels von Karnak, dem heutigen Dorf an der Stelle des alten Theben, ließ er einen Bericht über seine Feldzüge einmeißeln.

Rechte Seite oben: Wandmalerei aus dem Grab eines ägyptischen Schreibers. Dargestellt sind Erntearbeiten und ein beladenes Schiff. In der Mitte oben ein Bauer, der geprügelt wird, weil er seine Abgaben nicht geleistet hat. Darunter Frauen beim Reinigen (Worfeln) des Gertreides. Sie tragen weiße Kopftücher zum Schutz gegen den Staub. Aufseher überwachen die Arbeiten. – Unten: Darstellung eines Totengerichts in einem ägyptischen Totenbuch. Links der Schreiber Ani. In der Mitte der schakalköpfige Anubis, der das Herz des Verstorbenen wiegt. Dahinter schreibt der ibisköpfige Thot das Ergebnis auf einer Tafel nieder. Rechts der Totenhund, der den Eingang zum Totenreich bewacht. In der oberen Reihe die Totenrichter.

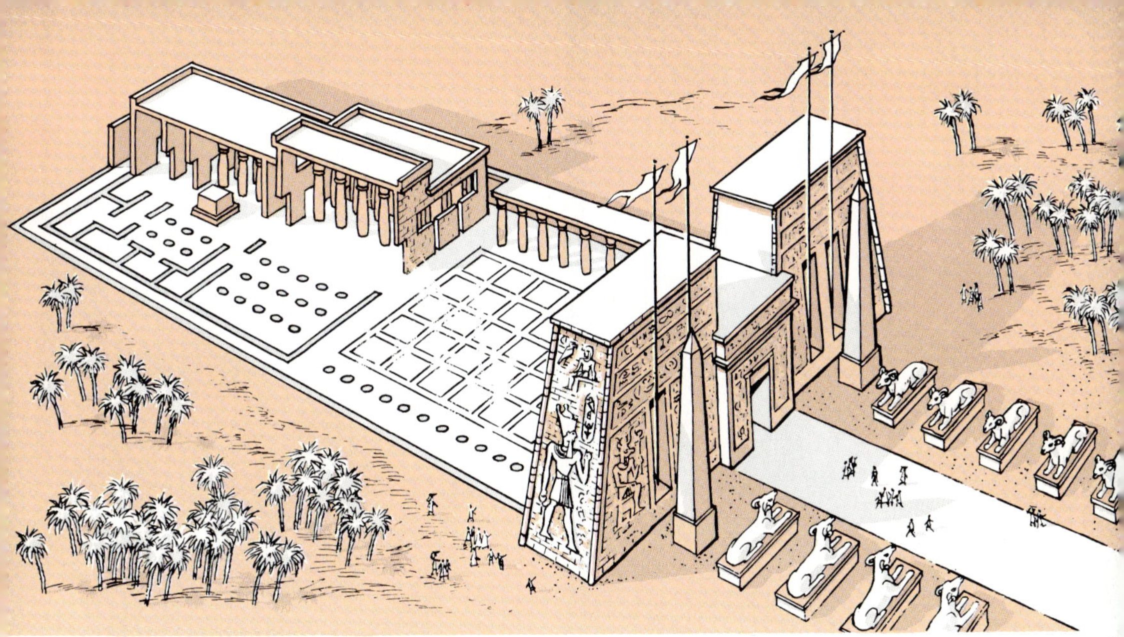

Rekonstruktion bzw. Grundriß eines ägyptischen Tempels. Von rechts nach links: Sphinxfiguren, Obelisken, Pylonen, Hof, Säulenhalle, Heiligtum

Der Ururenkel des Thutmosis III. war erfüllt von der Liebe zu dem Sonnengott Aton, den er als den einzigen und wahren Gott erkannt hatte. Darum haßte ihn die Ammonspriesterschaft Thebens; es wird sogar von einer Verschwörung gegen sein Leben berichtet. Der König ließ die Tempel des Gottes Ammon schließen oder gar zerstören und überall den Namen des Gottes austilgen. Seinen eigenen Namen Amenophis, in dem Ammon enthalten ist, legte er ab und nannte sich nach dem Sonnengott Echnaton. Aton sollte der einzige Gott Ägyptens sein, ihm weihte er ein Lied von ergreifender Schönheit. Aber unter Echnatons Nachfolger und Schwiegersohn Tutenchamun (vgl. S. 28) siegte der Einfluß und die Macht der Ammonspriester, die die Neuerung des „Ketzerkönigs" rückgängig machten. Zahlreiche erhaltene Bilder zeigen uns König Echnaton zusammen mit seiner Gemahlin Nofretete und seinen Töchtern in voller Natürlichkeit, ohne die steife Würde, mit der sonst die Künstler die Pharaonen darstellten.

Tempelbauten. Die Ruinenfelder bei Karnak und dem benachbarten Luxor vermitteln uns ein Bild vom Aussehen eines Tempels aus der Zeit des Thutmosis und seiner Nachfolger. Die zum Tempel führende Straße säumen auf beiden Seiten ernste Sphinxfiguren, Löwen- oder Widdergestalten. Der Vorplatz des Tempels ist durch hochragende Obelisken abgegrenzt. Neben dem Tempeltor stehen wie bei einer Festung zwei mächtige Türme (Pylonen), dahinter liegt ein großer, von einem Säulengang umschlossener Hof. Durch eine Säulenhalle gelangt man in das eigentliche Heiligtum, einen völlig lichtlosen Raum, in dem einst das Bild des Gottes verwahrt wurde. Nur die Priester durften diesen Raum betreten; die Opferhandlungen und Feste wurden im Hofe und in der Säulenhalle gefeiert.

Dort entfaltete sich die Kunst der ägyptischen Baumeister am großartigsten. Schon im Altertum galt der Säulensaal in Karnak als eines der berühmtesten Kunstwerke. Mächtige Säulenreihen gliedern den Raum in drei Längshallen (Schiffe); die mittlere ist höher als die beiden äußeren und läßt durch Seitenfenster das Tageslicht ein. Die riesigen Ausmaße der 134 Säulen, die das Dach tragen, geben dem Bau seinen wuchtigen Charakter. Die Höhe der Säulen des Mittelschiffes beträgt 21 m, ihr Umfang über 10 m. Sie sind der Papyruspflanze nachgebildet und endigen in der Form einer Papyrusblüte.

Linke Seite: Die große Säulenhalle des Ammontempels bei Karnak (1300–1250 v. Chr.). Blick durch den Mittelquergang mit einem erhaltenen Steinfenster (von Norden zum südlichen Seitentor)

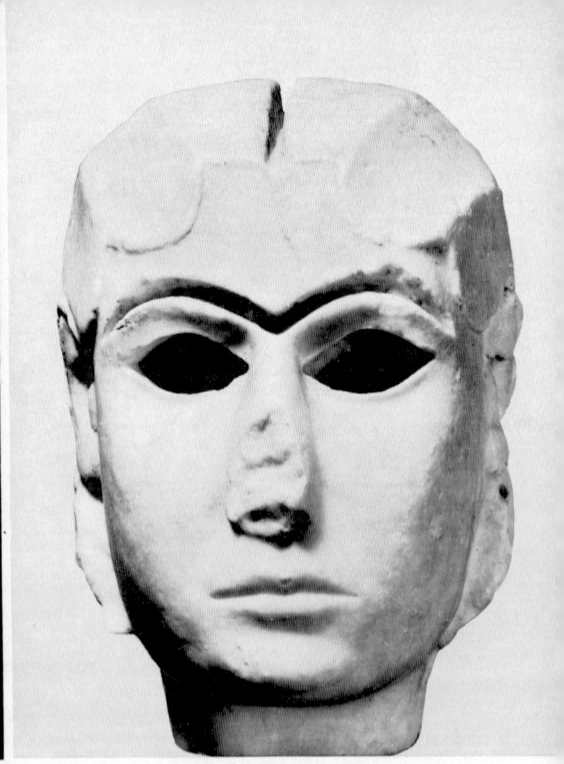

Links: Eine Alabastertafel mit sumerischer Keilschrift. – Rechts: Marmorkopf, der eine Frau aus Uruk darstellt (2800–2700 v. Chr.). Augen und Brauen waren ursprünglich eingelegt.

II. Von den Völkern Vorderasiens

1. Die Sumerer, die Schöpfer der Kultur des Zweistromlandes

Die Gründer der ältesten Städte und Staaten des Zweistromlandes. Nordöstlich von Ägypten, in Vorderasien, liegt das Zweistromland (griech. Bezeichnung: Mesopotamien = „zwischen den Strömen"). Dort fließen die Flüsse Euphrat und Tigris durch ein regenarmes Steppengebiet; sie haben im Laufe der Jahrtausende am Persischen Golf ein fruchtbares Schwemmland abgelagert. Im Altertum mündeten beide Ströme noch getrennt ins Meer.

Doch boten die Steppen und Wüsten dem Zweistromland nicht den Schutz, den das schmale Niltal genoß. Durch die Flußtäler stießen immer wieder eroberungslustige Bergvölker vor, und auf uralten Karawanenstraßen drängten Nomaden aus der Wüste in das fruchtbare Schwemmgebiet hinein. Darum ist die Zahl der Völker groß, die im Zweistromland lebten. Rasch entstanden und vergingen hier mächtige Reiche.

Schon im 4. Jahrtausend wanderte von weit her, vielleicht aus Indien oder Mittelasien, ein hochbegabtes Volk in das Schwemmland am Persischen Golf ein; die Sumerer. Ähnlich wie die Ägypter in den alten Gauen lebten die Sumerer in zahlreichen, selbständigen Stadtgebieten. Der Mittelpunkt jeder Stadt war der Tempel des

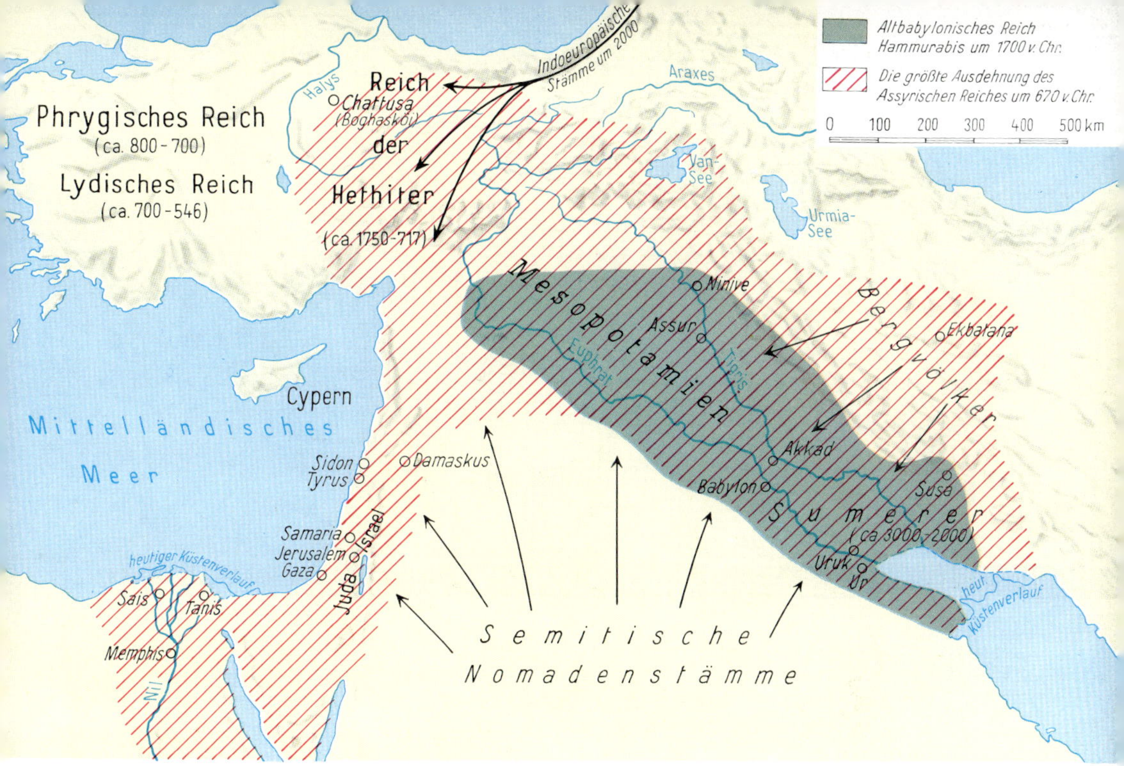

Das Zweistromland

Hauptgottes, und jede Stadt verehrte eine besondere Gottheit. Nach der Auffassung der Sumerer gehörten dem Gott das umliegende Land und große Viehherden. Die Bauern mußten von der Ernte genau festgesetzte Abgaben an den Tempel abliefern. Die Herrscher der Städte betrachteten sich als Statthalter ihres Gottes. Sie hatten den Tempel zu schützen und dafür zu sorgen, daß die Kanäle und Deichbauten in Ordnung gehalten wurden.

Auch im Zweistromland gab es zur Zeit der Schneeschmelze in den armenischen Gebirgen Überschwemmungen. Weitverzweigte Kanäle leiteten das Wasser aus den Überschwemmungsgebieten in das trockene Land, so daß dort mit Schöpfrädern die Felder bewässert werden konnten. Die Sumerer machten das südliche Mesopotamien zu einem üppigen Getreide- und Gartenland.

Die Keilschrift der Sumerer. Etwas früher noch als die Ägypter erfanden die Sumerer eine Schrift. Sie wurde zuerst in den Tempeln verwendet, um die Güter und Einkünfte aufzuzeichnen. Auch diese Schrift war ursprünglich eine reine Bilderschrift. Als Schreibmaterial benutzte man Tafeln aus weichem Ton. Weil sich in diese Tontafeln gerade Linien besser einritzen ließen, vereinfachte man die Bildzeichen zu Zeichnungen mit geraden Strichen in der Form eines Keiles. Daher spricht man von einer Keilschrift. Alle Völker, die später in das Zweistromland einwanderten, und viele Nachbarvölker übernahmen diese Schrift. Die beschriebenen Tontafeln wurden an der Luft getrocknet und dadurch haltbar. Viele Tausende blieben unter den Trümmern der sumerischen Städte erhalten; immer wieder werden neue ausgegraben.

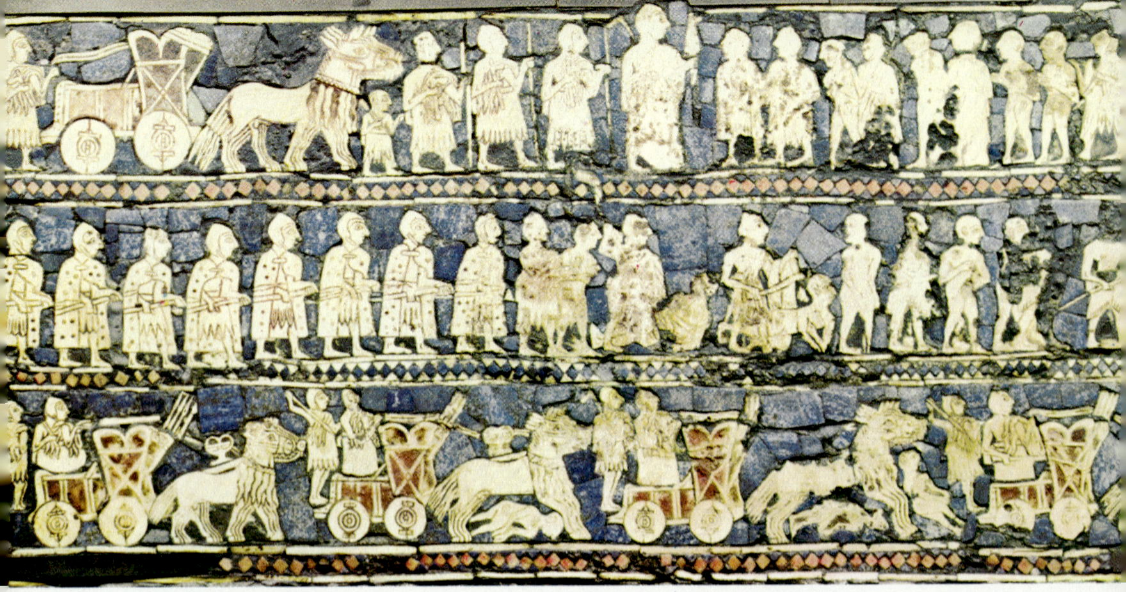

um 2500 v. Chr.

Die Königsgräber von Ur. In der Nähe der altsumerischen Stadt Ur, in deren Gebiet der Erzvater Abraham einst seine Herden weidete, untersuchte vor über 20 Jahren ein englischer Forscher einen geheimnisvollen Hügel. Unter einer dicken Schicht von Sand und Schutt fand er die ältesten sumerischen Königsgräber, die aus der Zeit um 2500 v. Chr. stammen. Diese enthielten reichen Schmuck aus Gold und Silber sowie prächtige Waffen und Rüstungen aus Kupfer. Aber ein anderer Fund erschütterte die Ausgräber: Einem verstorbenen König und seiner Gemahlin war das ganze Gefolge in den Tod nachgeschickt worden. Die Leibwache lag erschlagen neben Helmen und Lanzen; die Skelette der Hofdamen waren an dem prächtigen Kopfputz und Schmuck leicht zu erkennen; vor den silberverzierten Fahrzeugen fand man die Gerippe von Ochsen und Eseln, daneben die Gebeine der Stallknechte. Die Hand des Harfners umklammerte noch im Tode die goldene Harfe.

Die Königsgräber waren aus Steinen oder Tonziegeln erbaute Gewölbe. Für den Bau konnten die Sumerer aus ihrem eigenen Land nur Schilf, Palmenholz und den tonhaltigen Lehm verwenden, aus dem sie luftgetrocknete Ziegel herstellten. Die Steine mußten von weither beigeschafft werden. Aber auch Kupfer, Gold und Silber fehlten in Mesopotamien und mußten aus andern Gebieten eingeführt werden. Die Sumerer trieben deshalb einen lebhaften Handel, der bis zum Indus, zum Kaukasus und weit nach Kleinasien hinein reichte.

Handel und Geldwesen der Sumerer. Im Handel und im Geschäftsleben nahmen es die Sumerer sehr genau. Über jedes größere Geschäft stellten sie eine schriftliche Urkunde aus.

Schon sehr früh begannen sie, Gold und Silber in Barren- oder Ringform abzuwiegen und als Zahlungsmittel zu verwenden. Dadurch wurde der umständliche Tauschhandel vereinfacht. Angesehene Kaufleute versahen ihre Metallbarren mit einem Siegel, um das richtige Gewicht und die Echtheit des Metalls zu bestätigen. Gewichtseinheiten waren das Talent (etwa 25 kg) zu 60 Minen, die Mine zu 60 Schekel. Durch das ganze Altertum galten diese sumerischen Gewichte; auch sind Fuß und Elle als Maße seit dieser Zeit im Handel üblich. Beim Rechnen gingen die Sumerer von der

Linke Seite: Die sogenannte „Standarte" von Ur, eine hölzerne Bildtafel von etwa einem halben Meter Länge. Figuren aus Muscheln und Kalksteinstückchen. Die Vorderseite der Bildtafel zeigt in drei Bildstreifen einen Kriegsbericht: Sumerische Krieger zu Fuß und auf Kriegswagen erringen für den König den Sieg. Auf dem obersten Streifen werden dem König, der größer dargestellt ist, die Gefangenen vorgeführt (um 2400 v. Chr.).

Rechts: Rekonstruktion des Turmtempels von Ur.

Zahl 60 aus (Sexagesimalsystem). Noch heute teilen wir die Stunde in 60 Minuten, die Minute in 60 Sekunden und den Kreis in 360 (6 × 60) Winkelgrade ein. Daneben benutzten die Sumerer aber auch schon das Dezimalsystem.

Die Religion der Sumerer. Die Sumerer verehrten einen Himmelsgott, der an der höchsten Stelle des Himmels (Himmelspol) wohnt, außerdem einen Gott der Erde als Herrn der Stürme und einen Gott des Meeres. Dem Sturmgott weihten sie zuerst die eigenartigen Turmtempel, künstliche Berge, die später im Zweistromland auch den Göttern der einzelnen Städte errichtet wurden. Aus Lehmziegeln baute man mehrere Türme übereinander, die nach oben immer kleiner wurden. Der berühmte Turmbau von Babel geht auf diese Vorbilder zurück (vgl. S. 39).

Auch die Gestirne spielten eine große Rolle im sumerischen Glauben. Der Mondgott war der Herr des Monats, da die Sumerer nach Mondmonaten rechneten. Der Sonnengott, der Gott des Rechtes, der alles durchschaute, war ein Sohn des Mondgottes; dessen Tochter, die Göttin der Liebe und der Fruchtbarkeit, wurde in dem Abendstern (Venus) verehrt. Auch glaubten die Sumerer an gute und böse Geister; auf die bösen führten sie die Übel des Lebens, besonders die Krankheiten zurück. Gegen diese „Dämonen", die sie sich als Mischgestalten von Mensch und Tier oder von verschiedenen Tieren vorstellten, suchten sich die Sumerer durch Amulette (Anhänger zur Abwehr eines Zaubers) zu schützen.

Nach sumerischem Glauben rief menschlicher Frevel den Zorn der Götter und furchtbare Strafe herbei. So berichten alte Lieder der Sumerer, daß der Sturmgott vor uralten Zeiten den Menschen die Sintflut geschickt habe. Tatsächlich fand man in 12 m Tiefe unter den Königsgräbern von Ur eine 2½ m dicke, völlig saubere Tonschicht. Sie kann nur von einer ungeheuren Überschwemmungsflut abgelagert sein.

2. Das semitische Reich von Babylon

Semitische Eindringlinge. Das reiche und fruchtbare Land der Sumerer lockte die semitischen Nomadenstämme der Wüste und der Steppen. Arabien ist wahrscheinlich die Urheimat der Semiten. Von dort aus stießen einzelne Stämme

Bronzekopf eines akkadischen Fürsten (vermutlich Sargon). Die ausgebrochenen Augen bestanden wahrscheinlich aus kostbaren Steinen (um 2300 v. Chr.). – Rechts: Oberer Teil der Steinsäule des Hammurabi. Der König steht vor dem Sonnengott, von dem er die Gesetze erhält (um 1700 v. Chr.).

immer wieder in das Kulturland Mesopotamien vor und wurden hier seßhaft. Schon früh setzten sich Semiten im Norden des sumerischen Schwemmlandes fest.

Der semitische Fürst Sargon errichtete um 2350 v. Chr. das erste semitische Großreich der Geschichte. Er gründete zwischen Euphrat und Tigris die Stadt Akkad, nach der lange Zeit auch das umliegende Land benannt wurde. Die semitischen Eroberer beugten sich jedoch der überlegenen sumerischen Kultur. Sie übernahmen die Keilschrift und die Religion der Sumerer; sie hielten ihre Gottesdienste sogar in sumerischer Sprache. Weithin verbreiteten sie in ihrem Reiche sumerische Gesittung. So blieben im Zweistromland die sumerischen Leistungen und Erfindungen erhalten, als das sumerische Volk selbst schon längst im Volkstum der semitischen Eroberer aufgegangen war.

Hammurabi, ein König des Rechts. Seit 2000 v. Chr. fielen neue semitische Stämme ins Zweistromland ein. Einer ihrer Fürsten gründete die Stadt Babylon (Babel) am Euphrat. Nach ihr erhielt das ganze Land den Namen Babylonien. Um 1700 v. Chr. besiegte König Hammurabi von Babylon alle Teilfürsten des Landes und begründete einen Einheitsstaat, in dem nur er allein bestimmte und durch seine Beamten regierte. Er gab dem ganzen Lande ein einheitliches Recht und ließ auf einer über 2 m hohen Steinsäule seine Gesetze einhauen. Über dem Text ist der Sonnengott dargestellt, der dem König die Gesetze verkündet.

um 1700 v. Chr.

Die Gesetze waren außerordentlich hart und setzten schon für geringfügige Vergehen die Todesstrafe fest. Auch waren nicht alle Menschen vor dem Gesetz gleich. Wer einem Vornehmen ein Auge ausschlug, mußte mit dem eigenen Auge büßen. Die gleiche Straftat, an einem gewöhnlichen Bürger begangen, wurde nur mit einer Mine Silber geahndet. Andererseits wurde z. B. den einfachen Lohnarbeitern und Handwerkern ebenfalls durch das Gesetz ein gerechter Lohn gesichert. Für die leibeigenen Kleinpächter war ein erträglicher Pachtzins festgelegt. Diese mußten das Land bebauen, das ganz im Besitz des Königs, der Priesterschaften und weniger Vornehmer war.

Hammurabi glaubte an den göttlichen Ursprung des Rechtes und ließ es aufzeichnen, „damit der Starke den Schwachen nicht schädige". Am Schlusse der Gesetze schrieb er: „Der Bedrückte, der eine Rechtssache hat, möge vor mein Bild, den gesetzgebenden König, kommen, die beschriebene Säule lesen und meine kostbaren Worte hören. Und meine Tafel soll ihm dann die Sachlage weisen, sein Urteil soll er finden, sein Herz soll aufatmen." Und so rühmte der König sein hohes Herrscheramt: „Die großen Götter haben mich berufen. Ich bin der heilbringende Hirte, dessen Stab gerade ist. Guter Schatten ist über meine Stadt gebreitet. An meiner Brust hege ich die Einwohner des Landes Sumer und Akkad; in meinem Schutz habe ich sie ihre Tätigkeit in Frieden ausüben lassen, in meiner Weisheit sie geborgen."

3. Mächtige Gegner und letzte Blütezeit Babylons

Die Hethiter in Kleinasien. Um 2000 v. Chr. drangen mehrere indoeuropäische Stämme in Kleinasien ein (vgl. S. 14). Einer von ihnen setzte sich im großen Bogen des Halysflusses auf dem anatolischen Hochland fest. Die Eindringlinge verehrten die Götter der unterworfenen Urbewohner des Landes und gebrauchten auch deren Sprache im Tempeldienst weiter. Allmählich wuchsen die Eroberer und die Unterworfenen zu einem neuen Volke zusammen, das die Nachbarvölker nach dem Namen der Urbewohner, der Chatti, Hethiter nannten. Die Hethiter begründeten ein mächtiges Reich, das sich bis nach Syrien ausdehnte. Sie übernahmen die babylonische Keilschrift und schrieben auf Tontafeln. Das Archiv der Hethiterkönige mit vielen Tontafeln ist bei dem heutigen Boghasköi in Anatolien gefunden worden. Zahlreiche Tafeln sind in hethitischer und babylonischer Sprache abgefaßt und konnten entziffert werden.

Ein Hethiterkönig eroberte nach 1600 v. Chr. das ehrwürdige Babylon, plünderte und zerstörte die Stadt. Doch zwangen ihn Wirren im eigenen Lande zur Rückkehr, und Babylonien wurde die Beute eines anderen Fremdvolkes. Später kämpften Hethiterkönige mit den ägyptischen Pharaonen lange um den Besitz Syriens.

Eine Tontafel mit Keilschrift aus den Archiven der hethitischen Hauptstadt. Die zwischen 20 und 30 cm großen Tontafeln wurden nach der Beschriftung hartgebrannt. Wenn der Inhalt es erforderlich machte, wurden die Tontafeln mit dem Siegel des Königs oder einem anderen Stempel versehen. Die einzelnen Tafeln wurden registriert. Briefe erhielten einen „Umschlag" aus Ton, den der Empfänger zerbrechen mußte.

Ein assyrischer König auf der Löwenjagd. Relief aus dem königlichen Palast zu Kalach (um 875 v. Chr.)

Die Assyrer. Nördlich von Babylonien, am oberen Tigris, gewann das semitische Volk der Assyrer immer größere Macht. Die Hauptstädte der Assyrer waren Assur und Ninive. Groß war der Gegensatz dieses kriegslustigen Bergvolkes zu dem friedlichen Handelsvolk der Babylonier. Die Assyrerkönige fühlten sich verpflichtet, ihrem kriegerischen Gotte Assur die Völker der Welt zu unterwerfen. Briefe an ihn gaben Rechenschaft über ihre Feldzüge, die sie auf seinen Befehl auszuführen glaubten. Durch unbeschreibliche Grausamkeiten gegen besiegte Völker hofften sie, den Gott zu versöhnen und zu erfreuen. Die Könige prahlten stolz mit ihren Bluttaten. Furchtbar war das Los der Kriegsgefangenen. Ganze Völker wurden verschleppt und an ihrer Stelle Assyrer angesiedelt. Blühende Landschaften wurden verwüstet.

In einem Brief an den Gott Assur berichtet ein König über die Eroberung einer Stadt in den armenischen Bergen: „In die Stadt zog ich wie ein Herrscher ein. Die starke Mauer, die aus spitzem Berggestein gemacht war, habe ich mit eisernen Hacken und eisernen Schwertern wie einen Topf zerschlagen und der Erde gleichgemacht. Die langen Zypressenbalken, die Bedachung des Palastes, riß ich heraus, bearbeitete sie mit Äxten und nahm sie mit nach Assyrien. Die vollen Kornspeicher öffnete ich, und die reichlichen Vorräte ließ ich das Heer aufessen. Die Mündung des Kanals verstopfte ich und verwandelte seine frischen Wasser in Morast. Ihre reichliche Ernte, die wie das Schilfrohr keine Zahl hat, habe ich mit der Wurzel ausgerissen und, um sie zu verwüsten, nicht eine Ähre übrig gelassen. Das schmucke Feld habe ich mit Wagen, Reitpferden, dem Tritt meiner Soldaten wie der Wettergott niedergewettert."

Um 670 v. Chr. standen die Assyrer auf dem Höhepunkt ihrer Macht; sogar Ägypten gehörte damals zu ihrem Reiche. Der letzte in der langen Reihe der Eroberer-

Rekonstruktion der Stadt Babylon zur Zeit Nebukadnezars

könige war Assurbanipal. Als Jäger erlegte er den Löwen mit eigener Hand. Er war ein großer Bauherr und Förderer des Schrifttums. Tausende von Tontafeln seiner Keilschrift-Bibliothek wurden in den Trümmern Ninives gefunden. Darunter lagen die Abschriften alter Heldenlieder, die bis auf die sumerische Zeit zurückgehen. Wie die Bibel berichten auch sie von der Sintflut (vgl. S. 35).

Die unterworfenen Völker wurden von den Assyrern grausam geknechtet. Auch die Stadt Babylon litt sehr unter ihrer Herrschaft. Babylons Stadtfürst verband sich deshalb mit dem indoeuropäischen Volke der Meder, das aus dem Hochland von Iran in die Ebene vordrang. Im Jahre 612 v. Chr. fiel die assyrische Hauptstadt Ninive. Die prächtigen Paläste und Tempel gingen in Flammen auf. Der letzte assyrische König stürzte sich mit seinem Hofstaat ins Feuer.

Neue Blütezeit der Weltstadt Babylon. Wiederum wurde Babylon die Hauptstadt eines mächtigen Reiches. Dort herrschten jetzt Könige des semitischen Stammes der Chaldäer. Durch sie erhielt Babylonien den Namen Chaldäa, den wir aus der Bibel kennen. Die neuen Könige bauten die unter den Assyrern mehrmals zerstörte Stadt in einer Pracht wieder auf, über die später die Griechen noch staunten. Ein besonders prunkliebender Bauherr war König Nebukadnezar (605–562 v. Chr.); er herrschte von Mesopotamien bis an die Mittelmeerküste Syriens.

Das fruchtbare Ackerland wurde erneut durch Dämme vor Überschwemmungen geschützt. Die Handelskarawanen konnten wieder in Ruhe und Sicherheit auf ihren

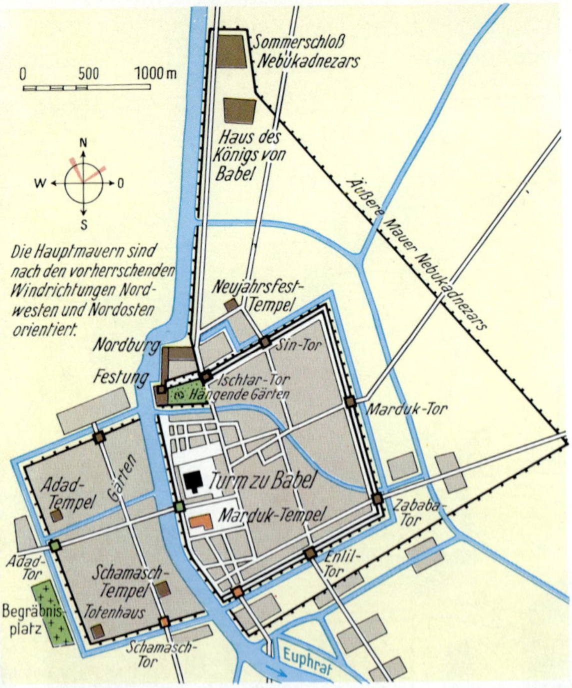

Stadtplan von Babylon

Straßen dahinziehen. Von überall her brachten sie Waren in die feste und reiche Stadt Babylon. Sie war jetzt von einer mächtigen Festungsmauer umgeben, die einen Umfang von 18 km hatte. Vor der rund 8 m dicken Mauer aus gebrannten Ziegeln lag ein breiter Graben, 12 m hinter ihr eine zweite, 7 m dicke Lehmziegelmauer. Der Zwischenraum der Mauern war bis zur halben Höhe mit Erdreich aufgefüllt; ohne Mühe kamen zwei Gespanne aneinander vorbei.

Prächtig waren die Tore der Stadt, am großartigsten das Doppeltor, das der Liebesgöttin Ischtar geweiht war. Die Wände dieses Bauwerkes waren über und über mit bunt glasierten Darstellungen von Stieren und Drachen bedeckt. Kupferbeschlagene zederne Türflügel und bronzene Schwellen zierten das Tor. Einen tiefen Eindruck auf die andern Völker machte der neue „Turm zu Babel". Auf dem Fundamente eines älteren Turmes erhob er sich in sieben Stockwerken bis zur Höhe von 91,5 m; er war für den „großen Herrn Marduk" erbaut, der über allen andern Göttern thronte. Der ihm geweihte Raum war mit Gold und Silber verschwenderisch ausgestattet. Als größtes Wunder der Stadt bestaunten die Fremden aber die „Hängenden Gärten", weite terrassenförmige Gartenanlagen auf einem gewölbten Unterbau im Palaste des Nebukadnezar. Dieser Palast stand auf einem künstlichen Hügel am Ufer des Euphrat.

Trotz des großen Reichtums der Stadt schauten die Babylonier mißtrauisch und ängstlich in die Zukunft; zuviel Unglücksschläge hatten ihre Vorfahren erleben müssen. Besorgt ließen sie sich von kundigen Priestern aus dem Stand der Sterne, aus den Träumen, dem Vogelflug und dem Wandel des Mondes die Zukunft voraussagen. Der Stern Jupiter galt als Glücksbringer und der Mars als Unglücksbote, eine Anschauung, die bei den Sterndeutern (Astrologen) bis heute lebendig geblieben ist. Schon beim geringsten Anlaß ließen die Babylonier die Dämonen beschwören: In der Nacht, bei Fackelschein, murmelten die Priester dem Opfertier, das den bösen Geist darstellte, heilige Zauberformeln ins Ohr.

Nur eine kurze Zeit der Blüte war diesem neubabylonischen Reiche beschieden. Kampflos öffnete Babylon im Jahre 539 v. Chr. dem Perserkönig Kyros die Tore (vgl. S. 44). Aber die Perser waren duldsamer als die Assyrer. Babylon blieb noch Jahrhunderte die reichste Handelsstadt Vorderasiens.

4. Die Phöniker und die Juden

Das Handelsvolk der Phöniker. Die semitischen Phöniker saßen in den Hafenstädten des schmalen, Syrien vorgelagerten Küstenstreifens. Tyros und Sidon

Rechte Seite: Teilstück aus der Wand des Thronsaals des Nebukadnezar (erste Bauepoche um 570 v. Chr.). Wie beim Ischtartor besteht der Wandschmuck auch hier aus glasierten Ziegeln. Die Figuren wurden zunächst aus einer Tonplatte herausmodelliert. Man zerschnitt sie dann, solange sie noch weich war, in einzelne Ziegel. Diese wurden schließlich glasiert, gebrannt und an Ort und Stelle wieder zusammengesetzt.

Phönikische Schiffe werden in einem ägyptischen Hafen entladen. Händler und Ladenbesitzer tauschen am Kai Waren aus. Nachzeichnung eines stark beschädigten ägyptischen Wandgemäldes (um 1400 v. Chr.).

waren die bedeutendsten Städte. An die phönikische Küste führten uralte Handelsstraßen, und die Stadtherren von Byblos lieferten schon den Pharaonen Schiffe und Bauholz für die ägyptische Flotte. In der Zeit von 1200 bis etwa 750 v. Chr. waren die Phöniker die erste Handelsmacht im Mittelmeer. Sie beherrschten den Handel von Cypern bis Spanien. Über die Straße von Gibraltar hinaus wagten sie ihre Handelsfahrten bis an den Senegal, zu den Kanarischen Inseln und nach dem zinnreichen Britannien. Überallhin brachten sie die Erzeugnisse ihrer Kunstfertigkeit in Weberei, Purpurfärberei, Glasbereitung, Metallverarbeitung. Die Phöniker haben besonders den Griechen viele Errungenschaften der Völker des Orients vermittelt, z. B. das Alphabet. Über die Griechen und Römer ist das phönikische Alphabet auch für unsere Schrift das Vorbild geworden.

um 800 v. Chr.

Von Tyros aus gründeten die Phöniker um 800 v. Chr. die Kolonie Karthago an der Nordküste Afrikas. Als nach 750 v. Chr. die phönikischen Heimatstädte mit den Assyrern im Kampfe lagen, übernahm allmählich Karthago die Führung unter den phönikischen Niederlassungen des westlichen Mittelmeeres.

Die Juden, das Volk der Offenbarung. Zwischen den mächtigen Reichen im Niltal und im Zweistromland lebte in Palästina das kleine Volk der Juden. Die Bibel erzählt, wie der Erzvater Abraham aus dem Lande Ur am Euphrat auswanderte, wie die Juden über Kanaan nach Ägypten zogen. Von hier aus führte sie ihr großer Gesetzgeber Moses wieder nach Kanaan in Palästina zurück. Dort wurden sie seßhafte Bauern und lebten lange in einem Bunde von zwölf selbständigen Stämmen.

Der Gesandte Israels oder vielleicht König Jehu selbst huldigt dem Assyrerkönig Salmanassar (sogenannter „Schwarzer Obelisk" aus den Palastanlagen in Kalach). Die geflügelte Scheibe ist das Sinnbild des Gottes Assur. Der Stern ist das Symbol der Liebesgöttin Ischtar.

Ihr gemeinsames Heiligtum war die Bundeslade, in der die Gesetzestafeln des Moses verwahrt wurden. In Zeiten der Not riefen die Stämme einen Richter als militärischen Führer an ihre Spitze. Einen harten Kampf mußten die Juden gegen die Philister durchfechten, die sich um 1200 v. Chr. an der Küste Palästinas festsetzten. Diese haben dem Lande auch erst den Namen Palästina gegeben.

um 1000 v. Chr.

Während der Kämpfe gegen die Philister einigte König Saul um 1000 v. Chr. die jüdischen Stämme in einem Reich. Unter den Königen David und Salomon erlebte das geeinte jüdische Volk seine glücklichste Zeit. David gewann Jerusalem, machte es zur Hauptstadt und brachte die Bundeslade dorthin. Salomon erwarb durch Handel mit Phönikien und Ägypten großen Reichtum und ließ von phönikischen Bauleuten den prachtvollen Tempel in Jerusalem erbauen. Nach seinem Tode teilte sich das Reich in das nördliche Israel (Hauptstadt Samaria) und das südliche Juda (Hauptstadt Jerusalem). Das Nordreich löste sich auch aus der religiösen Gemeinschaft um den Tempel von Jerusalem und baute ein eigenes Heiligtum. In den Zwistigkeiten der Stämme und im Kampf um die Selbständigkeit gegen die Mächte von Ägypten, Assyrien und Babylonien zerrieb sich die Kraft der beiden Staaten. So geriet Israel 721 v. Chr. unter die Herrschaft der Assyrer. Der Großteil der Einwohner des besiegten Landes wurde verschleppt und verlor sich in der Fremde. König Nebukadnezar von Babylonien (S. 39) unterwarf Juda; er eroberte 587 v. Chr. Jerusalem, zerstörte Stadt und Tempel und führte die Mehrzahl der Bewohner der in Trümmer gelegten Hauptstadt und viele andere aus dem ganzen Südreich in die Gefangenschaft nach Babylonien.

Immer wieder hatten fromme Männer das jüdische Volk vor dem Götzendienst gewarnt, den einzelne Könige begünstigten, und den Zorn des einzigen Gottes Jahwe angekündigt. Diese Propheten hielten auch in der Fremde die Treue zu den Gesetzen, die Sehnsucht nach der Heimat und die Hoffnung auf eine Rückkehr wach. Als der Perserkönig nach 539 v. Chr. den Juden die Rückkehr aus der „Babylonischen Gefangenschaft" erlaubte, sammelten sich viele um ihre alte Königsstadt Jerusalem und bauten später den Tempel wieder auf. Sie warteten auf die Erfüllung der von den Propheten gegebenen Verheißungen und bewahrten ihren Glauben an einen einzigen Gott.

5. Das Weltreich der Perser

Kyros, der Reichsgründer. Auf dem Hochland von Iran waren schon früh zahlreiche indoeuropäische Stämme seßhaft geworden, die man unter dem Namen Iranier zusammenfaßt (vgl. S. 14.). Als Reitervölker waren sie aus den asiatischen Steppen in den Ostiran gekommen; ein Teil von ihnen war um 1500 v. Chr. weiter nach Indien vorgestoßen. Andere Stämme drangen nach Westen bis an den Rand des Zweistromlandes vor. Unter diesen gewannen die Meder die Vorherrschaft.

Der medischen Macht setzten die Perser unter ihrem Stammesfürsten Kyros ein Ende. Er unterwarf zuerst die stammverwandten Meder, dann den König Kroisos (Krösus), den sagenhaft reichen Herrscher von Lydien in Kleinasien. Schließlich brachte er auch noch das babylonische Reich (vgl. S. 40) und Syrien mit Phönikien in seine Gewalt. In elfjährigem Kampfe (550–539 v. Chr.) hatte Kyros ganz Vorderasien für sich gewonnen und ein Reich geschaffen, das zum erstenmal im Altertum den Namen eines Weltreiches verdiente. Sein Sohn eroberte 525 v. Chr. auch noch Ägypten (vgl. S. 24).

Auf dem Grabmal des Königs Kyros standen die Worte: „O Du, wer Du auch seist, und woher Du auch kommst – ich bin Kyros, der Sohn des Kambyses, der Begründer des persischen Reiches, der Asien beherrscht hat. Mißgönne mir deshalb nicht dies Stückchen Erde, das meine Gebeine birgt!"

Dareios, der Ordner des Reiches. Der dritte Perserkönig hieß Dareios (Darius). Er beherrschte die Völker vom Indus bis zum Hellespont, vom Kaukasus bis ins Niltal und teilte das Reich in 20 Provinzen ein, die von persischen Statthaltern (Satrapen) geleitet wurden. Die Provinzen mußten vorgeschriebene Abgaben in Gold, Silber oder Naturalien leisten. Nur die Perser waren frei von Steuern. Nach dem Vorbild der lydischen Könige ließ Dareios eigene Goldmünzen schlagen. Dadurch sollte der Handel gefördert werden. Die alten Handelswege baute er zu festen Straßen aus, über die eine königliche Post die Befehle des Herrschers rasch in die entferntesten Provinzen trug.

Dareios hat sich um den Wohlstand seiner Völker ernsthaft bemüht. Er ließ sich nicht als Gott verehren, aber er fühlte in sich den Auftrag des iranischen Gottes des Lichtes und der Wahrheit, des Ahuramazda, die Welt zu ordnen und zu lenken.

Rechte Seite oben: Das Grabmal des Kyros (559–529 v. Chr.) in Pasargadai. Das Totenhaus erhebt sich über einem mehrstufigem Sockel. Ganz entfernt erinnert dieses Grabmal an die babylonischen Tempeltürme. Auf der obersten Stufe steht aber nicht mehr der Tempel des Gottes, sondern das Haus des verstorbenen Königs. – Unten: König Dareios gibt eine Audienz (Relief am westlichen Nordtor des Palastes in Persepolis). Der König ist größer dargestellt als die übrigen Figuren. Sehr wahrscheinlich sind die Reliefs von Persepolis schon von der griechischen Kunst beeinflußt, vielleicht waren sogar griechische Künstler aus Milet (vgl. S. 74) am Werk (um 500 v. Chr.).

Der Palast des Dareios in Persepolis (um 500 v. Chr.). Außer den mächtigen Terrassenanlagen, den Treppen und Säulen blieben vor allem die steinernen Rahmen der Portale, der Türen und der Fenster erhalten, während die aus gebrannten Lehmziegeln bestehenden Wände zusammengesunken sind.

In einer Inschrift heißt es: „Ich, Dareios, der König, der Großkönig, der König der Könige, König von Persien, Sohn des Hystaspes. Es spricht Dareios, der König: Ahuramazda übergab mir das Reich, durch die Gnade Ahuramazdas regiere ich dieses Reich... Es spricht der König: Deswegen brachte mir Ahuramazda Hilfe und die anderen Götter, die es gibt, weil ich nicht feindselig war, kein Lügner, kein Übeltäter, weder ich noch mein Haus. Die Aufrichtigkeit hielt ich in Ehren, weder einem Knecht noch einem Herrn tat ich Unrecht."

Der Glaube der Perser. Die Perser glaubten an die Lehre des weisen Zarathustra: Ahuramazda, der Gott des Guten, lebt im Kampfe mit dem Gott des Bösen, solange die Welt besteht. Der Mensch muß sich entscheiden, wem er folgen will. Der Endsieg des guten Gottes ist sicher. Aber nur dann wird der Mensch in das Reich des guten Gottes eingehen, wenn er sich an Leib und Seele rein gehalten hat.

Neben ihrem eigenen Glauben duldeten die Perser jedoch die Religionen der unterworfenen Völker. Diese wurden auch nicht gezwungen, die persische Sprache anzunehmen. Deshalb sahen sie in dem Perserkönig nicht den Unterdrücker, sondern nur einen neuen Herrscher, der ihnen vom Gott ihres Landes – Marduk in Babylonien oder Ammon-Re in Ägypten – bestimmt war.

Die persische Herrschaft. Zwar gab es auch im Perserreich Aufstände; aber diese wurden nicht von den beherrschten Völkern, sondern von ehrgeizigen persischen Satrapen angezettelt. Die unterworfenen Völker fanden sich mit dem Verlust der Freiheit ab und versuchten nicht, die Fremdherrschaft abzuschütteln. Erst die Griechen waren bereit, ihre Freiheit bis zum letzten zu verteidigen.

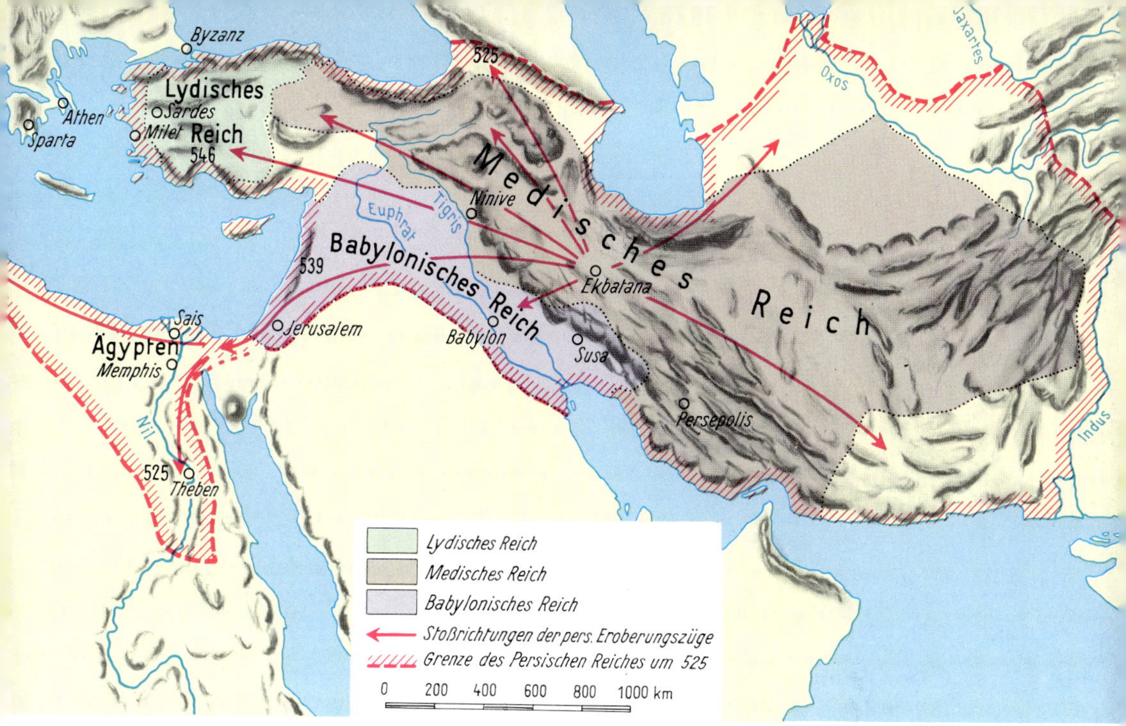

Medisches und persisches Reich

Wir fassen zusammen:

Im Niltal und im Zweistromland bildeten sich um 3000 v. Chr. die ältesten Staaten, die wir in der Geschichte kennen. Die Herrscher fühlten sich weit über das Volk erhaben; sie nannten sich selbst Gott, Sohn eines Gottes oder auch Statthalter eines Gottes. Das Volk hatte keinen Einfluß auf die Regierung des Landes. Der Herrscher und seine Beamten verfügten nach Gutdünken über Leben, Arbeit und Eigentum der Untertanen. Kein Volk des Morgenlandes hat im Altertum versucht, sich selbst zu regieren oder sich die politische Freiheit zu erkämpfen.

Hammurabi von Babylon stellte um 1700 v. Chr. ein Gesetzeswerk auf, das auch den niederen Klassen des Volkes und den Sklaven einen beschränkten Rechtsschutz gewährte. Doch wurden die großen Vorrechte des Königs, der Priesterschaften und des Adels genau festgehalten; es gab keine Gleichheit vor dem Gesetz.

Die Kunst stand im Dienste der Religion und der Herrscher. Die Pyramiden und Felsengräber, die Tempelbauten mit Obelisken und Säulenhallen erinnern in Ägypten heute noch daran, ebenso die Schutthügel der Tempeltürme, Paläste und Städte in Mesopotamien Die Hieroglyphenschrift Ägyptens und die Keilschrift des Zweistromlandes sind die ältesten Schriften der Geschichte.

Abergläubische Tierverehrung und Dämonenfurcht hielten die Menschen fast überall gefangen. König Echnaton von Ägypten versuchte vergeblich, den Glauben an einen einzigen Sonnengott einzuführen. Die Perser, deren Reich die Völker Vorderasiens umfaßte, glaubten an Zarathustras Lehre von zwei Gottheiten, die sich bekämpfen. Allein das machtlose Judenvolk bekannte sich zu einem einzigen Gott, der keine andern Götter neben sich hat.

DRITTES KAPITEL

Die Welt der Griechen

I. Die griechische Frühzeit

1. Das kretische Inselreich

Die Sage von König Minos. Bevor die Griechen die mittlere und südliche Balkanhalbinsel eroberten, wohnte dort die gleiche Bevölkerung wie in Kleinasien, auf den Inseln des Ägäischen Meeres, auf Cypern und auf Kreta. Man faßt heute die Völker dieser Gebiete unter dem Namen der „Kleinasiaten" zusammen. Unter diesen gewannen die Bewohner Kretas besondere Bedeutung; denn sie begründeten ein mächtiges Inselreich.

Die griechische Sage erzählt von dem König Minos von Kreta. Ihm mußte der athenische Künstler Daidalos (Dädalus) einen Palast mit soviel Räumen und Gängen erbauen, daß sich jeder Fremdling darin verirrte. Labyrinth nannten die Griechen diesen Irrgarten. Dort wohnte der Sohn des Minos, der Minotauros, ein Ungeheuer, halb Mensch, halb Stier.

Der Königspalast von Knossos. Dem englischen Forscher Evans gelang es, das kretische Labyrinth zu entdecken. Im Jahre 1900 begann er auf einem Hügel im Trümmerfeld der uralten Stadt Knossos zu graben. Nach 25 Jahren hatte Evans eine riesige Palastanlage freigelegt, die in ihrem ganzen Umfange drei Hektar bedeckte. Der Palast erhob sich einst in mehreren Stockwerken um einen großen Lichthof. Treppenhäuser mit Lichtschächten führten in die oberen Räume. So zahlreich waren die Zimmer, Hallen und Gänge des Palastes, daß es Evans gut einleuchtete, weshalb die Griechen von einem Irrgarten sprachen. An den Palast schlossen sich Wirtschaftsräume und Werkstätten für alle Bedürfnisse der Bewohner an. In Vorratskammern standen große Tonfässer für Getreide, Wein und Öl. Wasserleitungen, Badezimmer und eine vorzügliche Kanalisation dienten der Körperpflege und der Gesundheit.

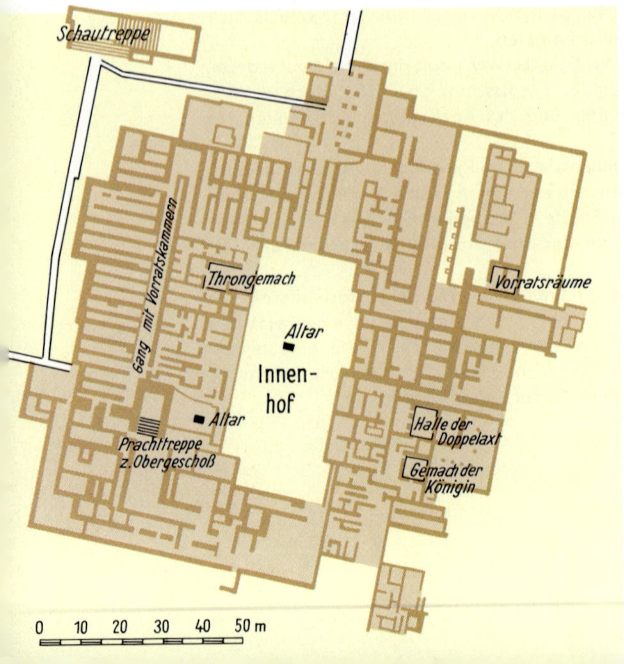

Links: Grundriß des Königspalastes von Knossos

Rechte Seite: Der Königspalast von Knossos. Oben: Ein einzelnes Magazin mit seinen großen Vorratsgefäßen. – Unten: Blick auf die Palastanlage (zum Teil wiederhergestellt)

Die Wände der Hallen waren mit buntfarbigen Gemälden und glasierten Tontafeln geschmückt. Prächtige Bilder zeigen uns jetzt noch die Damen und Herren des kretischen Hofes. Die Damen tragen einen Glockenrock und ein enges Mieder. Ein Kranz von Löckchen ziert die Stirne. Die Männer begnügen sich mit einem Hüfttuch, das ein eng anliegender Gürtel hält.

Eine Wandmalerei erzählt uns von den Stierspielen, die die Kreter liebten. Ein Jüngling und zwei Mädchen wagen ein gefährliches Spiel mit einem riesigen Stier. Der Jüngling schlägt rückwärts einen Salto über den Stier.

Waren die menschlichen Opfer, die der Minotauros der Sage forderte, in Wirklichkeit vielleicht unglückliche Spieler, die vom wütenden Stier getötet wurden?

Die kretische Handelsmacht. Wir wissen heute, daß in Knossos etwa von 2100 bis 1400 v. Chr. reiche und mächtige Könige über ein fleißiges, kunstbegabtes Volk herrschten. Die Erzeugnisse ihrer Kunstfertigkeit, aber auch Getreide und Öl, setzten die Kreter an den Küsten des Mittelmeeres ab.

um 1400 v. Chr.

Die Herren Kretas fühlten sich auf ihrer Insel völlig sicher. Darum umschlossen sie ihre Städte nicht mit Mauern. Gegen auswärtige Feinde schützte sie ihre Flotte. Aber um 1400 v. Chr. geriet Kreta unter die Herrschaft der griechischen Achäer.

2. Die Achäer und die „Dorische Wanderung"

seit 1900 v. Chr.

Die erste griechische Wanderung. Seit 1900 v. Chr. wanderten indoeuropäische Stämme aus dem Donauraum in die Balkanhalbinsel ein und drangen allmählich bis zur Peloponnes (= Pelopsinsel) vor (vgl. S. 14). Die früheste griechische Überlieferung faßt diese Stämme unter dem Namen der Achäer zusammen. Den Namen „Griechen" erhielten die Nachkommen der Einwanderer erst in späterer Zeit von den Römern.

Diese erste Einwanderung indoeuropäischer Eroberer dauerte mehrere Jahrhunderte. Auf hochgelegenen Plätzen in Thessalien, Böotien, in der Argolis, in Lakonien und Messenien legten die Einwanderer feste Burgen an. Von diesen aus beherrschten sie die einheimische Bevölkerung, die sie unterworfen hatten. Im Laufe der Zeit verschmolzen die Einwanderer mit den Ureinwohnern.

Linke Seite: *Das Stierspiel. Malerei auf Stuckrelief aus dem Palast von Knossos (16. Jahrhundert v. Chr.)*

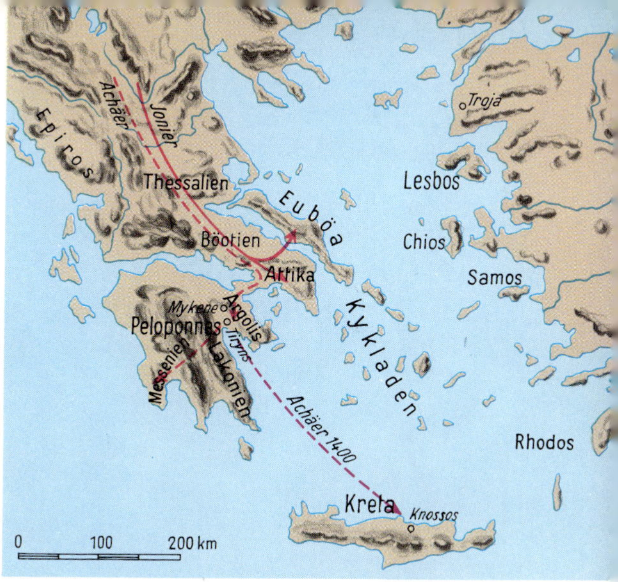

Rechts: Die erste griechische Wanderung

Das Achäerreich von Mykene. Unter den Herrschersitzen der Eroberer ragen die Burgen der Achäer von Mykene und Tiryns besonders hervor. Dort lebten Könige, die nach der Sage gegenüber allen andern Fürsten auf der Peloponnes eine Vorrangstellung einnahmen. Von Mykene aus führte nach allen Richtungen ein Netz von Heerstraßen, auf denen sich die adligen Streitwagenkämpfer des Königs rasch vorwärtsbewegen konnten. Nirgends sonst in Griechenland wurde bei Ausgrabungen so großer Reichtum entdeckt wie in Mykene. In Schachtgräbern und Kuppelbauten waren die Könige bestattet, ähnlich wie die Pharaonen Ägyptens und die Könige der Sumerer. Goldene Gesichtsmasken, bronzene Waffen und reichen Schmuck hat man in ihren Gräbern gefunden.

Schon bald wurden die Achäer auf der Peloponnes mit der Seefahrt vertraut. Der Reichtum des kretischen Reiches (vgl. S. 50) erschien ihnen als eine verlockende Beute. Um 1400 v. Chr. war die Macht der Achäer so groß, daß sie es wagen konnten, die Insel Kreta zu erobern. Für kurze Zeit wurden sie die Erben der kretischen Seeherrschaft. Ihr Handel erstreckte sich jetzt über Rhodos und Cypern bis nach Syrien und Ägypten.

um 1200 v. Chr.

Nach der griechischen Überlieferung waren es auch Achäer, die um 1200 v. Chr. die Stadt Troja in Kleinasien zerstörten. Vielleicht war der Zug des Königs Agamemnon von Mykene gegen Troja das letzte große Unternehmen des mykenischen Achäerreiches, bevor es durch erneut eindringende griechische Stämme vernichtet wurde.

Der Burgpalast von Mykene. Auf Kreta hatte man hell und geräumig gebaut, um bequem und angenehm leben zu können. In Mykene jedoch stand eine zur Verteidigung bestimmte, eng begrenzte Burg, in der der König mit seinem adligen Gefolge wohnte. Harten Frondienst hatten die unterworfenen Ureinwohner zu leisten, bis die Burg errichtet war. Riesige Felsblöcke mußten aus den Gebirgen herbeigeschafft werden.

Eindrucksvoll sind die gewaltigen Überreste der Burg. Durch keinerlei Mörtel verbunden sind die Steinquader übereinandergeschichtet. Ein befestigter Fahrweg führt zum Eingang der Burg, einem hohen, wuchtigen Tor. Eine mächtige Steinplatte ruht auf den Pfosten des Tores, und über diesem Deckstein recken sich zwei Löwinnen gegen eine Säule empor. Die Sage erzählt, daß das Riesengeschlecht der Kyklopen mit wilder Kraft diese Quader aufeinandergetürmt habe.

Die Burg von Tiryns (Rekonstruktion)

Hohe Mauern umgeben den Burgberg. Inmitten der Befestigung liegt der Steinpalast des Königs. Er ist nach dem Vorbild der rechteckigen Holzhalle erbaut, wie sie die Eroberer in ihrer nördlichen Heimat bewohnt hatten. Auch die Feuerstätte in der Mitte des Palastes ist erhalten geblieben. Getreu der überlieferten Bauweise führt eine auf Säulen ruhende Vorhalle in den Hauptraum. Aus dieser rechteckigen Baugestalt hat sich später die Kunstform des griechischen Tempels entwickelt.

Das Innere ihrer Paläste ließen sich die Herren von Mykene und Tiryns von kretischen Künstlern ausschmücken. Die Kunst der Kreter muß auf die Griechen der mykenischen Zeit starken Einfluß ausgeübt haben. Der Schmuck ihrer Gräber verrät kretische Arbeit oder kretisches Vorbild. Auf Wandgemälden erkennen wir die Tracht der kretischen Damen und die in Kreta üblichen Stierspiele. Auch die Schrift der Kreter haben die Achäer auf Kreta selbst und auf der Peloponnes benutzt.

um 1200 v. Chr.

Die „Dorische Wanderung". Die Wanderungen der Urnenfelderleute (vgl. S. 16) brachten um 1200 v. Chr. auch für Griechenland große Unruhe. In mehreren Wellen drangen erneut indoeuropäische Stämme aus dem Gebirgsland des westlichen Balkan nach Süden und Osten vor. Diese Reiterkrieger führten Hiebschwert und Rundschild aus Eisen. Ihnen waren die achäischen Krieger mit ihrem bronzenen Stoßschwert und ihren Streitwagen meist nicht gewachsen.

Am kampfestüchtigsten war der griechische Stamm der Dorer, der aus dem Epirus vordrang. Ein kleiner Teil des dorischen Stammes setzte sich in Mittelgriechenland fest; die Hauptmasse aber zog weiter nach der Peloponnes. Die achäischen Burgen von Tiryns und Mykene hielten den Dorern nicht stand. Diese eroberten die Argolis und Lakonien, später auch Messenien. Zu Schiff gelangten dorische Eroberer auch nach Kreta, Rhodos und nach dem Südwesten Kleinasiens. Hier entstand später die bedeutende Stadt Halikarnaß.

In Attika und auf Euböa konnten sich die Griechen aus dem Stamme der Jonier, die dort schon seit der mykenischen Zeit ansässig waren, gegen die Dorer behaupten. Ein König von Athen soll durch seinen Opfertod sein Land gerettet haben. Die Jonier breiteten sich über die Inselwelt der Kykladen, über Chios und Samos sowie über das Mittelstück der kleinasiatischen Westküste aus. Hier wurde Milet die führende Stadt.

Die griechischen Siedler an der Nordwestküste Kleinasiens und auf der Insel Lesbos nannten sich Äolier. Sie hatten während der mykenischen Zeit in den Landschaften Thessalien und Böotien gelebt.

Links: Goldene Gesichtsmaske aus dem Grab eines mykenischen Fürsten (ausgegraben von Heinrich Schliemann). – Rechts: Das Löwentor in Mykene

Nach dem Ende der „Dorischen Wanderung" war der von den Griechen besiedelte Raum in die drei Hauptstammesgebiete der Dorer, Jonier und Äolier aufgegliedert. Sie unterschieden sich durch Sprache und Stammessitten.

3. Die Welt Homers und Heinrich Schliemann

Der Dichter Homer. Die Jonier und Äolier im Küstengebiet Kleinasiens hielten auch nach der „Dorischen Wanderung" die Erinnerung an die Helden der mykenischen Zeit wach. Die Heldenlieder, die sicher schon an den Höfen der achäischen Fürsten gesungen worden waren, erklangen auch in der neuen Heimat weiter. Aus dieser Überlieferung hat der Dichter Homer im 8. Jahrhundert v. Chr. im jonischen Kleinasien die Ilias, das Lied vom Zug der Griechen gegen Troja (griech. = Ilios), geschaffen (vgl. S. 51). Auch die etwas jüngere Dichtung von den Irrfahrten des Odysseus, die Odyssee, schrieben die Griechen dem Homer zu.

Er war der große Dichter des ritterlichen Adels, der nach der „Dorischen Wanderung" die griechische Welt beherrschte. Homer gab dem griechischen Götterglauben die endgültige Form, die sich bei allen Griechen durchsetzte. Die späteren Meister der Bildhauerkunst schufen nach seiner Schilderung ihre Göttergestalten. Durch das Hören und Lesen der homerischen Lieder wurde der junge Grieche mit seinen Göttern vertraut.

Heinrich Schliemann, der Entdecker einer versunkenen Welt. Noch vor hundert Jahren hielten die Gelehrten alles, was Homer von dem Zug der Griechen gegen die feste Stadt Troja in Kleinasien berichtete, für reine Sage. Nur einer, der selbst kein Gelehrter war, wollte nicht glauben, daß alle Spuren der Burgen Homers verschwunden sein sollten, Heinrich Schliemann. Die homerischen Heldenlieder hatten ihn in seiner Jugend begeistert und ließen ihn nicht zur Ruhe kommen. Er wollte Troja, die Stadt des Königs Priamos, und die Gräber der Helden wieder-

Idealbild des Dichters Homer

finden. Sein ganzes Leben diente dieser Aufgabe. Nach einer entbehrungsreichen Jugend erwarb er sich als Kaufmann großen Reichtum, der es ihm ermöglichte, seinen Lieblingsplan zu verwirklichen.

Im Jahre 1871 begann er auf dem Hügel Hissarlik, nicht weit von der Dardanellenstraße an der Nordwestküste Kleinasiens, mit den Ausgrabungen. Nur nach den Schilderungen Homers hatte Schliemann die Stelle ausgesucht und gefunden. Sein unbeirrbarer Glaube wurde belohnt. Es gelang ihm, die Reste von neun übereinanderliegenden Städten freizulegen. In der zweituntersten Schicht glaubte er das Troja Homers gefunden zu haben. Die reichen Goldfunde dieser Schicht waren für ihn der Schatz des Priamos. Darin hat sich Schliemann freilich geirrt. Heute nimmt man an, daß die Stadt der Schicht VIIa, die nach einem Erdbeben wieder neu aufgebaut worden war, das homerische Troja ist.

Später setzte Schliemann seine Grabungen in dem goldreichen Mykene, der Stadt des Königs Agamemnon (vgl. S. 51), und an anderen Orten der Peloponnes fort. Auch dort hatte er großen Erfolg. Den Liedern Homers ist es also zu verdanken, daß Schliemann die Spuren der frühesten Griechen wiederfand.

Wir fassen zusammen:

Lange bevor es auf der Balkanhalbinsel Griechen gab, lebte auf Kreta ein Volk mit einer hohen Kultur. Die Kreter waren ein reiches Handelsvolk; sie bauten ihren Königen mehrstöckige Paläste, die auch heutigen Ansprüchen genügt hätten. Einzigartige Wandmalereien, Schmuckstücke und Vasen beweisen den hohen Kunstsinn der Kreter.

Seit 1900 v. Chr. wanderten indoeuropäische Stämme in die Balkanhalbinsel ein. Sie errichteten im Gebiet von Thessalien bis zur Peloponnes befestigte Herrensitze. Ungefähr seit 1600 v. Chr. standen die Herren der Burgen von Mykene und Tiryns auf der Höhe ihrer Macht. Wir wissen von dieser Zeit nur durch die Dichtungen, die Homer viel später verfaßte, und durch Ausgrabungen, die Heinrich Schliemann begonnen hat. Nach Homer nennen wir die Griechen dieser Zeit Achäer. Ihre Burgen waren Festungen. Von der überlegenen Kultur der Kreter haben die Achäer viel übernommen. Um 1400 v. Chr. eroberten Achäer Kreta.

Um 1200 v. Chr. drangen erneut indoeuropäische Stämme vom Norden der Balkanhalbinsel bis in die Peloponnes vor. Die Dorer bemächtigten sich vor allem der östlichen Peloponnes (Argolis und Lakonien). Während und nach der „Dorischen Wanderung" besiedelten die Griechen auch die Westküste Kleinasiens. Danach grenzten sich die drei Hauptstammesgebiete der Dorer, Jonier und Äolier in Sprache und Sitte voneinander ab.

Rechte Seite: Attische Vasenbilder. Oben: Herakles (vgl. S. 60) fängt mit dem Beistand Athenes den Kerberos, den mehrköpfigen Höllenhund, der den Eingang zur Unterwelt bewacht (520/510 v. Chr.). – Unten: Achilles und Ajax beim Brettspiel (530 v. Chr.)

Attische Vasenbilder mit Gestalten aus der griechischen Sage. Links: Penelope (am Webstuhl) und ihr Sohn Telemach (um 450 v. Chr.). – Rechts: Herakles beim Mahl (um 510 v. Chr.)

II. Die Blütezeit des griechischen Adels

1. Die Stammesordnung

Der Stamm und die Geschlechter. Nach der letzten Wanderungszeit lebten die Griechen in zahlreichen kleinen Stammesverbänden. Die vielen trennenden Gebirge Griechenlands trugen dazu bei, daß sich die Bewohner einer abgeschlossenen Landschaft als selbständige kleine Gemeinschaft fühlten. Die Nachbarn über dem Gebirge galten ihnen schon als Fremde oder gar als Feinde. An der Spitze dieser kleinen Stämme standen Könige; sie waren aber längst nicht mehr so mächtig wie die Herrscher der Burgen von Mykene und Tiryns. Neben ihnen traten adlige Geschlechter hervor, die reich an Grundbesitz waren und auf ebenso ruhmvolle Ahnen zurückblicken konnten wie die Könige selbst. Der König opferte bei Festen oder vor Kriegen für den Stamm und sprach das Gebet zu den Göttern; er führte den Heerbann, leitete die Volksversammlung und schlichtete als oberster Richter den Streit zwischen den Geschlechtern. Nur der König und die Edlen führten in der Volksversammlung das Wort. Die freien Bauern nahmen im Gefolge eines Adligen daran teil und konnten nur Zustimmung oder Mißfallen äußern. Kein gemeiner Mann konnte es wagen, seine Stimme gegen König und Adel zu erheben; es wäre ihm wohl ebenso ergangen wie dem häßlichen Thersites in der Heeresversammlung vor Troja, in der er gegen Agamemnon lästerte. Ihn wies Odysseus (vgl. S. 53 und 57) mit harten Worten zurecht:

> „. . . und er schlug mit dem Zepter ihm Rücken und Schultern,
> daß er sich krümmte vor Schmerz, und reichlich flossen ihm Tränen.
> Blutig erhob sich sofort eine schwellende Strieme am Rücken
> unter dem goldenen Stab; er setzte sich hin, voller Schrecken,
> leidend, verstörten Gesichts, und wischte sich ab seine Tränen.“

Allmählich drängten die Adligen die Macht des Königs immer mehr zurück; auf ihren Landsitzen fühlten sie sich selbst wie Könige. Bei Homer werden sie auch oft so genannt.

Das Leben des Adels. In den frühen Zeiten scheuten sich die adligen Herren nicht, selbst den Pflug über die Äcker zu führen. Der homerische Held Odysseus, ein König auf Ithaka, war stolz darauf, daß keiner ihn beim Kornschneiden übertraf; er rühmte sich, daß er ein Schiff bauen konnte und daß er selbst sein Bett gezimmert und mit kunstvollen Mustern geschmückt hatte. Laertes, der Vater des Odysseus, pflegte im Garten die Bäume. Die Königin Penelope webte jeden Tag mit eigener Hand, und die Königstochter Nausikaa wusch selbst mit Hilfe ihrer Freundinnen die Wäsche und die Kleider ihrer Brüder.

Die Weissagung der Priesterin Pythia (Schalenbild, 430 v. Chr.)

Doch vergaßen die adligen Männer auch nicht ihren kriegerischen Beruf, im Streitwagen oder zu Pferd zu kämpfen. Von kühnem Kampfe und abenteuerlicher Seefahrt sprachen sie an den Abenden, wenn sie sich bei Gelagen trafen. In der Halle des Königs hörten sie an festlichen Tagen den Sänger, der die alten Heldenlieder von Hof zu Hof weitertrug und in den Herzen der Hörer Verlangen nach Ruhm und Ehre entzündete.

Die griechische Götterwelt. Nach dem Glauben der Griechen lebten die Götter, erhaben über das Los der sterblichen Menschen, auf dem Berge Olymp, der weit in die Wolken des Himmels hineinragt, wie auf einer Königsburg. Die Griechen schrieben ihren Göttern kraftvolle Schönheit und unvergängliche Jugend zu, all das, was sich ein lebensfroher Adel wünschte. Überall in der Welt und im Leben der Menschen erkannten die Griechen das Walten der Götter.

Zeus ist der höchste der Götter, der Herr des Götterhimmels und der ganzen Erde. Er schützt Recht und Ordnung. Von ihm erflehen sich die Menschen Reichtum und Wohlergehen, aber auch den Sieg im Kampfe. Der Blitz ist seine furchtbare Waffe, der stolze Adler sein Begleiter. Die Gemahlin des Zeus ist Hera, die Göttermutter. Sie ist die Hüterin der Ehe und der Familie; darum flehen besonders die Frauen um ihren Schutz.

Der Kriegsgott Ares und die lanzentragende Pallas Athene sind Kinder des Zeus; sie werden im Kampfe angerufen. Der wilde Ares liebt die ungestüme, blutige Schlacht, Athene dagegen Mut und kluge Besonnenheit im Kampfe. Tapfere Helden sind ihrer Hilfe sicher. Sie ist die Lieblingstochter des Zeus. Obgleich sie als Kriegsgöttin Lanze, Schild und Rüstung trägt, ist sie auch Meisterin am Webstuhl und lehrt die Frauen spinnen und weben. Ihr ist die Eule heilig.

Apollon und seine Zwillingsschwester Artemis wurden ihrem Vater Zeus auf der Insel Delos geboren. Apoll ist der Gott des Lichts, er liebt Dichtkunst und Gesang. Die neun Musen seines Gefolges schenken den Menschen die Gaben der Künste und der Wissenschaften. Der Lorbeer, der die Stirn des Dichters schmückt, ist dem Apollo heilig. Er ist auch der Gott der Weisheit und verleiht die Gabe der Weissagung. In seinem Heiligtum in Delphi gibt er durch den Mund der Priesterin Pythia allen, die um Rat fragen, seine Weisungen. In wichtigen Staatsangelegenheiten befragen die Griechen das delphische Orakel und legen in den Schatzhäusern um den Tempel die Dankesgaben für gute Ratschläge nieder. Immer wieder verkündet der weise Gott

Die Geburt der Athene aus dem Haupte des Zeus (Schale um 570 v. Chr.). Zwei Musen zu beiden Seiten des Gottes. Rechts: Poseidon mit dem Dreizack, links: Hephäst, der Zeus den zur Geburt verhelfenden Schlag auf den Kopf versetzt hat. Außen: Weibliche Gottheiten, vielleicht Aphrodite und Artemis

von Delphi den Griechen die Tugenden der Selbsterkenntnis und des Maßhaltens. Die scheue Artemis trägt als Göttin der Jagd Köcher, Pfeil und Bogen. Auf einsamen Waldlichtungen erfreut sie sich mit den Schutzgöttinnen der Bäume und Quellen, den Nymphen, an Reigen und Tanz.

Aphrodite ist die Göttin der Liebe und Schönheit. Sie ist sehr unbeständig in ihrer Huld, doch die olympischen Götter verzeihen ihrer Anmut immer wieder diese Schwäche. Sie ist mit Hephäst vermählt, dem Gott des Feuers und der handwerklichen Kunst. Tief im Innern der Erde schmiedet er kunstvolle Waffen und verfertigt kostbaren Schmuck. Unter rauchenden Vulkanen hat er seine Esse (Feuerstelle).

Als Zeus einst mit seinen Brüdern die Welt teilte, erhielt Poseidon das Meer, Pluton die Unterwelt. Rosse mit goldenen Mähnen ziehen den goldenen Wagen des Poseidon durch die Tiefen der Meere. Ist er zornig, wühlt er mit seinem mächtigen Dreizack das Meer auf. Besänftigen die geängstigten Seefahrer ihn durch Opfer, dann glätten sich die Wogen, und günstiger Fahrtwind bläht die Segel. Hestia, die Schwester des Zeus, ist die Göttin des häuslichen Herdfeuers. Wenn Griechen in die Fremde zogen, um eine neue Heimat zu suchen, nahmen sie das Feuer vom heiligen Herd der Hestia mit.

Hermes ist der Götterbote; Flügel an Haube und Sandalen tragen ihn mit Windeseile zu den Menschen und wieder zurück zum Olymp. Er schützt die Straßen, den Handel und den Verkehr; er geleitet auch die Seelen der Verstorbenen in die Unterwelt.

Rechte Seite oben: Reste des Apollonheiligtums und des Theaters in Delphi am Hang des Parnaß. – Unten: Der „Heilige Hain" von Olympia mit Resten der Tempel und Schatzhäuser (vgl. S. 62)

Dionysos ist aus Thrakien in die griechische Götterwelt eingedrungen. Er ist der Herr der Seelenschatten, die im Frühjahr, in den Tagen des Blumenfestes, aus der Unterwelt heraufflattern dürfen; er ist aber auch der Gott des Weines und Spender fröhlicher Festlust.

Die Erdmutter Demeter, die Göttin der Fruchtbarkeit, hat den Menschen das goldene Korn geschenkt und verleiht der Natur Wachstum und Gedeihen. Pluton raubte einst ihre Tochter Persephone und machte sie zu seiner Gemahlin in der Unterwelt.

Wehklagend suchte die Mutter die Tochter, vergaß die Sorge um die Früchte des Feldes, und Hungersnot drohte den Menschen. Darum bestimmte Zeus, daß Persephone einen Teil des Jahres bei ihrer Mutter auf der Erde leben darf. Jedesmal wenn sie aus der Unterwelt emporsteigt, schenkt die Mutter der Natur den blühenden Frühling. Wenn aber die Tochter in das finstere Totenreich zurückkehren muß, stirbt die Natur, und es wird Winter. In Eleusis in Attika ist Persephone zum ersten Male wieder an das Licht der Sonne gekommen. Dort hat Demeter selbst einen heiligen Dienst gestiftet, in den die Menschen durch geheime Weihen eingeführt werden. Nur wer frei ist von Schuld, darf daran teilnehmen; er kann dann Glück und Reichtum in diesem Leben und ein seliges Los im Jenseits erhoffen.

Aus der Verbindung der Götter und Göttinnen mit sterblichen Menschen gingen die Heroen hervor. So waren Herakles und Perseus Söhne des Zeus, Pelops ein Enkel des Göttervaters. Theseus, der Bezwinger des Minotauros (vgl. S. 48), galt nach dem Bericht der Sage als ein Sohn des Poseidon. Oft führten griechische Königs- oder Adelsgeschlechter ihren Ursprung auf solche Heroen zurück.

2. Olympia

Die Griechen und der Sport. Homer erzählt, wie die griechischen Helden vor Troja die Totenfeier für Patroklos mit sportlichen Wettkämpfen abschlossen. Achill hatte dafür kostbare Preise ausgesetzt. Der greise Nestor konnte wegen seines hohen Alters nicht mehr mitmachen und erinnerte deshalb daran, wie er sich im jugendlichen Alter im Laufen, Ringen, Boxen und Speerwerfen hervorgetan hatte. Für die adlige Jugend war es selbstverständlich, den Körper für den Krieg zu üben. Daran erkannte man den Mann edler Abkunft, daß er in sportlichen Kämpfen etwas leistete. Als Odysseus (vgl. S. 56) auf die Insel der Phäaken verschlagen war, forderten ihn die Jünglinge am Hofe des Königs zum Wettkampf heraus:

> „Fremder Vater, versuche auch du deine Kräfte im Wettkampf,
> wenn du einen verstehst; denn Kämpfe zu kennen, geziemt dir.
> Liegt doch der größte Ruhm des Mannes, solang er am Leben,
> in den Taten, die er mit Händen und Füßen vollführte."

Da warf Odysseus den allerschwersten Diskus so weit, daß keiner der Phäakenjünglinge den Versuch wagte, ihn zu übertreffen.

Wo der griechische Adel zu Feiern und Festen zusammenkam, vergaß er nie, sich im friedlichen Wettstreit zu messen. Sportliche Kämpfe bildeten den wichtigsten Teil der großen Götterfeste, die die Griechen zu Ehren des Zeus in Olympia, des Poseidon auf dem Isthmos von Korinth und des Apoll in Delphi feierten. Ursprüng-

Rechte Seite: Griechische Sportarten. Oben: Ein Ballspiel mit Stöcken. – Mitte: Ringkampf. – Unten: Wurfball. Reliefs von einer Statuenbasis aus der Zeit um 510 v. Chr., die 1922 in der Mauer des Themistokles (vgl. S. 86) in Athen gefunden wurden.

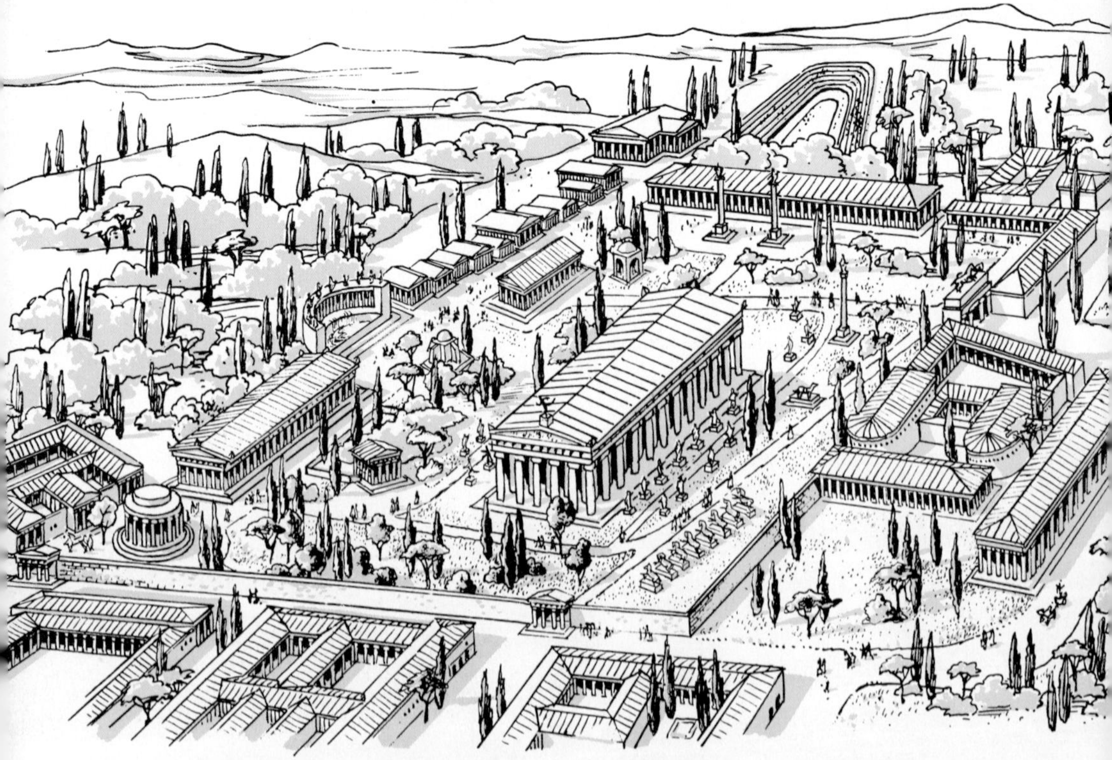

Rekonstruktion der Gebäude von Olympia. Der eigentliche „Heilige Hain" ist von einer Mauer umgeben. Rechts im Vordergrund der Zeustempel, in dem eine 13 m hohe Statue des Gottes aus Gold und Elfenbein stand, ein Werk des Phidias (vgl. S. 93). Hinter dem Rundtempel links der Tempel der Göttin Hera. Im Hintergrund Schatzhäuser als Abschluß des Tempelbezirks. Außerhalb des „Heiligen Hains" die Kampfbahn (Stadion). Die Zeichnung zeigt den Zustand in hellenistischer Zeit (vgl. S. 105).

lich hatten diese Festspiele wohl nur örtliche Bedeutung für den Adel der umliegenden Landschaften. Allmählich aber versammelte sich an diesen Festtagen der gesamte sportbegeisterte griechische Adel, und auch die wohlhabenden Bürger der Städte konnten sich an den Spielen beteiligen.

776 v. Chr.

Die Olympischen Spiele. Zu Olympia in der Landschaft Elis im gewaltigen Tempelbezirk des Zeus fanden die angesehensten Festspiele der Griechen statt. Seit 776 v. Chr. wurden sie nach griechischer Überlieferung regelmäßig alle vier Jahre abgehalten, und von da an datiert auch die Zeitrechnung nach Olympiaden (= 4 Jahre). Zur Zeit der Spiele ruhten die Kriege; jedem Teilnehmer war durch einen Gottesfrieden die persönliche Sicherheit verbürgt. Seit dem 4. Jahrhundert durfte der Boden von Elis überhaupt nicht mehr von bewaffneten Männern betreten werden. Gesandte aus allen Teilen Griechenlands vertraten ihre Gemeinden oder Fürsten bei dem Fest; aus Sizilien und Kleinasien sogar kamen die Griechen, um olympischen Ruhm zu gewinnen. Nur Männer kämpften in Olympia. Frauen waren auch als Zuschauer nur in Ausnahmefällen zugelassen.

Fünf Tage dauerte das Fest. Der erste und letzte Tag galten dem Opfer, dem Umzug und dem gemeinsamen Mahl. An einem der Kampftage scharten sich Tausende von Zuschauern um das 200 m lange Stadion, um den schnellsten Läufer zu sehen. An einem anderen Tage verfolgten sie alle mit Spannung den Fünfkampf mit Weitsprung,

Lauf, Diskuswerfen, Speerwerfen und Ringkampf. Dann wieder erregte der harte Sport der Faustkämpfer die Leidenschaften der Zuschauer. Als die vornehmsten Spiele galten die Wagen- und Pferderennen. Viergespanne mit ausgesucht schönen Pferden und kunstvoll verzierten, zweirädrigen Wagen jagten durch den Staub der Rennbahn, gelenkt von Wagenfahrern mit langen flatternden Gewändern. Kein leichtes Amt hatten die Schiedsrichter; zehn Monate lang wurden sie vorher in den Kampfregeln unterrichtet. Ihre Unparteilichkeit war berühmt. Zuletzt riefen Herolde die Namen der Sieger, ihrer Väter und ihrer Heimatorte aus. Ein zum Kranz gewundener Zweig des wilden Ölbaums, den nach der Überlieferung einst Herakles gepflanzt hatte, war der Siegespreis. Bei Festmahl und Gesang feierte das Volk die Sieger. „Dann klang der ganze heilige Bezirk bei fröhlichen Gelagen von Weisen des Siegesgesanges" (Pindar, Dichter olympischer Siegeslieder).

Kopf Apolls vom Westgiebel des Zeustempels in Olympia (um 460 v. Chr.)

Wir fassen zusammen:

Die Hauptstämme der Griechen waren in eine Vielzahl kleinerer Stammesverbände aufgesplittert. Das Gebiet eines solchen kleinen Stammes wurde von einem König und wenigen Adelsgeschlechtern beherrscht. König und Adlige lebten wie große Grundbesitzer.

Die Dichter, vor allem Homer, gaben dem griechischen Götterglauben die endgültige Form. Die Griechen stellten sich ihre Götter vor wie Menschen von königlichem Adel, die aber unsterblich und durch ihre Macht über alle irdischen Könige erhaben waren.

In den frühesten Zeiten der sportlichen Festspiele haben sich nur Adlige in ritterlichem Wettstreit gemessen. Alle vier Jahre fanden die Spiele in Olympia statt. Seit 776 v. Chr. wurde eine Liste der Sieger geführt. Ähnliche Spiele wurden in Delphi und auf dem Isthmos von Korinth veranstaltet. Der Götterglaube, die Verehrung der allgemein anerkannten Heiligtümer wie z. B. des Orakels in Delphi, die Festspiele und die gemeinsame Sprache hielten unter den Griechen das Gefühl der Zusammengehörigkeit wach.

III. Die griechischen Stadtstaaten

1. Vom Stamm zum Staat

Die Polis. Solange die Griechen in Stammesverbänden lebten, bestanden ihre Siedlungen nur aus offenen Dörfern und Weilern. Da sich die Adligen dort nicht immer sicher genug fühlten, verließen sie ihre verstreuten Sitze und siedelten gemeinsam an einem günstigen Platz. Aus dieser Siedlung entstand die griechische Stadt, die Polis. Die ursprüngliche Bedeutung von Polis ist „Burg". Die meisten Städte entwickelten sich in der Nähe von Königsburgen. Auch Handwerker und Händler ließen sich in den Städten nieder. Tempel wurden erbaut. Die Volksversammlung trat von jetzt an in diesen städtischen Mittelpunkten zusammen.

Die Adligen ließen ihre Landgüter durch abhängige Bauern und Sklaven bebauen. Auch schickten sie Schiffe zu gewinnbringendem Handel aus. Verächtlich schauten sie jetzt auf die Bauern und Handwerker herab, die durch ihrer Hände Arbeit das Brot verdienen mußten, und nannten sie „Banausen". In den Städten fanden die Adligen auch Zeit und Gelegenheit, sich täglich zu treffen und gemeinsame Pläne und Aufgaben zu besprechen. Im Laufe der Zeit gelang es ihnen fast überall, die Könige zu verdrängen.

Dem Griechen galt nur das Gebiet seiner Stadt mit den dazugehörigen Dörfern als Heimat und Vaterland. Eifersüchtig wachte er über ihre Selbständigkeit, auch gegenüber stammesverwandten Nachbarstädten. So zersplitterten sich die griechischen Stämme in winzige Staaten. Im Gebiet des kleinen Landes Böotien gab es 12 Städte, die oft heftig miteinander verfeindet waren. Nur Sparta und Athen waren größer als die übrigen Stadtstaaten.

Das Volksheer der Hopliten. Seitdem das Eisen gebräuchlich und billiger geworden war, konnte man eine größere Menge von Menschen für den Krieg ausrüsten. So setzte sich allmählich eine neue Kampfweise durch, bei der nicht mehr der adlige Einzelkämpfer zu Pferd oder auf dem Streitwagen entschied, sondern das geschlossene Aufgebot des schwerbewaffneten Fußvolkes, der Hopliten. Hierfür reichte die Zahl der Adligen in den kleinen griechischen Staatsgebieten nicht aus, und es mußten auch die wehrfähigen Bauern und Handwerker herangezogen werden. Diese bildeten den Kern des kampfentscheidenden Fußvolkes und forderten dafür ebenso wie viele andere nichtadlige Bewohner der Städte, die zu Besitz und Reichtum gekommen waren, mehr Rechte. So wurde die griechische Polis der Ort, wo zum ersten Male in der Geschichte das Volk um politische Freiheit und Führung zu ringen begann.

2. Die griechische Kolonisation

750 bis 550 v. Chr.

Gründe und Verlauf der Auswanderung. Als die Bevölkerung zunahm, reichte in den kleinen Staaten das karge Ackerland nicht mehr aus. Viele wanderten aus und gründeten an der Mittelmeerküste neue Ansiedlungen (Kolonien), um von dort aus Handel zu treiben oder auch Neuland für den Ackerbau zu gewinnen. Vor der Ausfahrt neuer Kolonisten holte eine Gesandtschaft beim Orakel in Delphi Rat und Zustimmung ein. Das Orakel bestimmte den Führer des Unternehmens, meist einen Adligen. Die Auswanderer führten das heilige Feuer der Mutterstadt auf ihren Schiffen mit. Wenn sie den neugewonnenen Boden verteilten, erhielten die heimatlichen Götter einen „Ausschnitt" (so nannten die Griechen diesen Bezirk) für den Tempel. Die Kolonie übernahm meist die Ordnung (Verfassung) und die Gesetze der Mutterstadt. Doch wurde die Neugründung ein selbständiges Gemeinwesen, das nur durch die Bande der Ehrfurcht und Anhänglichkeit mit der Mutterstadt verknüpft war.

Die Pflanzstädte der Mittelmeerküste. Schon um 750 v. Chr. begründete die auf der Insel Euböa liegende jonische Stadt Chalkis in Unteritalien die Ackerbaukolonie Kyme. Diese Stadt vermittelte den italischen Stämmen die griechische Kultur und auch das Alphabet (vgl. S. 42). Neapel ist eine Tochterstadt von Kyme. Südlich davon blühte die griechische Kolonie Paestum auf, deren großartige Tempelruinen

Vasenbilder mit Darstellungen aus der frühen Zeit Griechenlands. Oben: Hopliten ziehen mit Flötenmusik in den Kampf (sogenannte „Chigikanne" um 640–630 v. Chr.). – Unten: Hochzeitszeremonie (Aufbruch des Brautpaares). Die Abschied nehmenden Frauen stehen vermutlich mit dem Kult der Demeter in Verbindung (570–560 v. Chr.).

Die sogenannte „Basilika" in Paestum (um 550 v. Chr.), der am besten erhaltene frühdorische Tempel. Zur Form des dorischen Tempels vgl. S. 83 und 90.

noch heute unsere Bewunderung hervorrufen. Die einzige spartanische Kolonie war Tarent, das dem süditalienischen Golf den Namen gab. Das dorische Korinth gründete in Sizilien Syrakus, das zur ältesten Großstadt Europas heranwuchs. Der Süden Italiens hieß wegen der zahlreichen griechischen Kolonien damals „Großgriechenland".

Jonische Griechen aus Kleinasien gründeten unweit der Rhonemündung Massalia, das heutige Marseille. Diese Stadt trieb ausgedehnten Handel mit den keltischen Stämmen des Hinterlandes und brachte ihnen manche Errungenschaft der griechischen Kultur. Das kleinasiatische Milet errichtete zahlreiche Siedlungen am Schwarzen Meer; denn das Hinterland seiner Nordküste war reich an Getreide, Flachs und Wolle. Ein ägyptischer König gestattete den Milesiern sogar eine Handelsniederlassung am Nil, die Stadt Naukratis. So beherrschten die Griechen zu Beginn des 6. Jahrhunderts v. Chr. viele Küstengebiete des Mittelmeers. Aber bald hemmten die Karthager im Westen (vgl. S. 42) und die Perser im Osten eine weitere Ausdehnung.

Hellenen und Barbaren. Die Griechen lernten nun viele Völker in der Welt des Mittelmeers kennen. Da merkten sie, was es bedeutete, Grieche zu sein. Die Griechen verehrten alle die gleichen olympischen Götter, sie hatten ihren Dichter Homer, sie trafen sich friedlich in Olympia zu sportlichem Wettkampf, sie suchten Rat beim Orakel in Delphi. Sie spürten, daß sie etwas Gemeinsames besaßen und den andern Völkern vieles voraushatten. Alle Menschen griechischer Zunge und Gesittung nannten sich jetzt stolz Hellenen, und alle anderen Völker, die „unverständlich plapperten", bezeichneten sie als Barbaren.

3. Die Sonderstellung Spartas

Die Herrschaft der Spartiaten. Dorische Einwanderer waren in das fruchtbare Eurotastal der Landschaft Lakonien in der südlichen Peloponnes eingedrungen. Lange dauerte der Kampf mit den achäischen Griechen, und die Dorer des Eurotastales kamen aus dem Kriegszustand der Wanderungszeit gar nicht mehr heraus.

Die Masse der vordorischen Bevölkerung des Landes wurde unterworfen und zu rechtlosen Hörigen, die man Heloten nannte, herabgedrückt.

Seit etwa 800 v. Chr. übten allein die Bürger der fünf Dörfer, die sich zu der Stadt Sparta zusammengeschlossen hatten, die Spartiaten, die Herrschaft über das ganze Land aus. Der eroberte Boden wurde gleichmäßig aufgeteilt und unter den Spartiaten verlost. Die zugewiesenen Landlose galten als Erbgut. Die Spartiaten widmeten sich nur ihrem kriegerischen Beruf und lebten von den Erträgnissen ihrer Landgüter, die die Heloten als Staatssklaven bebauen mußten. So war die Stadt Sparta nichts anderes als ein großes Heerlager.

Die übrigen Dorer, die in den gebirgigen Randlandschaften Lakoniens wohnten, nannte man Periöken (= Umwohnende). Auch sie wurden zum Heeresdienst herangezogen, durften aber in der Volksversammlung Spartas nicht mitstimmen. An der staatlichen Erziehung, die die Jugend der Spartiaten genoß, hatten sie keinen Anteil. Nur die Spartiaten selbst waren Vollbürger mit allen Rechten.

Der Kriegerstaat Sparta. Anfänglich wuchs die Zahl der Spartiaten noch, so daß die Landlose nicht mehr ausreichten. Da überstiegen die Spartaner das Gebirge des Taygetos und eroberten die fruchtbaren Gefilde Messeniens. Aber erst nach harten Kriegen konnte das Volk der Messenier zu Heloten versklavt werden (vor 700 v. Chr.). Ein erbitterter Aufstand der Messenier nach 650 v. Chr. brachte den spartanischen Staat nahe an den Abgrund. Nur unter hohen Blutopfern konnten die Spartaner den Sieg erringen. Seitdem lebten sie in dauernder Furcht vor Helotenaufständen und hegten Mißtrauen gegen jede andere Macht in Griechenland, die sich mit den Heloten verbünden könnte. Da zudem die Zahl der Vollbürger seit den Verlusten im messenischen Aufstand immer mehr zurückging, mußte sich die Herrenschicht der Spartiaten noch strenger auf ihre kriegerischen Aufgaben beschränken. Schließlich erstarrte Sparta zu einem reinen Kriegerstaat, in dem nur gepflegt wurde, was die kriegerische Tüchtigkeit förderte. Als einst ein Spartaner nach Athen kam und sah, wie man dort mit Eifer eine Aufführung im Theater vorbereitete, sagte er kopfschüttelnd: „Beim Zeus, eine Stadt, in der man so viel Ernst auf ein Spiel verwendet, hat den Verstand verloren.“

Gewerbe und Handel blieben den Periöken überlassen. Der Besitz von Gold und Silber war den Spartanern nicht erlaubt. Auch hielten sie am alten Eisen-

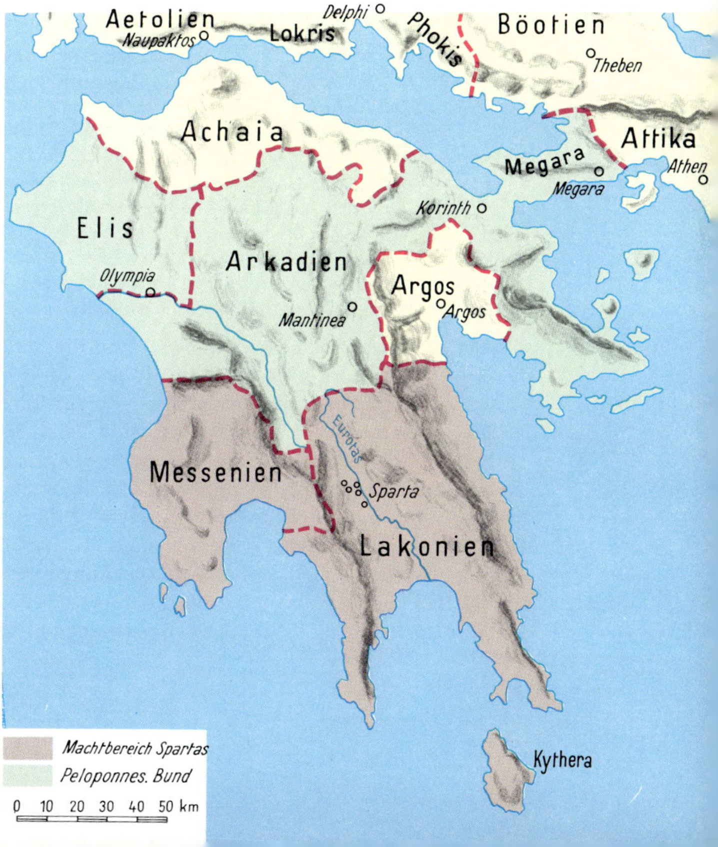

Die nebenstehende Karte zeigt die Lage der fünf Dörfer, aus denen sich Sparta zusammensetzte (vgl. dazu die Lage Athens auf der Karte S. 71)

geld fest, das außerhalb der Grenzen Spartas keinen Wert besaß. Fremde wurden von dem Lande möglichst ferngehalten. So tat der spartanische Staat alles, um auswärtige Einflüsse auf seine innere Ordnung zu verhindern.

550 v. Chr.

Der Peloponnesische Bund. Als Sparta wegen der geringer werdenden Zahl seiner Vollbürger nicht mehr daran denken konnte, weitere Gebiete zu erobern, begnügte es sich damit, daß die übrigen Staaten der Peloponnes seinen Vorrang anerkannten. Es schloß mit diesen um 550 v. Chr. einen Staatenbund, dem nur das dorische Argos fernblieb. Als Führerstaat des Peloponnesischen Bundes blieb Sparta dann 200 Jahre lang die stärkste Landmacht in Griechenland, nur darauf bedacht, seine Überlegenheit zu erhalten.

Die Verfassung. Die Überlieferung schreibt die Ordnung des spartanischen Staates dem Lykurg zu. An der Spitze des Staates standen zwei Könige. Sie hatten im Kriege unbeschränkte Gewalt über Leben und Tod; im Frieden jedoch besaßen sie mehr Ehre als Macht. Zusammen mit 28 Männern, die über 60 Jahre alt waren und aus den angesehensten Geschlechtern stammten, bildeten sie den „Rat der Alten", die Gerusia. In diesem Rat wurden die Anträge, die in der Volksversammlung gestellt werden sollten, vorberaten. Bei Neu- und Vollmond trat die Volksversammlung zusammen; alle Spartiaten über 30 Jahre nahmen daran teil. Hier wurde über Krieg, Frieden und über Bündnisse entschieden. Durch Zuruf wählte die Volksversammlung die Mitglieder der Gerusia auf Lebenszeit. Auch die fünf Ephoren wurden von der Volksversammlung gewählt. Ihre Amtszeit dauerte jedoch nur ein Jahr. Sie besaßen die oberste Aufsicht über die gesamte Staatsverwaltung, verhandelten mit den Gesandten fremder Staaten, verwalteten den Staatsschatz und beriefen die Volksversammlung. Im Laufe der Jahrhunderte wurde die Macht der Ephoren so groß, daß sie sogar Könige absetzen und zum Tode verurteilen konnten.

Spartanische Erziehung und Lebensweise. In Sparta galt der Grundsatz, daß jeder nicht für sich, sondern für den Staat geboren sei. Schwächliche oder mißgebildete Kinder setzte man gleich nach der Geburt im Taygetosgebirge aus.

Die Knaben wurden nach dem sechsten Lebensjahr der Familie entzogen und der staatlichen Erziehung anvertraut. In einzelnen Abteilungen, nach Altersklassen geordnet, übten sie sich unter Aufsicht älterer Kameraden in sportlichen und kriegerischen Spielen. Sie schliefen auf einem Lager aus Schilf, bekamen nur karge Nahrung und wurden so auf ein hartes Soldatenleben vorbereitet. Allerlei Proben der Kaltblütigkeit, des Mutes und der Selbstbeherrschung mußten die jungen Spartaner sich unterwerfen. Kurz und bündig, in der sprichwörtlichen „lakonischen Kürze", mußten sie ihre Antworten geben. Mit zwanzig Jahren trat der freie junge Mann in das Heer ein, mit dreißig wurde er Vollbürger.

Vom zwanzigsten Lebensjahr ab lebten die Spartiaten in Zeltgemeinschaften zu je fünfzehn Mann zusammen, die im Kriege als Hopliten Seite an Seite und Schild an Schild in der dicht geschlossenen Ordnung der Phalanx kämpften. Auch in Friedenszeiten nahmen die Männer gemeinsam ihre einfache Mahlzeit, die spartanische „schwarze Suppe" ein. Zum gemeinsamen Mahl mußte jeder Tischgenosse monatlich einen Beitrag aus den Erträgnissen des eigenen Landgutes beisteuern. Wer diesen Beitrag nicht mehr leisten konnte, verlor sein Vollbürgerrecht. Dauernd blieb der Spartiate in kriegerischer Übung. Alljährlich erklärten die Ephoren beim Amtsantritt den Heloten den Krieg, und die jungen Spartiaten durchstreiften bewaffnet das Land und töteten rücksichtslos jeden Verdächtigen. Nur Jagd und sportliche Kämpfe waren neben dem Kriegsdienst die eines Spartiaten würdige Beschäftigung. Das Land selbst

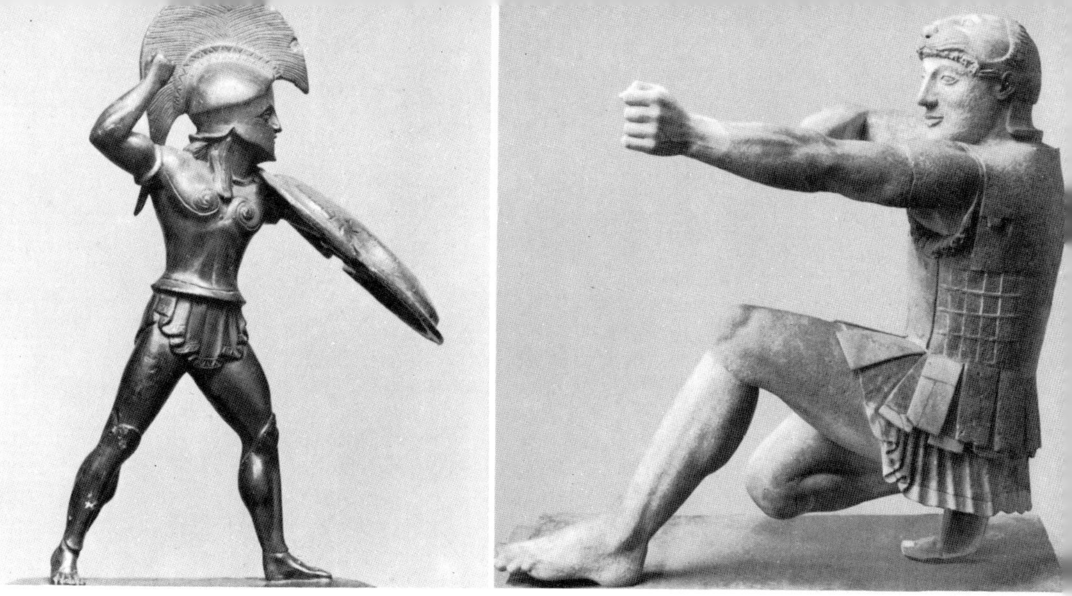

Links: Statuette eines Hopliten aus Dodona in Epirus (525 v. Chr.). Der Hoplit hatte zum Schutz Helm, Panzer, Rundschild und Beinschienen, zum Angriff Speer und Schwert. – Rechts: Herakles als Bogenschütze vom Ostgiebel des Aphaiatempels auf der mit Sparta verbündeten Insel Ägina (um 490 v. Chr.)

zu bebauen oder gar ein Gewerbe zu treiben, war untersagt. Bis ins kleinste war die soldatische Zucht des spartanischen Lebens festgelegt und wurde von den Ephoren streng überwacht. Die Frau des Spartiaten lebte als angesehene Herrin auf dem Landlose des Mannes, stand dem Hauswesen vor und erzog die kleinen Kinder. Ihr brachte man immer besondere Achtung entgegen.

4. Der Weg Athens zur Demokratie

Adelsherrschaft und Bauernnot in Attika. Das kleine Land Attika mit seinen 2500 qkm zerfiel ursprünglich in mehrere selbständige Stadtgebiete. Die wichtigsten neben Athen waren Marathon und Eleusis. Die Athener schrieben dem König Theseus das Verdienst zu, die Adelsgeschlechter von 12 Gemeinden gewaltsam um die Burg von Athen angesiedelt und Athen so zur beherrschenden Stadt Attikas gemacht zu haben.

An die Stelle des Königs traten im 8. Jahrhundert zuerst drei, dann neun adlige Oberbeamte, die Archonten (= die Herrschenden) hießen. Ihre Amtszeit dauerte immer nur ein Jahr. Sie wurden von der Volksversammlung gewählt, in der die adligen Geschlechter mit ihrem Anhang abhängiger Bauern allein bestimmten. Die Oberaufsicht über den Staat führte ein Adelsrat, der Areopag (= Areshügel, auf dem der Rat zusammentrat); er war zugleich die oberste Gerichtsbehörde.

Die Landnot wurde in Attika bei der wachsenden Bevölkerung besonders groß; es gab nur wenige Landstriche, die so fruchtbar waren wie die Kephisosebene. Der beste Boden war im Besitz des Adels. Dieser nützte die Armut und häufige Verschuldung der Bauern rücksichtslos aus, um sie in seine Abhängigkeit zu bringen. Als das Geld in Gebrauch kam, waren sie infolge der hohen Zinsforderungen der Gläubiger noch weniger in der Lage, ihre Schulden zurückzuzahlen, und verloren ihre Güter an die adligen Großgrundbesitzer. So wurden die ehemals freien Bauern „hörig", d. h. sie mußten von nun an ihre Äcker als Pächter bebauen und waren den Grundherren

Der Poseidontempel am Kap Sunion, der Südspitze der Halbinsel Attika. Der dem Beherrscher des Meeres geweihte dorische Tempel stammt aus perikleischer Zeit (vgl. S. 84)

zu Abgaben verpflichtet. Viele attische Bauern, die mit ihren Abgaben im Rückstand blieben, wurden nach dem harten Schuldrecht als Sklaven in die Fremde verkauft. Auch unter der eigennützigen Rechtsprechung des Adels hatten die Bauern viel zu leiden. Darum wurden sie unruhig und aufsässig.

Solon, der weise „Versöhner" und Staatsmann. Das bäuerliche Volk rief immer heftiger nach einer Neuordnung des Staates. Ein erster Erfolg war, daß der Archon Drakon die bestehenden Gesetze überhaupt erst einmal aufzeichnete (um 624 v. Chr.). Sie waren aber so streng, daß es hieß, sie seien mit Blut geschrieben.

Als die innere Zwietracht nicht aufhörte, wurde Solon zum Archon gewählt mit dem Auftrag, dem Staat eine feste, gerechte Ordnung, eine Verfassung zu geben (594 v. Chr.). Solon wollte unparteiisch zwischen den Ständen vermitteln und den Adligen wie den Bauern Gerechtigkeit widerfahren lassen. Damit gab er ein Vorbild echter staatsmännischer Gesinnung. Alle bestehenden Schulden wurden aufgehoben. Die Hörigkeit wurde beseitigt, und die Bauern durften wieder auf eigenem Boden wirtschaften. Die Schuldsklaven wurden freigelassen oder, soweit noch möglich, auf Staatskosten aus der Fremde zurückgekauft. Die Schuldknechtschaft wurde für alle Zukunft abgeschafft. Für den Großgrundbesitz wurde eine Höchstgrenze festgelegt, damit die kleinen Bauernstellen nicht wieder aufgekauft werden konnten. Die maßlose Forderung vieler Bauern nach einer völlig neuen und gleichmäßigen Aufteilung des ganzen Landes wurde jedoch nicht erfüllt.

594 v. Chr.

Solon gab durch seine Verfassung dem ganzen Volke Anteil an der Regierung. Er teilte das Volk nach dem Jahresertrag an Getreide oder Öl aus dem Landbesitz eines jeden in vier Klassen ein: Großgrundbesitzer, Ritter, Bauern und Lohnarbeiter. Die Handwerker und Kaufleute wurden nach ihrem Vermögen der entsprechenden Klasse zugeteilt. Nur aus der ersten Klasse gingen die Leiter des Staates, die neun Archonten, hervor. Aus ehemaligen Archonten setzte sich der Areopag zusammen; er blieb der höchste Gerichtshof und führte die Aufsicht über die gesamte Staatsverwaltung. Neu gebildet wurde ein Rat aus 400 Mitgliedern, zu dem nur Bürger aus den drei ersten Klassen gewählt werden konnten; er hatte alle Angelegenheiten vorzuberaten, die der Volksversammlung zur Entscheidung vorgelegt wurden. Außerdem wurden Volksgerichte eingeführt, bei denen jeder Bürger gegen die Entscheidung eines Beamten Berufung einlegen konnte.

Auch die Gliederung des Heeres erfolgte nach diesen Klassen. Die beiden ersten dienten zu Pferd, die dritte zog in der schweren Waffenrüstung der Hopliten zu Fuß in den Kampf. Die Angehörigen der vierten Klasse, die sich eigene Waffen nicht leisten konnten, wurden im Kriege zum Dienst als Leichtbewaffnete, später besonders als Matrosen, herangezogen.

Die Verfassung Solons gab jedem einzelnen Bürger der vier Klassen Stimme und Recht in der Volksversammlung. In der Besetzung der Ämter hatten freilich die Besitzenden größere Vorrechte. Da die staatlichen Ämter unbesoldet waren, konnte nur der ein Amt übernehmen, der über die Zeit und die wirtschaftlichen Mittel dafür verfügte.

Nach der Vollendung seines Werkes verließ Solon freiwillig seine Heimatstadt; er verzichtete auf jede Macht und gab dadurch das beste Beispiel staatsmännischer Mäßigung. Das Orakel zu Delphi schätzte seine Verdienste so hoch ein, daß es ihn zu den sieben Weltweisen rechnete. In einem Gedichte hat Solon selbst seine Bestrebungen geschildert:

„Einfluß hab' ich dem Volke verlieh'n, soviel ihm gebührte,
seiner Leistung gemäß, mehr nicht und weniger nicht.
Doch den Mächtigen auch und, die da prunken im Reichtum,
ihnen mit klugem Bedacht gab ich nicht über Gebühr.
Beiden stand ich zur Seite mit kräftig schützendem Schilde,
nimmer, nicht hier, nicht dort gönnt' ich dem Unrecht den Sieg."

Der Tyrann Peisistratos. Noch zu Lebzeiten Solons brachen neue Parteikämpfe zwischen Adel und Volk aus. Die vornehmen Grundbesitzer, die immer noch sehr mächtig waren, wollten sich nicht damit abfinden, daß sie bei der Aufhebung der Schuldknechtschaft große Opfer gebracht und dem Volk viele politische Rechte hatten zugestehen müssen. Die Kleinbauern hatten vergebens eine völlige Neuverteilung des Landes erhofft. Ihr Führer, der adlige Peisistratos, besetzte schließlich die Burg Athens (560 v. Chr.) und regierte als Alleinherrscher, als Tyrann. **560 v. Chr.**

Ein Teil des Adels verließ Athen. Peisistratos ließ die Verfassung Solons bestehen, sorgte aber dafür, daß seine Anhänger durch die Volksversammlung in die Staats-

Rechts: Die Lage Athens auf der Halbinsel Attika (vgl. S. 69). Sonderkarte zur Lage des Hafens Piräus und ein Stadtplan siehe S. 86

Links: Weihestatue des attischen Grundbesitzers Rhombos für Athene, ihn selbst darstellend, wie er sich der Göttin mit einem Kalb als Opfertier naht (575 v. Chr.). – Rechts: Grabmal des als Hoplit bewaffneten Aristion (510 v. Chr.). Das obere Ende des Grabsteins mit dem Helmbusch des Kriegers (vgl. S. 65 und 69) fehlt. Beide Bildwerke waren ursprünglich bunt bemalt, die Augen des Rhombos bestanden aus eingesetzten, verschiedenfarbigen Steinen.

ämter gewählt wurden. Groß war seine Fürsorge für den Bauernstand. Er teilte Saatgut aus und förderte die Anpflanzung des Ölbaumes. Er baute Wasserleitungen und Straßen und beschaffte dadurch den Taglöhnern Arbeit. Er errichtete Tempel, baute eine Flotte und unterstützte den Handel. Auch begünstigte er die Gründung von Kolonien. Er berief Dichter an seinen Hof und ließ die homerischen Lieder aufschreiben. Athen gewann durch Peisistratos an Glanz und Macht. Die inneren Wirren fanden unter seiner Herrschaft ein vorläufiges Ende.

Nach dem Tode des Peisistratos übernahmen seine beiden Söhne die Herrschaft. Als aber der eine aus Privatrache ermordet wurde, erfüllte sich an dem andern der Fluch der ungesetzlichen Tyrannenmacht, die sich nur durch Gewalt halten konnte. Aus Mißtrauen und Angst führte der letzte Peisistratide eine Schreckensherrschaft, die den Namen des Tyrannen in Athen auf immer verhaßt machte. Ihn stürzte auf Anraten des Orakels zu Delphi ein spartanisches Heer im Bunde mit angesehenen Adelsgeschlechtern Athens im Jahre 510 v. Chr.

510 v. Chr.

Auch anderwärts in Griechenland hatten sich Adlige zu Tyrannen aufgeschwungen, aber nirgends gelang es ihnen, die Herrschaft in ihrer Familie erblich zu machen. Der berühmte Tyrann Polykrates von Samos endete am Kreuze.

Einem späteren Tyrannen, dem Dionys von Syrakus, schmeichelte einstmals der Höfling Damokles und bewunderte seine Macht und sein Glück. „Du kannst daran teilhaben", sagte Dionys und ließ dem Damokles ein reiches Lager bereiten und alle Köstlichkeiten herantragen.

Vergnügt nahm Damokles diese Gunst entgegen. Doch Dionys ließ über ihm ein scharfes Schwert mit einem Roßhaar an der Decke befestigen, und das Schwert wies mit der Spitze genau auf den Nacken des Damokles. Nur kurze Zeit hielt dieser es aus, dann erhob er sich vom Lager und schlich beschämt unter die andern Höflinge zurück. So sah der Tyrann, der in Krieg und Frieden große Erfolge gehabt hatte und von einer trefflichen Leibwache und Geheimpolizei beschützt war, seine Lage. Er konnte nicht vergessen, daß er durch Gewalt emporgekommen war.

Die Begründung der Demokratie durch Kleisthenes. In den Jahren nach 510 v. Chr. versuchten adlige Kreise in Athen, die bei den Spartanern Unterstützung fanden, die Vormachtstellung des Adels wiederherzustellen. Gegen ihren Widerstand setzte Kleisthenes, selbst aus hochadligem Hause, eine neue Verfassung durch, die den Athenern den Weg zur Herrschaft des Volkes, zur Demokratie bahnte. Kleisthenes teilte das ganze Land in etwa 100 Gemeinden ein, an deren Spitze jeweils ein Gemeindevorsteher die Gemeindebürgerliste führte. Jeder, der rechtmäßig in diese Liste eingetragen war, galt als vollberechtigter Staatsbürger. Das Bürgerrecht war somit nicht mehr an die Zugehörigkeit zu den alten Sippenverbänden gebunden, die von den Adelsgeschlechtern beherrscht wurden.

Tontafel mit dem eingeritzten Namen des Themistokles (vgl. S. 81)

Den „Rat der Vierhundert“ (vgl. S. 71) erhöhte Kleisthenes auf 500 Mitglieder, die jährlich aus der Zahl freiwilliger Bewerber ausgelost wurden, und machte ihn für alle Bürger zugänglich. Dieser „Rat der Fünfhundert“ hatte nicht nur über Angelegenheiten zu beraten, die der Volksversammlung zur Entscheidung vorgetragen wurden; er sorgte vielmehr wie die neun Archonten auch für die Durchführung der Beschlüsse der Volksversammlung. Um den Rat zu entlasten, führten fünfzig Ratsherren jeweils für ein Zehntel des Jahres die laufenden Amtsgeschäfte. Aus ihrer Mitte wurde jeden Tag ein anderer Ratsherr durch das Los zum Vorsitzenden bestimmt. Dieser mußte zusammen mit einigen Ratsmitgliedern den Tag und die Nacht im Dienstgebäude des Rates verbringen, wo die Ratsherren auf Staatskosten verpflegt wurden. Der jeweilige Ratsvorsitzende hatte auch die Leitung der Volksversammlung, wenn diese zusammentrat.

Seit Kleisthenes wurden die wichtigen politischen Entscheidungen in erster Linie im Rat und in der Volksversammlung getroffen. Diese bestimmte über Krieg und Frieden, Bündnisse, Gesetze und Steuern. Zwar behielt auch der Areopag noch weitgehende Aufsichtsrechte, und das Archontenamt blieb den beiden oberen Klassen vorbehalten; aber der Willkür der Beamten wurden durch die Pflicht zur Rechenschaft vor dem Volke nach Ablauf der Amtszeit Grenzen gesetzt.

So wurden durch die Neuordnung des Kleisthenes ohne Rücksicht auf Vermögen und Besitz oder Herkunft alle Bürger aufgerufen, im Staatsleben mitzubestimmen und mittätig zu sein. Durch den „Rat der Fünfhundert“, durch die Volksversammlung und das Volksgericht war dem attischen Volke jetzt die Möglichkeit gegeben, sich selbst zu regieren.

Zur Sicherung gegen Herrschaftsgelüste adliger Herren führten die Athener durch ein Gesetz das Scherbengericht ein. Nach diesem Gesetz mußte die Volksversammlung alljährlich befragt werden, ob sie die Macht eines Bürgers für gefährlich halte. Bei der Abstimmung wurde der Name auf einer Tonscherbe eingeritzt. Mindestens 6000 Stimmen mußten abgegeben werden. Hatte sich die Mehrheit gegen den beschuldigten Bürger entschieden, dann mußte dieser für 10 Jahre das Land verlassen. Doch brachte ihm diese Verbannung keinen Schaden an Ehre und Vermögen. Nur sollte auf diese Weise eine neue Tyrannenherrschaft verhindert werden.

Die demokratische Ordnung des Kleisthenes gab dem athenischen Staat die innere Festigkeit, den Angriff der Perser zu überstehen.

Wir fassen zusammen:

Die frühesten griechischen Städte entstanden an der Westküste Kleinasiens. Dort lernten die Griechen das Wissen und die Kunst der Völker des Ostens kennen. Eine der tatkräftigsten Städte war Milet; ihre Bewohner begründeten in der Zeit der griechischen Kolonisation von 750 bis 550 v. Chr. vor allem an der Küste des Schwarzen Meeres viele Tochterstädte. Die Siedlungsgebiete der andern Städte waren hauptsächlich die Küsten Thrakiens, Unteritaliens und Siziliens. In den neuen Städten hielten sich die Hellenen streng von den Barbaren getrennt.

In Sparta beherrschte die Minderheit des Kriegerstandes der Spartiaten die Masse der Periöken und Heloten. Politische Rechte besaßen nur die Spartiaten. Die zwei Könige waren Priester und Heerführer. Die größte Macht lag bei den fünf Ephoren. Daneben bestanden der Rat der Alten und die Volksversammlung der Spartiaten. Die Jugend wurde nur für den Kriegerberuf erzogen.

Die Spartaner unterwarfen Messenien und brachten bis um 550 v. Chr. die meisten Staaten der Peloponnes im Peloponnesischen Bunde unter ihre Führung. Die geringe Zahl der Spartiaten zwang den spartanischen Staat zu Vorsicht und Mißtrauen.

In Athen versäumte der herrschende Adel, der das Königtum verdrängt hatte, die Gelegenheit der Kolonisation. Der Adel erweiterte seinen Besitz auf Kosten der Bauern mit Hilfe des harten Schuldrechtes und der willkürlichen Rechtsprechung. 594 v. Chr. schaffte Solon die Schuldknechtschaft ab und stufte die Rechte der Bürger nach vier Vermögensklassen ein. Nach 510 v. Chr. baute Kleisthenes die staatliche Ordnung Solons zu einer Demokratie aus.

IV. Die Perserkriege

1. Der Freiheitskampf der Hellenen

Der Jonische Aufstand. Die Griechenstädte Kleinasiens unterstanden seit 546 v. Chr. dem Satrapen von Sardes in Lydien. Sie mußten den Persern Abgaben zahlen und Heeresfolge leisten (vgl. S. 44). Aus den Schiffen der seekundigen Jonier und der Phöniker stellten die Großkönige ihre Flotte zusammen. Es verletzte das Freiheitsgefühl der Griechen, daß die Perser in ihren Städten Tyrannen einsetzten, die aus Sardes oder dem fernen Susa ihre Weisungen erhielten. Die Hellenen waren gewohnt, zu ihren Göttern aufrecht, mit erhobenen Händen zu beten, und verabscheuten den Kniefall vor dem Großkönig, der am persischen Hofe verlangt wurde.

um 500 v. Chr.

Die Jonier vertrauten auf die Hilfe des Mutterlandes und erhoben sich um 500 v. Chr. unter der Führung Milets, der „Königin der Griechenstädte". Sparta lehnte die

Rechte Seite: Abschied des Kriegers auf einem Mischkrug des Kleophonmalers (um 440 v. Chr.). Der Krieger mit attischem Helm, gesenkter Lanze und einem Schild mit großem Auge erhält von seiner jungen Frau die Schale mit dem Abschiedstrunk. Hinter ihr ein Greis mit weißem Haar, ganz rechts die Mutter oder Schwester des Kriegers.

König Dareios in persischer Hoftracht hält Kriegsrat und nimmt den Bericht eines Sprechers entgegen. Links ein Leibwächter mit gezogenem Schwert. (Mittelstück der Dareiosvase in Neapel)

Unterstützung ab, Athen sandte zwanzig, Eretria auf Euböa fünf Schiffe. Wohl konnten die Jonier Sardes erobern und zerstören, aber bald holten die Perser zum Gegenschlag aus. 494 v. Chr. wurde Milet zerstört und seine Bevölkerung an den Tigris verschleppt. Als ein Jahr später im Theater von Athen „Die Eroberung Milets" aufgeführt wurde, weinten die Bürger vor Erschütterung.

Marathon. Der Perserkönig Dareios (vgl. S. 44) war nun entschlossen, Griechenland selbst zu unterwerfen, um den Griechen in Kleinasien den Rückhalt zu nehmen. Im Jahre 492 v. Chr. sicherte er zunächst durch einen Feldzug die unruhige Provinz Thrakien und machte Makedonien vom Perserreich abhängig. Am Anfang des Sommers 490 begann der Angriff auf Griechenland. Eine persische Flotte durchquerte mit zahlreichen Transportschiffen das Ägäische Meer und landete auf der Insel Euböa. Die Stadt Eretria erlitt das gleiche Schicksal wie Milet.

Dann fuhren die persischen Schiffe die Ostküste Attikas entlang und legten in der Nähe von Marathon an, wo das persische Heer an Land ging. Das attische Aufgebot zog mit den befreundeten Platäern den Persern entgegen und lagerte an den Abhängen des Pentelikon. Dort konnten die Perser ihre Reiterei zu einem Angriff bergan nicht einsetzen. Auf den entscheidenden Rat des athenischen Feldherrn Miltiades hin stellten sich die Verbündeten zur Schlacht, die mit einem glänzenden Sieg der Griechen endete (490 v. Chr.).

490 v. Chr.

„Sobald sich die Athener aufgestellt hatten und die Opfer günstig ausgefallen waren, stürmten sie in vollem Lauf gegen den Feind, obwohl der Zwischenraum nicht weniger als acht Stadien (fast eineinhalb Kilometer) betrug. Als die Perser sie anstürmen sahen, rüsteten sie sich zum Empfang, meinten aber, die Athener wären wohl toll, sich so ins Verderben zu stürzen, da sie ja so wenige waren und noch dazu im Laufschritt angriffen, auch keine Reiterei und keine Schützen bei sich hatten. Die Athener aber fochten, als sie geschlossen an den Feind gekommen waren, heldenmütig. Auch waren sie die ersten unter allen Griechen, die es wagten, den Feind im Laufschritt anzugreifen. Die Schlacht bei Marathon aber dauerte lange. Auf beiden Flügeln siegten die Athener und die Platäer. Nach ihrem Siege verfolgten sie die hier geschlagenen Perser nicht weiter, sondern wandten sich mit beiden Flügeln gegen die, welche die Mitte durchbrochen hatten; und auch hier siegten die Athener. Die fliehenden Perser aber machten sie nieder oder verfolgten sie bis an die See, wo sie die Schiffe angriffen" (nach dem griechischen Geschichtsschreiber Herodot, geschrieben nach 450 v. Chr.).

Inzwischen war in Athen die Spannung fast unerträglich geworden. Die Verzagten glaubten schon an den Sieg der persischen Übermacht. Manch einer machte sich auf das Schlimmste gefaßt. Da brachte gegen Abend ein Bote die erste Kunde vom Sieg des Miltiades. Erschöpft brach er auf dem Marktplatz zusammen; die 42 km lange Strecke vom Schlachtfeld bis zur Vaterstadt hatte er im Lauf durcheilt. Das war der erste Marathonlauf der Geschichte.

In Eilmärschen führte Miltiades sein Heer in die Stadt zurück. Er rechnete damit, daß die Perser versuchen würden, die Halbinsel Attika zu umsegeln und Athen anzugreifen, bevor das Heer zurückgekehrt war. Und wirklich zeigte sich die persische Flotte auch bald vor dem Hafen von Athen. Als die Perser aber erfuhren, daß das griechische Heer bereits in der Stadt war, kehrten sie unverrichteter Sache nach Asien zurück.

Thermopylen und Salamis. Die Athener hatten als „Vorkämpfer der Hellenen" den ersten Ansturm des Ostens abgewehrt. Aber die Perser vergaßen die Niederlage nicht. Xerxes, der Sohn des Dareios, sammelte ein Heer aus allen Völkern seines Weltreiches.

Schon seit Jahren hatte der weitblickende Themistokles darauf hingewiesen, daß in einem künftigen Kriege mit den Persern Athen auch zur See gut gerüstet sein müsse. Aber erst 482 v. Chr. konnte er in der Volksversammlung den Beschluß durchsetzen, daß eine schlagkräftige Flotte gebaut wurde. In kürzester Zeit standen 180 wendige Dreiruderer (Trieren) bereit. Vor der großen Gefahr vergaßen Sparta, Athen und andere Städte allen Hader untereinander. Sie verkündeten einen allgemeinen Frieden und schlossen einen Bund zur Abwehr der persischen Übermacht.

Auf zwei Schiffsbrücken überschritt das Landheer der Perser im Frühjahr 480 den Hellespont und rückte durch Thrakien und Makedonien nach Thessalien vor. Eine Flotte von 1000 Schiffen segelte die Küste entlang und hielt Verbindung zum Landheer. **480 v. Chr.**

Am Thermopylenpaß sollte der Spartanerkönig Leonidas mit 300 Spartiaten und rund 7000 anderen Griechen die Perser zu Lande aufhalten, bis die griechische Flotte im Seekampf entscheidend gesiegt habe. Doch brachte die dreitägige Seeschlacht an der Nordspitze Euböas den Griechen nicht den gewünschten Erfolg.

Xerxes, der selbst beim Landheer weilte, ließ seine Übermacht zwei Tage lang vergeblich gegen den Thermopylenpaß anstürmen. Selbst die Leibwache des Königs konnte nichts ausrichten. Da aber fand sich unter den Griechen ein Verräter. Er führte die Perser über das Gebirge in den Rücken der Verteidiger. Jetzt war der Kampf für diese aussichtslos. Darum entließ Leonidas seine Bundesgenossen. Mit seinen Spar-

Die nebenstehende Karte gibt einen Überblick über die Vorstöße der Perser bis zum Jahre 480 v. Chr.

Links: Athene betrachtet einen Stein mit dem Verzeichnis ihrer Tempelschätze (Relief von der Akropolis, um 470–460 v. Chr.). – Rechts: Grabstein eines jungen Mannes aus Salamis. Offenbar ist hier der Auszug in den Krieg dargestellt. Der junge Mann verabschiedet sich von seinem kleinen Bruder oder Freund, ebenso von seiner Katze und einem Vogel, den er aus dem Käfig befreit hat und in der linken Hand hält. Der rechte Arm ist zum Abschiedsgruß erhoben. Der edle Kopf erinnert an die Figuren des Parthenonfrieses (vgl. S. 93).

tiaten und 700 freiwillig ausharrenden Hopliten der Stadt Thespiä in Böotien kämpfte er bis zum letzten Mann. Die Grabinschrift, die die Griechen den Gefallenen später widmeten, lautete: „Wanderer, kommst du nach Sparta, verkündige dorten, du habest uns hier liegen gesehen, wie das Gesetz es befahl" (Übertragung von Friedrich von Schiller).

Jetzt hinderte die Perser nichts mehr, in Attika einzudringen; ihr Ziel war Athen. Die Athener räumten ihre Stadt. Frauen und Kinder brachten sie nach Troizen auf der Peloponnes, die alten Leute nach der benachbarten Insel Salamis. Die wehrfähigen Männer sammelten sich an Bord der Schiffe. So nämlich deutete Themistokles klug das delphische Orakel, das den Athenern den Rat gegeben hatte, sich hinter „hölzernen Mauern" zu verteidigen. Von der Insel und den Schiffen aus mußten nun die Athener mitansehen, wie die Perser die Stadt samt dem heiligen Tempelbezirk der Akropolis niederbrennen ließen und Attika verwüsteten.

Die Perserflotte hatte die Küste in der Nähe Athens angesteuert und lag im Hafen von Phaleron vor Anker. Themistokles griff zu einer List. Er bewog den Perserkönig, die Griechen in der engen Bucht von Salamis anzugreifen. Hier konnte sich die große persische Flotte nicht entfalten und erlitt durch die kleinen, wendigen Schiffe der Griechen eine entscheidende Niederlage.

Acht Jahre nach der Schlacht von Salamis schilderte der Dichter Äschylos den Hergang in seinem Schauspiel „Die Perser". Dort läßt er einen Boten der Mutter des Perserkönigs berichten:

„Vom Lager der Athener ein hellenischer Mann
trat mit der Botschaft hin vor Xerxes, deinen Sohn:
Sobald herauf die Schatten zögen schwarzer Nacht,
gedächten die Hellenen, ungesäumt an Bord
zu eilen und nach aller Winde Richtungen
ein bergend Heil zu suchen in verhohlner Flucht.
Als dies der König hörte – denn er ahnte nicht
des Fremden Arglist und den Neid der Himmlischen –
ließ er Befehl an jeden Schiffshauptmann ergehen:
Wenn an den Höh'n das Sonnenlicht verloschen sei
und Dämm'rung eingezogen im Bereich der Luft,
soll sich zu drei Geschwadern reih'n der Schiffe Zug
und jeden Ausweg hüten, jeden Wellenpfad,
indes ein Teil um Aias' Eiland steuern soll.
Und wer da laß' entkommen eines Feindes Haupt,
durchschlüpfen heimlich aus dem Ring mit seinem Schiff,
soll das Versäumnis büßen mit dem eignen Kopf . . .
Die Nacht verstrich; doch drüben im Hellenenheer
sah'n wir sich niemand rüsten zu geheimer Flucht.
Sobald der Tag mit seinen weißen Rossen kam
und steigend helles Licht auf alles Land ergoß,
kam uns zuerst von Hellas' Volk mit freud'gem Schall
Gesang entgegen; jauchzend gab den Ruf zurück
der Eiland Felsen tausendstimmiger Widerhall.
Da überlief ein Schauer jede Perserbrust:
Wir waren die Getäuschten!·Wahrlich, nicht zur Flucht
erklang so voll der Griechen hehrer Schlachtgesang;
so sangen Tapf're, die sich gürteten zur Schlacht . . .
. . . Ein Griechenschiff begann den Sturm,
riß einem Tyrier allen Schmuck vom Steuerbord,

Rekonstruktion einer attischen Triere. Die drei Ruderreihen befanden sich schräg über- und hintereinander. Die obersten Ruderer mit den längsten Rudern saßen in einer Art Galerie. Die beiden anderen Reihen saßen nur wenig tiefer innerhalb der Schiffswand. Segel wurden nur während der Fahrt gesetzt. Im Gefecht benutzte man die Ruder.

und bald ersah ein jeder sich ein andres Ziel.
Erst stemmte sich im Strom der Perserschiffe Macht,
bis unsrer Kiele breiter Zug im engen Rund
sich stieß und keiner keinem mehr zu Hilfe war.
Sobald wir mit der Schnäbel erzbewehrtem Zahn
uns selbst zernagen und das Ruder uns zerbricht,
umzingeln uns und prallen wohlberechnet an
die Schiffe der Hellenen. Unsrer Boote Rumpf
schlug um. In kurzem sah die Wellen man nicht mehr,
bedeckt von Trümmern und von Leichen weit und breit;
mit Toten füllten Ufer sich und Klippe an.
Nun strebte, was von Schiffen aus der Perser Heer
dem Sturz entfloh'n, zur offnen See in wirrer Flucht . . ."

Xerxes hatte auf einem Thron vom Festlande aus den Kampf auf dem Wasser beobachtet. Nach der Niederlage gab er den übriggebliebenen Schiffen der persischen Flotte den Befehl zur Überfahrt nach Kleinasien. Er selbst kehrte nach Sardes zurück. Das Landheer blieb jedoch in Griechenland und bezog ein Winterlager in Thessalien. Im folgenden Jahr unternahmen diese Truppen einen erneuten Vorstoß gegen Athen. Die verbündeten Griechen gerieten in arge Bedrängnis. Nach wechselvollem Kampf gelang es aber dem spartanischen Feldherrn Pausanias, bei Platää in Böotien die Perser entscheidend zu schlagen (479 v. Chr.).

Der Freiheitskampf der sizilischen Griechen. Im Jahre der Schlacht von Salamis hatten die Griechen Siziliens einen schweren Kampf mit der Phönikerstadt Karthago zu bestehen. Damals herrschten in zahlreichen sizilischen Städten Tyrannen, die einander bekriegten. Ein vertriebener Tyrann rief die Karthager zu Hilfe. Ihnen trat Gelon, der mächtige Tyrann von Syrakus, entgegen und schlug sie vernichtend. Prachtvolle Weihegeschenke aus der Beute sandte der Sieger an die Heiligtümer von Olympia und Delphi. Schon der zu jener Zeit lebende griechische Dichter Pindar (vgl. S. 63) maß dem Sieg Gelons die gleiche Bedeutung bei wie den Schlachten von Salamis und Platää.

Die beiden Seiten einer Gedenkmünze aus Syrakus, die zu Gelons Sieg um 480 v. Chr. geprägt wurde. Vorderseite: Viergespann, Rückseite: Die Quellnymphe Arethusa

Das Schicksal der Sieger. Vor den Perserkriegen gab es im Adel Athens auch Kreise, die den Persern freundlich gesinnt waren. Ihnen gegenüber hatten vor allem Themistokles und Miltiades immer wieder zum Kampf für die Freiheit aufgerufen. Miltiades war eine Herrschernatur; er trat stolz und selbstbewußt auf und benutzte seinen Reichtum dazu, sich Einfluß zu verschaffen. Darum hatte er gerade beim Adel manchen Gegner. Als ihm nach dem Sieg von Marathon ein Feldzug gegen die Insel Paros mißlang, verurteilte ihn das Volksgericht zu einer hohen Geldstrafe. Noch im Jahre der Verurteilung (489 v. Chr.) starb er im Gefängnis an einer Kampfwunde.

Auch Themistokles hatte viele Gegner. Er trug sich mit großen Plänen und wollte Athen zur ersten Seemacht Griechenlands erheben. Er scheute kein Mittel, um in Athen zu Einfluß zu kommen und seine Pläne durchzusetzen. Seine Gegner nannten ihn selbstsüchtig, habgierig und verschlagen; sie hatten sicher nicht ganz unrecht. Nach dem Sieg von Salamis war er selbst in Sparta neidlos gefeiert worden, und auf den Olympischen Spielen des Jahres 476 hatten ihm die Griechen zugejubelt. Aber schon wurde auch wieder das Mißtrauen der Spartaner wach, als Themistokles nach dem Kriege die Stadt Athen und den Hafen Piräus befestigen ließ. Er sah voraus, daß Athen seine neue Stellung als Seemacht verteidigen müsse. Als sich dann in Athen eine spartafreundliche Richtung durchsetzte, wurde Themistokles durch das Scherbengericht verbannt. Später beschuldigte man ihn der Verbindung mit den Persern und verurteilte ihn zum Tode; er floh zum Großkönig und wurde dort fürstlich geehrt. Fern der Heimat starb er in Magnesia.

Der Sieger von Platää war der spartanische Feldherr Pausanias. Er hatte in einem kritischen Augenblick der Schlacht die Lage zugunsten der Griechen entschieden. Aber schon nach dem Siege verletzte er durch seinen Stolz die Bundesgenossen und ließ auf dem Siegesdenkmal nur sich als Sieger und Führer der Griechen feiern. Später führte er den Oberbefehl über die griechische Flotte, die den Kampf gegen die Perser an der kleinasiatischen Küste fortsetzte. Bei der Belagerung von Byzanz behandelte er die jonischen Griechen herrisch und hochfahrend wie spartanische Untertanen. Auch legte er sich eine Leibwache zu und kleidete sich in persischer Tracht. Darum mußten ihn die Ephoren abberufen. Schließlich versuchte er, die Heloten Spartas zu einem allgemeinen Aufstand aufzureizen. Vor der Verhaftung flüchtete er in einen Tempel und wurde dort ausgehungert. Er fand das unrühmlichste Ende unter den Feldherren der Perserkriege.

2. Der Attische Seebund

Der Krieg in der Ägäis. Noch im Jahre 479 war die griechische Bundesflotte nach Samos gefahren, um die ägäischen Inseln von den Persern zu befreien. Von dort aus hatten Landungstruppen das persische Schiffslager im Mündungsgebiet des Mäander in Brand gesetzt. Überall erhoben sich darauf die jonischen Städte und vertrieben die persischen Besatzungen. Aber die Spartaner zogen sich bald nach der Eroberung von Byzanz zurück; sie wollten den Krieg nicht nach Kleinasien tragen. Ja, sie rieten sogar den Joniern, nach Griechenland umzusiedeln. Jetzt konnte nur noch die Flotte Athens den kleinasiatischen Griechen helfen, die Perser an der Rückkehr zu hindern. Darum schlossen sich 477 v. Chr. zahlreiche jonische und äolische Küstenstädte und viele Inseln mit Athen zum Attischen Seebund zusammen. **477 v. Chr.**

Rechts: Das Attische Reich

Das Attische Reich. Das Ziel des Bundes war, den Krieg gegen die Perser weiterzuführen und die Freiheit der kleinasiatischen Griechen zu sichern. Wer von den Bundesmitgliedern keine Schiffe stellen konnte oder wollte, mußte Beiträge an die Bundeskasse leisten, die auf der Insel Delos im Heiligtum des Apollo und der Artemis aufbewahrt wurde. Die Bundeskasse wurde von zehn Beamten verwaltet, die das Volk von Athen einsetzte. Die Führung der Bundesflotte lag bei Athen. Aus den Mitteln des Bundes erhöhten die Athener allmählich die Zahl ihrer Schiffe auf 200. Nirgends in Griechenland gab es eine so mächtige Flotte. Nach wechselvollen, jahrzehntelangen Kämpfen gelang es der Flotte des Seebundes schließlich, die Perser aus der Ägäis hinauszudrängen. Daraufhin verzichtete der Großkönig in einem Friedensvertrag auf die Herrschaft über die griechischen Städte in Kleinasien (448 v. Chr.). Darüber hinaus bestimmte der Vertrag, daß das ägäische Meer in Zukunft für persische Kriegsschiffe gesperrt bleiben sollte.

448 v. Chr.

Während der Kämpfe gegen die Perser baute Athen seine Macht innerhalb des Attischen Seebundes immer weiter aus. Seine Vormachtstellung brachte dem Handel der Athener große Vorteile. Viele Städte schlossen sich dem Seebund an, um den Schutz seiner Flotte für ihre Handelsschiffe zu genießen. Immer mehr Bundesmitglieder verzichteten auf die Teilnahme am Kriege und zahlten lieber Beiträge. Da der Bund auf „ewige" Zeit geschlossen war, duldeten die Athener keinen Austritt. Wer sich lossagen wollte, wurde darum mit rücksichtsloser Waffengewalt unterworfen. Die Unterworfenen wurden dann wie Untertanen Athens behandelt und mußten oft auch Land für attische Siedler abtreten. Alle wichtigen Prozesse hatten die Bundesmitglieder vor dem Volksgericht in Athen zu führen. 454 v. Chr. wurde der Bundesschatz nach Athen überführt, weil eine persische Flotte Delos bedrohte. Seitdem verfügten die Athener völlig selbständig über das Vermögen des Bundes. So wurde aus dem Seebund allmählich ein Attisches Reich, in dem das Volk von Athen der Herrscher war.

Durch die wachsende Macht Athens fühlte sich Sparta in seiner Vorrangstellung als stärkste Landmacht Griechenlands bedroht. Das Verhältnis zwischen den beiden Städten verschlechterte sich immer mehr, zumal sich abgefallene Mitglieder des Attischen Seebundes gerne an Sparta wandten. 461 v. Chr. kündigten die Athener den Bund mit Sparta, den sie in der Not der Perserkriege geschlossen hatten. Seitdem kam es immer wieder zu kriegerischen Zusammenstößen zwischen Athenern und Spartanern.

Wir fassen zusammen:

Die kleinasiatischen Griechen unterstanden seit Kyros persischer Herrschaft. Der Aufstand der Jonier um 500 v. Chr. schlug fehl und veranlaßte die Rachezüge der Perser. 490 v. Chr. besiegten die Athener das Perserheer bei Marathon. In der Folgezeit setzte Themistokles in Athen den Bau einer Flotte durch. 480 v. Chr. fiel Leonidas mit 300 Spartiaten bei den Thermopylen für die Freiheit aller Griechen; die griechische Flotte siegte bei Salamis. Das persische Landheer wurde 479 v. Chr. bei Platää geschlagen.

Den Krieg in Kleinasien führten die Spartaner nur zögernd und überließen ihn dann den Athenern. Im Attischen Seebund schlossen sich 477 v. Chr. viele Inseln und Städte an Athen an. 448 v. Chr. gewährte der Perserkönig den Griechen Kleinasiens die Freiheit. Athen baute den Seebund zu einem Reich unter seiner Führung aus und bedrohte Spartas Vormacht.

Rechte Seite: Ansichten von der Akropolis in Athen (vgl. S. 88ff.). Oben: Der Parthenon, der Haupttempel der Pallas Athene, von Nordwesten her gesehen. – Unten: Das Erechtheion mit der Korenhalle (vgl. S. 89).

V. Das Zeitalter des Perikles

1. Die Blütezeit der attischen Demokratie

Perikles, der Vorkämpfer demokratischer Gleichheit. Perikles stammte aus dem gleichen Adelshause wie Kleisthenes. Er wollte alle Klassen des Volkes mit gleichen Rechten an der Leitung des Staates beteiligen. Denn auch die kleinen Bauern, die Handwerker und die Arbeiter hatten für den Sieg und die Macht Athens gekämpft.

Aber noch übte der Areopag die Aufsicht über den Staat aus (vgl. S. 73). Nur Angehörige der beiden oberen Klassen konnten in den Areopag gewählt werden. Darum setzte sich Perikles in der Volksversammlung leidenschaftlich dafür ein, diesem die Aufsichtsrechte zu nehmen. Tatsächlich wurde daraufhin die Aufsicht über die Beamten dem „Rat der Fünfhundert" übertragen. Nach ihrer Amtszeit mußten sich die Beamten vor dem Geschworenengericht verantworten. Die 6000 Mitglieder dieses Gerichts wurden alljährlich aus den Bürgern aller Klassen ausgelost. Der „Rat der Fünfhundert", das Geschworenengericht und die Volksversammlung hatten nun die alleinige Gewalt im Staate und waren allen Bürgern zugänglich. Damit aber auch die ärmeren Bürger ein Amt übernehmen konnten, ließ ihnen Perikles für jeden Tag, an dem sie als Richter oder Ratsmitglieder ihrem Broterwerb nicht nachgehen konnten, eine Entschädigung auszahlen. Nun war auch die Armut kein Hindernis mehr, dem Staat Dienste zu leisten; die athenische Demokratie war vollendet.

In der Darstellung des griechischen Geschichtsschreibers Thukydides rühmt Perikles die attische Demokratie mit folgenden Worten: „Wir besitzen eine Verfassung, die nicht den Einrichtungen unserer Nachbarn nachgebildet ist. Viel eher sind wir selbst für andere ein Vorbild, als daß wir andere nachahmten. Der Name der Verfassung ist Demokratie, weil sie sich nicht auf eine Minderheit, sondern auf die Mehrheit stützt. Vor dem Gesetz sind alle Bürger gleich. Wenn sich aber einer für den Staat hervortun will, so wird er nicht nach seiner Zugehörigkeit zu einer Klasse, sondern nach seiner Tüchtigkeit für staatliche Würden ausgewählt. Auch ist kein armer Bürger, der dem Staate einen Dienst leisten kann, wegen seiner einfachen Herkunft von der Geltung im öffentlichen Leben ausgeschlossen."

Der Staatsmann Perikles. Perikles lebte nur für seine Vaterstadt Athen. Sie hatte in den Perserkriegen die größten Opfer gebracht und für ganz Griechenland den Kampf weitergeführt. In ihr sah er die beste Verfassung verwirklicht. Darum hielt Perikles die Athener auch für berechtigt, der spartanischen Vorherrschaft entgegenzutreten. Als aber offenkundig wurde, daß die Vorherrschaft in Griechenland durch kriegerische Mittel nicht zu gewinnen war, trat Perikles für die Beendigung des Krieges mit

445 v. Chr.

Sparta ein. Nach schwierigen Verhandlungen schlossen Athen und Sparta 445 v. Chr. einen Waffenstillstand. Von jetzt an widmete sich Perikles um so energischer dem Ausbau des Attischen Reiches unter der Führung Athens.

So führte Perikles die Pläne des Themistokles zu Ende. Er ließ die Festungsmauern fertigstellen, die Athen mit seinen Häfen Piräus und Phaleron verbanden. Innerhalb dieser „Langen Mauern" sollte im Kriegsfalle die ganze attische Landbevölkerung eine Zuflucht finden. Athen konnte nun von der Landseite her nicht mehr angegriffen oder gar eingenommen werden, so lange die Flotte den Hafen schützte und für die Zufuhr sorgte.

Perikles war einer der zehn Feldherren (Strategen), die das Volk von Athen in jedem Jahr neu wählte. Im Laufe der Zeit hatte das Feldherrnamt immer größere Bedeutung gewonnen. Schon Miltiades und Themistokles hatten nicht als Archonten sondern als Strategen die Politik Athens bestimmt. Seit 443 v. Chr. bis zu seinem Tode wurde Perikles Jahr für Jahr zum Feldherrn gewählt. In dieser Stellung konnte er gegenüber den dauernd wechselnden, durch Auslosung gewählten Beamten den entscheidenden Einfluß auf die Geschicke des Staates ausüben. Athen erlebte unter seiner Führung eine kurze, aber ruhmvolle Glanzzeit, wie sie keine andere Stadt Griechenlands erfahren hat.

Thukydides hat den Staatsmann Perikles in wenigen Sätzen trefflich geschildert: „Perikles war mächtig durch die Achtung, die er genoß, und durch seine Einsicht. Da er dem Gelde gegenüber eine einwandfreie Unbestechlichkeit bewiesen hatte, konnte er das Volk in die Schranken weisen. Er ließ sich nicht von ihm lenken, sondern er selbst führte; denn er brauchte dem Volke nicht nach dem Munde zu reden, da er die Macht rechtmäßig besaß, sondern er konnte es bei seinem Ansehen auch wagen, den Zorn des Volkes durch Widerspruch herauszufordern. So oft er merkte, daß die Bürger zur Unzeit und aus Überheblichkeit sich wichtig machten, duckte er sie in seiner Rede und machte ihnen Angst; wenn sie grundlos verzagten, richtete er sie zu neuem Mut auf. So bestand in Athen dem Namen nach eine Demokratie, in Wirklichkeit jedoch die Herrschaft des ersten Mannes."

Idealbild des Perikles (römische Kopie eines griechischen Originals)

2. Im Athen des Perikles

Im Hafen von Piräus. Als die Perser 479 aus Athen abzogen, lag die Stadt in Schutt und Asche. Unter Perikles wird sie die schönste Stadt Griechenlands. Weithin leuchten in der klaren Luft die Marmortempel der Akropolis den Schiffen entgegen, die auf Athen zusteuern. Die Handelsschiffe legen im Hafen Piräus an. Dort herrscht geschäftiger Eifer. In den Docks werden neue Schiffe gebaut oder alte ausgebessert. Das Holz, Eisen, Kupfer, Pech und Segeltuch, das man hier braucht, muß eingeführt werden, dazu noch viele andere Rohstoffe. Auch für die Ernährung der zahlreichen Bevölkerung sorgt der Handel; denn das Land Attika vermag seine Menschen längst nicht mehr allein zu ernähren. Reihenweise stehen Speicher für die Schiffsladungen bereit.

Ein Dichter der damaligen Zeit zählt uns auf, was im Piräus zusammenkommt. „Die Schiffe bringen vom Hellespont Thunfisch und gepökelte Fischwaren aller Art, aus Italien Graupen und Rippenstücke vom Rind. Syrakus liefert Schweine und Käse, Ägypten Segel und Papyrusrollen, Syrien Weihrauch, Kreta Zypressenholz für die Götter, in Libyen gibt es viel Elfenbein zu kaufen, aus Rhodos kommen Rosinen und getrocknete Feigen, von Euböa Birnen und feiste Schafe, aus Phrygien Sklaven; Kastanien und Mandeln liefert Paphlagonien (Landschaft im Norden Kleinasiens), Phönikien Datteln und feines Weizenmehl, Karthago Teppiche und bunte Kopfkissen."

Athen führt seinen Überschuß an Öl und Wein aus. Die kostbare attische Töpferware ist in der ganzen damals bekannten Welt begehrt. Fabriken, die manchmal über 100 Sklaven beschäftigen, liefern Waffen und Eisengeräte aller Art.

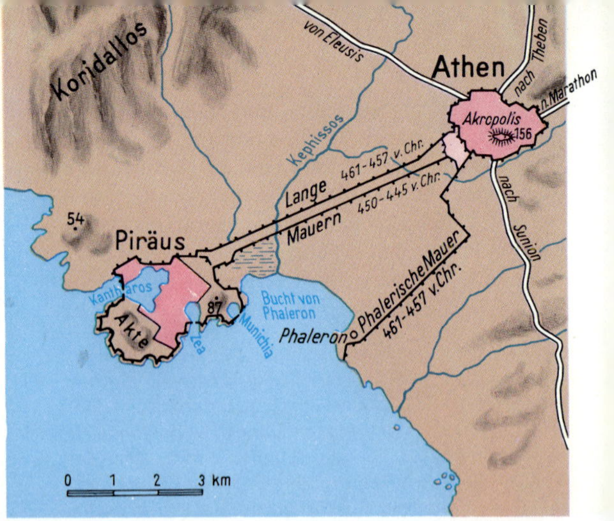

Links: Athen zur Zeit des Perikles. Die Karte zeigt die wichtigsten Gebäude des Stadtgebiets. Zu den Gebäuden der Akropolis vgl. Sonderkarte auf S. 90. – Rechts: Athen und sein Hafen Piräus. Zur Geschichte der „Langen Mauern" vgl. S. 91.

Die Hafenstadt mit ihren schnurgeraden Straßen wird unter Perikles angelegt; der Plan stammt von einem berühmten Baumeister aus Milet. Die breiteste Straße führt zu dem östlich gelegenen Kriegshafen Zea. Dort liegen die gerüsteten Trieren in mehrstöckigen Schiffshäusern.

Das Leben in Athen. Die Innenstadt wurde nach dem Perserkrieg hastig wieder aufgebaut. Enge, krumme Gassen winden sich zwischen den kleinen, einfachen Häusern hindurch. Tritt man von der Straße her durch das Tor in ein Haus, dann gelangt man zuerst in eine Vorhalle. In den Häusern der Handwerker und Kaufleute befinden sich hier die nach der Straße hin offenen Werkstätten und Läden. Dahinter liegt ein Hof, und daran schließt sich der Hauptraum des Wohnhauses an. Die Frauenwohnung liegt mit den Arbeits- und Schlafräumen hinter dem Hauptraum oder im Obergeschoß. Die Häuser der Reichen sind geräumiger, erreichen aber nicht die Ausmaße von Palästen. Noch gilt Wandmalerei in den Wohnungen auch reicher Bürger als besonderer Luxus. Die Reichen scheuen sich, durch Prunk und Verschwendung aufzufallen. Der Hausrat ist einfach, aber von erlesener Form. Schön geformte Vasen und Amphoren (doppelhenkelige Krüge) dienen dem täglichen Gebrauch; sie sind mit Bildern aus dem täglichen Leben oder der Götter- und Heldensage bemalt.

Die Männer von Athen verbringen fast den ganzen Tag außerhalb des Hauses. Der Markt ist ein wichtiger Mittelpunkt des öffentlichen Lebens. Schattenspendende Platanen und kühle Säulenhallen umrahmen ihn. In der „Bunten Halle" zieren riesige Gemälde der Amazonenschlacht[1], der Eroberung Trojas und der Schlacht von Marathon die Wände. Unmittelbar daneben liegen die Amtsgebäude des Rates und der Gerichte. Hier kann man das Neueste erfahren. Darum strebt jeder Bürger, der über seine Zeit frei verfügt, in die Nähe des Marktes. Mit Leidenschaftlichkeit werden persönliche Angelegenheiten oder Staatsfragen besprochen. Es stört nicht, wenn an Markt-

---

[1]) Nach der griechischen Sage waren die Amazonen ein kriegerisches Volk, das nur aus Frauen bestand. Als sie den Trojanern zur Hilfe kamen, wurde die Amazonenkönigin Penthesilea von dem griechischen Helden Achill (vgl. S. 60) getötet. Auch König Theseus (vgl. S. 69) soll die Amazonen in einer Schlacht um Athen besiegt haben.

Außenbild einer Schale des Duris (um 480 v. Chr.). Dargestellt ist eine Unterrichtsstunde junger Athener. Ein Junge wird im Leierspiel unterrichtet, ein anderer trägt Verse aus der Ilias vor. Der Lehrer hält eine Buchrolle.

tagen Händler und Bauern sich unter die Bürger mengen. Der Athener ist gewohnt, zu markten und zu feilschen; denn gerne kauft er selbst ein. Auch ist es nicht Sitte, daß die Bürgersfrauen den Markt besuchen. Die verheiratete Frau beschränkt sich ganz auf ihre häuslichen Pflichten, und auch die Mädchen werden im Haus und allein für das Haus erzogen. Nur an bestimmten Götterfesten treten die Frauen in die Öffentlichkeit. Doch mindert das abgeschlossene Leben der Frau keineswegs ihre Würde als Gattin und Mutter.

Gerne treffen sich die Männer abends beim Gastmahl. Ein üppiges Essen ist dabei nicht die Hauptsache, denn die Mahlzeiten sind im allgemeinen bescheiden; sie bestehen vor allem aus Fisch, Geflügel, Gemüse, Brot, Käse, Honig und aus Früchten. Wichtiger ist den Athenern der anschließende gemeinsame Trunk und das gemeinsame Gespräch. Man liegt bei Tisch auf Ruhebetten; nach dem Mahl räumen Sklaven die Tische weg. Aus flachen Schalen trinkt man verdünnten Wein, doch zuvor wird ein Trankopfer gespendet. Ernstes Gespräch und heiteres Scherzen, witzvolle Streitreden und frohen Gesang, Darbietungen von Dichtern, Sängern und Gauklern, all das lieben die Männer Athens. Perikles allerdings meidet grundsätzlich diese Geselligkeit.

Die Erziehung. Ist die Zeit der Kinderspiele vorüber, dann kommen die Knaben zu einem Lehrer und lernen Lesen und Schreiben. Die Kleinen schreiben ihre Buchstaben mit Griffeln auf wachsüberzogene Holztafeln. An Homerversen lernen sie buchstabieren und müssen bald große Stücke der homerischen Gedichte auswendig aufsagen. Gesang, Flöten- und Saitenspiel üben sie bei einem Musiklehrer. Einen großen Teil des Tages verbringen die Jungen in den Ringschulen (Palästren), wo sie unter Leitung eines Turnlehrers außer dem Ringen die einfachen sportlichen Übungen wie Springen, Laufen, Diskus- und Speerwerfen betreiben. Schon die kleinen Athener träumen davon, einmal bei den olympischen Spielen für ihre Vaterstadt Ruhm zu gewinnen. Davon erzählen sie am Abend ihren Schwestern, die zu Hause von der Mutter in Lesen und Schreiben, Musik und Tanz unterrichtet werden.

Seit Solon sind die Eltern zwar durch Gesetze verpflichtet, ihre Kinder ordentlich zu erziehen, aber der Unterricht ist Privatsache und wird von Privatlehrern gegeben.

Links: Der Diskuswerfer des Bildhauers Myron (um 460 v. Chr.), eines der bekanntesten Bildwerke der Antike (römische Marmorkopie nach dem griechischen Bronzeoriginal). Der Diskuswerfer ist in dem Augenblick dargestellt, wo er aus dem Rückwärtsschwung zu der dem Wurf vorausgehenden Drehbewegung ansetzt. In der perikleischen Zeit erreichte die griechische Plastik ihre klassische Vollendung, neben Myron vor allem durch die Bildhauer Phidias und Polyklet (vgl. S. 93).

Rechte Seite: Die Akropolis (Rekonstruktion). Von links nach rechts: Erechtheion, Standbild der Athene, Parthenon, davor die Propyläen und der Niketempel.

Nur in der sportlichen Erziehung übt der Staat eine gewisse Oberaufsicht aus. Erst mit dem 18. Lebensjahr treffen sich dann die Jünglinge in den Gymnasien. Das sind Sportstätten in den Außenbezirken der Stadt, in denen die jungen Männer sportlich und kriegerisch ausgebildet werden. Die Lehrer sind vom Volk gewählt. In den Gymnasien verbringen auch die älteren Männer gerne ihre freie Zeit mit Sport und Spielen und verfolgen aufmerksam den Fortschritt der Jünglinge. Hier geht es viel gemütlicher zu als im harten Dienst der Spartaner. Perikles spricht das in einer Rede aus: „Während jene schon von Kindesbeinen an in harter Zucht nach Tapferkeit streben, führen wir ein Leben ohne Zwang und wagen uns doch in die gleichen Gefahren“ (Thukydides).

Die Akropolis, das Wahrzeichen Athens. Inmitten der Stadt Athen erhebt sich hellschimmernd die Akropolis, die heilige Wohnstätte der Götter. Von dort leuchtet die Pracht der Tempel über die engen Gassen und die einfachen Häuser der Stadt: „Die Götter, nicht die Menschen wohnen prächtig.“ Perikles läßt die Akropolis mit den herrlichsten Bauwerken schmücken. Sie sollen der Dank an die Schutzgöttin Athene für die Hilfe in den Perserkriegen sein. Aus den Mitteln des Attischen Bundes werden die Bauten aufgeführt. Stolz wehrt Perikles die Vorwürfe der Bundesgenossen ab: „Solange euch die Flotte Athens gegen die Perser schützt, kann auch Athen über den Bundesschatz verfügen.“

In ansteigenden Windungen führt der Weg von der Stadt hinauf zu den Propyläen, einem Torbau mit fünf Durchgängen. Wenn der Besucher durch die Torhalle ins Freie tritt, steht er am Beginn der „Heiligen Straße“, die den ganzen heiligen Bezirk durchzieht. Zuerst fällt der Blick auf das hochragende Standbild der „Vorkämpferin“ Athene. Die Statue soll an den Sieg von Marathon erinnern; die goldene Lanzenspitze blitzt weithin sichtbar in den Strahlen der Sonne.

Zu beiden Seiten der Straße stehen Weihgeschenke für die Göttin Athene und Inschrifttafeln, auf denen die wichtigsten Beschlüsse der Volksversammlung aufgezeichnet sind.

Am höchsten Punkt der Akropolis erhebt sich der *Parthenon*, der Haupttempel der Pallas Athene. Ringsum streben die Säulen zehn Meter hoch empor und tragen das mächtige Gebälk des Daches. Giebel und Wandflächen sind mit Bildwerken auf rotem und blauem Untergrund geschmückt. Im Westgiebel ist der Wettstreit der Athene und des Poseidon um die Schutzherrschaft über die Stadt dargestellt; der Ostgiebel zeigt die Geburt der Athene. Innerhalb des Säulenumgangs zieht sich ein meterhohes Band mit figürlichen Darstellungen (Fries) rings um die Tempelwand. Dieser Fries stellt die feierliche Prozession zur Akropolis dar, welche die Bürger Athens alle vier Jahre zum *„Fest aller Athener“* (*Panathenäen*) veranstalten.

Das Innere des Tempels ist ein geschlossener Raum, der nur durch die Türöffnung Licht empfängt. In seinem Halbdunkel schimmert das erhabene, zwölf Meter hohe Standbild der Athene. Das Gewand ist aus reinem Gold, Gesicht und Hände sind aus Elfenbein gearbeitet. Der Künstler *Phidias* hat es geschaffen. Er ist ein Freund des Perikles und mit der Bauleitung auf der Akropolis beauftragt. Sein und seiner Schüler Werk ist auch der Fries des großen Festzuges.

Dem Parthenon gegenüber liegt das *Erechtheion*, das Doppelheiligtum des Poseidon und der Athene; Mädchengestalten aus Marmor tragen das Dach der südlichen Vorhalle, die deshalb auch als „Korenhalle“ bezeichnet wird (griech. Kore = Jungfrau). Feierlicher Ernst spricht aus den klugen und lebendigen Gesichtern dieser Mädchen, die im Dienst der Götter stehen. Im Innern des Erechtheions steht eine Statue der Athene aus Olivenholz. Zum Fest der Panathenäen wird sie jedesmal mit einem neuen Prachtgewand bekleidet, das von den Frauen und Mädchen Athens gewoben ist.

Das Theater in Athen. Die Athener sind ein festfreudiges Volk. Mit Liedern und Tanz, mit Vorträgen aus den Dichtungen Homers, mit sportlichen Kämpfen feiern sie die über das ganze Jahr verteilten Ehrentage ihrer Götter. An Festen des Gottes Dionysos strömt das Volk ins Theater am Südostabhang der Akropolis. Hier werden zur Feier der **„Großen Dionysien“** die Schicksale der Götter- und Heldengeschlechter dargestellt.

Die Schauspieler bewegen sich auf einer Bühne, der Skene. Davor liegt ein großer, ursprünglich kreisrunder Platz, die Orchestra, der Tanzplatz des Chores. Im aufsteigenden Halbrund des Zuschauerraumes sind Holzbänke als Sitze und Gerüste für Stehplätze aufgeschlagen (vgl. S. 93).

Drei Tage lang dauern die „Großen Dionysien". Für jeden Tag hat jeweils ein anderer Dichter vier Stücke verfaßt, die nacheinander gespielt werden. Auch in der Kunst herrscht edler Wettstreit. Dem besten Dichter sprechen fünf ausgewählte Preisrichter einen Efeukranz und einen Ehrenlohn zu.

Täglich sehen die Athener zuerst drei Tragödien (Trauerspiele) und erleben, wie schwere Schuld der Menschen unerbittlich gesühnt wird. Zwischen den Szenen der wenigen Schauspieler singen und tanzen feierliche Chöre. Nach den drei Trauerspielen heitert ein lustiges Satyrspiel die erschütterten Zuschauer wieder auf.

Äschylos hat einst in den „Persern" (vgl. S. 79) den Sieg von Salamis gefeiert; er wirkt noch in der Zeit des Perikles und zeigt den Athenern in seinen Tragödien, wie im Hause Agamemnons (vgl. S. 54) die gerechten Götter alte Schuld rächen. Sophokles, der mit Perikles befreundet ist, läßt das Volk das fluchbeladene Schicksal des Königs Ödipus und seines Gechlechtes erleben. Euripides, der jüngste der drei großen tragischen Dichter, stellt in den „Troerinnen" das furchtbare Los der Besiegten dar.

Lieber noch gehen die Athener in die Lustspiele, die Komödien. Hier sieht man keine Frauen als Zuschauer, denn zu derb geht es zu. Ohne Scheu halten die Dichter allen Athenern, hoch wie niedrig, ihre Schwächen vor, und das spottlustige Volk von Athen hat seine größte Freude daran.

Wir fassen zusammen:

Um 460 v. Chr. verlor in Athen der Areopag die letzten Aufsichtsrechte über den Staat. Der „Rat der Fünfhundert", das Geschworenengericht und die Volksversammlung besaßen jetzt alle staatliche Gewalt und waren allen Bürgern zugänglich. Die Beamten, die Mitglieder des Rates und der Gerichte wurden durch das Los gewählt, nur die zehn Feldherrn durch namentliche Wahl. Als Feldherr konnte Perikles eine überragende Stellung in Athen gewinnen. Er setzte durch, daß die Bürger mit Staatsgeldern für ihre öffentliche Tätigkeit entschädigt wurden. Dadurch wurde auch dem armen Bürger ermöglicht, ein Amt zu übernehmen.

Während eines 15jährigen Friedens erlebte Athen unter Perikles seine Blütezeit. Unvergängliche Werke der Kunst wurden geschaffen. Spätere Zeiten empfanden diese Werke als vorbildlich und prägten das Wort von der „klassischen" Zeit Athens.

Die bedeutendsten Bauten der Akropolis entstanden unter Perikles. Die großen Dichter der Tragödie, Äschylos, Sophokles, Euripides lebten zu seiner Zeit.

Die drei Arten der griechischen Säule. Von links nach rechts (in der Reihenfolge ihrer Entstehung): dorische, jonische und korinthische Säule. Achte auf die „Basis" (Sockel), den „Schaft" und das „Kapitell" (oberer Abschluß) der Säulen. Das „Gebälk", das auf den Säulen aufliegt, nennt man „Architraph".

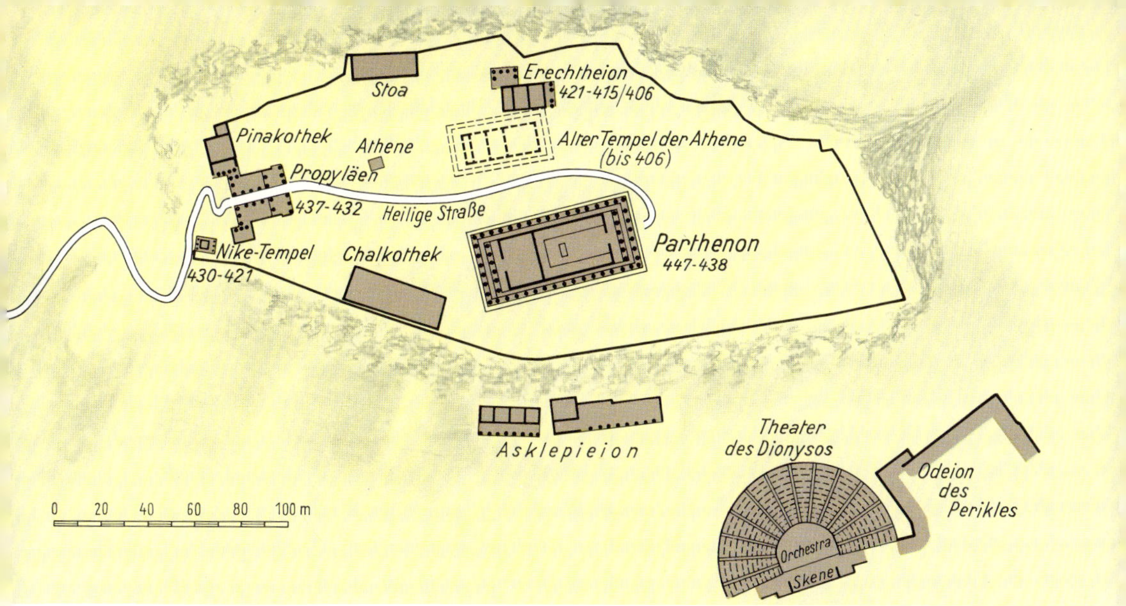

Plan der Akropolis von Athen

VI. Der Niedergang der hellenischen Staatenwelt

1. Der Peloponnesische Krieg

Die Feindschaft der Brudervölker. Die Athener verstanden es nicht, ein Gemeinschaftsgefühl bei den übrigen Mitgliedern des Attischen Reiches zu wecken; sie gaben ihnen keine Rechte, im Reich mitzubestimmen. Aber auch diese Griechen hatten ihren Freiheitsstolz wie die Athener selbst und suchten darum nach jeder Gelegenheit, sich der harten Faust ihres Zwingherrn, des Volkes von Athen, zu entwinden.

Die Spartaner hatten sich mit Mühe ihre Vormachtstellung auf der Peloponnes erhalten. Sie vergaßen nicht, daß die Athener schon einmal mit dem spartanischen Erbfeind auf der Peloponnes, mit Argos, verbündet gewesen waren. Mißtrauisch sahen die Spartaner auf das stark befestigte Athen. Auch mißfiel ihnen die demokratische Staatsordnung der Athener.

Alle Gegner Athens scharten sich um Sparta und erwarteten von ihm Schutz und Hilfe, voran die alte Handelsstadt Korinth. Sie hatte bis jetzt den Handel im Westen Griechenlands, im Jonischen Meer, beherrscht. Als sich aber Athen mit Korkyra (Korfu), einer korinthischen Kolonie, verbündete, fürchtete Korinth auch für seine Verbindungen nach Süditalien und Sizilien. Die Stadt wandte sich als Mitglied des Peloponnesischen Bundes an Sparta und setzte schließlich durch, daß der Krieg gegen Athen beschlossen wurde. So begann der Peloponnesische Krieg, der von 431 bis 404 v. Chr. dauerte.

431 bis 404 v. Chr.

Unglück und Verblendung in Athen. Perikles zog die Landbevölkerung Attikas hinter den „Langen Mauern“ zusammen und sandte die Flotte an die Küsten der Pelo-

Reitergruppe im Panathenäenzug. Teilstück von der Nordseite des Panathenäenfrieses (vgl. S. 89). Der Entwurf wie auch einzelne Platten des Frieses sind ein Werk des Phidias (vgl. S. 88).

ponnes, um dort das Land zu verwüsten. Da aber brach ein großes Unglück über Athen herein. Schiffsleute schleppten aus fremden Häfen die Pest in den Piräus ein. Zahllose Opfer forderte die Seuche unter dem dicht zusammengedrängten Volk. Verwirrt und verblendet machten die Athener Perikles für diesen Schlag des Schicksals verantwortlich; sie nahmen ihm sein Feldherrnamt und verurteilten ihn zu einer Geldstrafe, angeblich weil er öffentliche Gelder unterschlagen habe. Als das Volk sich wieder besonnen hatte und ihn erneut wählte, war es zu spät; Perikles starb 429 v. Chr. an der Pest.

Nach ihm gewannen in Athen maßlose Volksführer (Demagogen) Einfluß, die keinen festen Kriegsplan hatten und denen es nur um augenblickliche Erfolge ging. Nach zehnjährigem unentschiedenem Kampf schlossen Athen und Sparta schließlich einen Frieden ohne gegenseitige Entschädigung (421 v. Chr.), einen „faulen Frieden", wie viele ihn nannten.

Der Aufstieg des Alkibiades. Der Abgott des Volkes von Athen war der junge Alkibiades. Er, der Abkömmling eines alten Adelsgeschlechtes und Neffe des Perikles, besaß all das, was auf die Athener Eindruck machte: gutes Aussehen und Reichtum, durchdringenden Geist, Witz und überzeugende Beredsamkeit. Durch kostspieligen Aufwand zog er die Aufmerksamkeit auf sich. In Olympia ließ er sieben Rennwagen auf einmal laufen und gewann den ersten und den zweiten Preis zugleich.

Die am besten erhaltene griechische Theateranlage ist das Theater im heiligen Bezirk des Asklepios (Gott der Heilkunst) in Epidauros. Hier finden noch heute Festspiele statt. Die eindrucksvolle Anlage hat vierzehntausend Zuschauerplätze. Die Akustik ist einzigartig. Vor den Zuschauerrängen liegt die kreisrunde „Orchestra". Dahinter die Überreste der Bühne.

In seiner Vaterstadt ließ er auf eigene Kosten Chöre und prächtige Theatervorstellungen aufführen. Angeblich tat Alkibiades das alles zum Ruhm der Athener. Seine Gegner aber sahen darin nur den unbändigen Ehrgeiz, mit dem er die erste Stelle im Staate erstrebte.

Das Unternehmen gegen Sizilien. Alkibiades trieb die Athener wieder in den Krieg. Nach wenig erfolgreichen Jahren beredete er das Volk, den Städten Segesta und Leontini auf Sizilien gegen das reiche Syrakus Hilfe zu leisten. Er selbst wollte die Flotte dorthin führen.

„Als Gesandte der Städte Segesta und Leontini ankamen und die Athener überreden wollten, gegen Sizilien zu Felde zu ziehen, sprach Nikias dagegen. Aber er war schon im Nachteil gegenüber dem Plan und dem Ehrgeiz des Alkibiades, bevor überhaupt die Volksversammlung zusammentrat. Dieser hatte bereits die Volksmenge dadurch für sich gewonnen, daß er bei ihr falsche Hoffnungen erweckte, so daß die Jungen in den Palästren, die Alten, wenn sie in den Werkstätten und an Ruheplätzen zusammensaßen, sich den Umriß Siziliens und die Häfen und Landschaften auf der Insel vorzeichneten, die Libyen (= Nordafrika) gegenüberliegen. Denn sie betrachteten Sizilien nicht als Kampfpreis des Krieges, sondern nur als einen Stützpunkt, um von dort aus gegen die Karthager Krieg zu führen und um zugleich Nordafrika und das Meer innerhalb der Säulen des Herakles[1]) in die Hand zu bekommen. Als sie nun (in der Volksversammlung) für diesen Plan eintraten, widersetzte sich Nikias, fand aber nur wenige und keine einflußreichen Fürsprecher. Denn die Wohlhabenden fürchteten, den Eindruck zu erwecken, als ob sie sich vor den Leistungen für den Staat und vor der Ausrüstung und Führung der Kriegsschiffe drücken wollten; darum blieben sie wider besseres Wissen ruhig" (Plutarch, griechischer Schriftsteller, 40 bis 120 n. Chr.).

415 bis 413 v. Chr.

Die Flotte war gerade in Sizilien gelandet (415 v. Chr.), als Alkibiades nach Athen zurückgerufen wurde. Dort hatten seine Gegner ihn und seine Freunde verklagt, an den heimischen Göttern gefrevelt zu haben. Da tat Alkibiades einen unerwarteten Schritt: er floh nach Sparta. Aus Rache schmiedete er Pläne, die zur Demütigung Athens führen sollten. Die Spartaner schickten auf seinen Rat den Syrakusanern Hilfe. Flotte und Heer der Athener wurden vollständig vernichtet. Es war die furchtbarste Katastrophe, die Athen bis jetzt erlebt hatte (413 v. Chr.).

Spartas Triumph. Ebenfalls auf den Rat des Alkibiades bezogen die Spartaner in einem attischen Ort, nur 20 km von Athen entfernt, ein festes Lager. Sie verwüsteten das Land und hielten Athen in dauernder Unruhe. Dann verbündeten sie sich mit den Persern und bauten mit persischem Gold eine Flotte. Alkibiades selbst verhandelte mit den persischen Satrapen und gab die kleinasiatischen Griechen preis. Aber in einem günstigen Augenblick schlug er sich wieder auf die Seite der Athener. Einige Jahre kämpfte er für Athen mit Erfolg, verlor aber bei der ersten Niederlage eines Unterfeldherrn erneut das Vertrauen des Volkes. Nach Kriegsende flüchtete er nach Kleinasien und wurde dort auf Veranlassung der Spartaner umgebracht.

Athens Niederlage war mit der völligen Vernichtung seiner Flotte am Hellespont im Jahre 405 v. Chr. besiegelt. Die Stadt wurde belagert und durch Hunger zur Übergabe gezwungen (404 v. Chr.). Trotz des langen erbitterten Krieges wiesen die Spartaner die

404 v. Chr.

haßerfüllten Forderungen der Korinther und Thebaner zurück, Athen völlig zu zerstören. Sie entgegneten, „man dürfe nicht eine Griechenstadt versklaven, die Hellas einst in größter Not viel Gutes getan habe" (nach Worten des griechischen Geschichtsschreibers Xenophon). Aber auch so waren die Friedensbedingungen noch hart genug. Alle Befestigungen mußten niedergerissen werden. Der Attische Seebund wurde aufgelöst, die Flotte mußte bis auf zwölf Schiffe ausgeliefert werden. Athen war von seiner stolzen Höhe gestürzt.

2. Letzte Vormachtskämpfe

Der „Königsfriede". An die Stelle der Herrschaft Athens trat nach dem Kriege die spartanische Gewaltherrschaft. Spartanische Besatzungen sorgten dafür, daß in den Städten spartafreundliche Männer an die Macht kamen. Die wirklichen Sieger und Nutznießer des griechischen Bruderkrieges waren aber die Perser. Als die Spartaner die Griechenstädte Kleinasiens vor dem Satrapen von Sardes schützen wollten, floß wieder persisches Gold nach Griechenland – diesmal in die Hände der Gegner Spartas. Da sich die Spartaner wegen Unruhen im eigenen Land keinen langen Krieg leisten konnten, schlossen sie einen schmachvollen Frieden mit den Persern, den König Artaxerxes diktierte (sog. „Königsfriede", 386 v. Chr.): Alle Griechenstädte in Kleinasien fielen endgültig an das persische Reich, alle Städte im griechi-

[1]) Säulen, die nach der griechischen Sage Herakles an verschiedenen Randpunkten des Erdkreises aufgerichtet haben soll, vor allem an der Straße von Gibraltar.

schen Mutterland und auf den ägäischen Inseln sollten als selbständig (autonom) anerkannt werden. Nur der Peloponnesische Bund blieb unter Spartas Führung bestehen.

„Artaxerxes, der Großkönig, hält es für gerecht, daß die Städte in Kleinasien ihm gehören und von den Inseln Klazomene und Cypern, daß aber die andern hellenischen Städte, kleine wie große, selbständig sein sollen außer Lemnos, Imbros und Skyros, die wie seit alters den Athenern gehören. Welche von beiden (nämlich von den Griechen Kleinasiens oder des Mutterlandes) diesen Frieden nicht annehmen, die werde ich bekriegen zusammen mit denen, die dasselbe wollen wie ich, sowohl zu Lande wie zu Wasser, mit Schiffen und mit Geld.“ (Aus einem Aktenstück des Perserkönigs.)

Thebens kurze Glanzzeit. Trotz ihres schmählichen Versagens gegenüber den Persern erlaubten sich die Spartaner weiterhin Gewalttaten in Griechenland. Mitten im Frieden besetzten sie die Burg der Stadt Theben in Böotien. Darauf sammelten sich viele freiheitsliebende Thebaner in Athen, zogen nach Theben, erstürmten die Burg und vertrieben die Spartaner aus ihrer Heimat. Unter der Führung Thebens verbündeten sich die Städte Böotiens und wählten den tüchtigen Epaminondas zum Feldherrn des neuen Bundes. Da verlangten die Spartaner die Auflösung des Bündnisses, weil es dem „Königsfrieden“ widerspreche, und rückten mit einem starken Heer erneut in Böotien ein. Sie wurden aber 371 v. Chr. bei Leuktra von Epaminondas vernichtend geschlagen.

371 v. Chr.

Seitdem begann sich der Peloponnesische Bund aufzulösen. Spartas Macht reichte nie mehr über die Peloponnes hinaus. Aber auch Theben besaß nur zehn Jahre die Führung in Griechenland. Nach dem Tode des Epaminondas in einer siegreichen Schlacht fiel Theben in seine alte Machtlosigkeit zurück. Griechenland lag ungeschützt da als Beute für den, der sie holen wollte.

Staatsvertrag von 405 v. Chr. zwischen Athen und Samos über die Verleihung des athenischen Bürgerrechts an die Samier. Über dem Text die Stadtgöttinnen Hera und Athene. Die Bewohner der Insel hatten Athen auch im Unglück die Treue gehalten.

3. Sokrates, der Mahner zur Besinnung

Der neue Geist in Griechenland und die Sophisten. Schon während des Peloponnesischen Krieges hatten in Athen Lehren Anklang gefunden, die sich verhängnisvoll auswirken sollten. Da behauptete einer, daß die Menschen von den Göttern gar nichts wissen könnten. Andere vertraten die Meinung, daß die Götter von schlauen Staatsmännern erfunden seien, um die Menschen in Zucht und Ordnung zu halten. Sitten und Gesetze seien nur Menschenwerk, und man brauche sich deshalb gar nicht um sie zu kümmern. Jeder Mensch habe die volle Freiheit, alles zu tun, was er wolle.

Solche Lehren zerstörten jeden Sinn für Recht und Gerechtigkeit. Die Verkünder dieser Gedanken nannten sich Sophisten (= Lehrer der Weisheit oder des Wissens). Sie verlegten sich vor allem auf die Redekunst und behaupteten, jeder geschickte Redner könne die gleiche Sache beweisen und widerlegen, könne aus Recht Unrecht machen und umgekehrt. Sie lehrten: „Es gibt keine wirkliche Wahrheit, kein wirk-

liches Recht. Strebe stets nach deinem persönlichen Vorteil und verfechte deinen Standpunkt! Was dir nützt, ist auch recht!" Für teures Geld brachten sie den jungen Leuten die Redekunst bei. Aber mit einem Staate, in dem nicht mehr das Wort eines ehrlichen Mannes gilt, sondern Spitzfindigkeiten und Scheingründe den Ausschlag geben, ist es schlecht bestellt. Das mußten auch die Athener bitter erfahren.

Sokrates. Ein bescheidener, aber kluger Mann trat gegen diese Sophisten auf, der Bildhauer Sokrates. Er kannte keine Eitelkeit und keinen Hochmut; er wollte auch nicht den andern vormachen, alles besser zu wissen. Aber er ging den Dingen auf den Grund. Er fragte die Schwätzer und alle, die sich einbildeten, besonders klug zu sein, so lange, bis sie nicht mehr weiter wußten. Dann versuchte er, mit ihnen im Gespräch die Wahrheit zu finden. Denn er war überzeugt, daß es eine Wahrheit gibt, und daß den Menschen eine Stimme im Innern davor warnt, Unrecht zu tun. Auf dem Markt, auf der Straße, im Gymnasium, überall knüpfte Sokrates mit jung und alt Gespräche an, um die Menschen zur richtigen Einsicht und zur Wahrheit zu führen.

Ein reicher junger Athener beklagte sich bei dem Weisen über die Beschwerden einer Reise. „Was hast du getragen?" fragte Sokrates. – „Nur meinen Mantel." – „Und war noch ein Diener bei dir?" – „Gewiß, er war dabei." – „Und was trug dieser?" – „Er hatte meine Decken und das andere Gepäck." – „Wie ist er auf der Reise vorwärtsgekommen?" – „Ach, besser als ich." – „Und wie wäre es dir ergangen, wenn du alles hättest tragen müssen?" – „Ich wäre kaum imstande gewesen, es zu tun." – „Und du schämst dich nicht", sagte Sokrates, „der du gebildet und in der Ringbahn und im Sport geschult bist, weniger zu leisten als ein Sklave?"

Durch solche Fragen brachte der Philosoph die Athener zum Nachdenken und ließ sie selbst finden, was ihre Pflicht, was Liebe, Gerechtigkeit, Tapferkeit sei. Doch lehrte

Linke Seite: Die Philosophen Sokrates und Platon. Links: Römische Kopie nach dem Kopf einer bronzenen Sokratesstatue des Lysipp (um 335 v. Chr.). Der Künstler hat Sokrates so wiedergegeben, wie er in Platons „Gastmahl" beschrieben wird. Das tatsächliche Aussehen des Sokrates kennen wir ebensowenig wie das des Homer (S. 54) oder des Perikles (S. 85). – Rechts: Römische Kopie nach dem Kopf einer bronzenen Sitzfigur des Platon (um 360 v. Chr.). Dies ist das älteste nach dem lebenden Menschen geschaffene Porträt, das uns aus Griechenland bekannt ist.

Rechts: Hermes mit dem kleinen Dionysos. Ein Hauptwerk des attischen Bildhauers Praxiteles (um 350 v. Chr.). Die Statue wurde in Olympia gefunden. Der Götterbote Hermes bringt Dionysos, den Gott des Weins (vgl. S. 60), zu den Menschen. In der fehlenden rechten Hand hielt Hermes eine Traube.

er sie nicht nur mit Worten, sondern suchte ihnen auch durch sein Leben ein Vorbild zu werden. Er war selbst nicht schön, doch er liebte die Schönheit und die Freude, war heiter beim Mahl und beim Trunk in froher Gesellschaft. Er kämpfte mit seinen Schülern in den Kriegen für Athen und war tätig im Gericht und in der Volksversammlung.

Einst wollten die Athener ihre Admirale zum Tode verurteilen, weil sie nach einer Seeschlacht, vom Sturm gehindert, die Schiffbrüchigen nicht gerettet hatten. Aus Angst vor dem Volk stimmten alle Richter dem Todesurteil zu, nur Sokrates beantragte furchtlos die Freisprechung, so laut auch die Menge gegen ihn tobte. Natürlich zog er sich dadurch viele Feinde zu. Aber sein Leben und seine Lehren bezeugten seine Lauterkeit. In welcher Verwirrung muß das athenische Volk nach dem Peloponnesischen Krieg gewesen sein, daß es gerade diesen Mann mit den Sophisten verwechselte und ihn beschuldigte, er leugne die Götter und verderbe die Jugend!

Niemand hat es so treffend ausgesprochen, daß Sokrates das gute Gewissen der Athener sei, wie Alkibiades, der selbst in allem gegen die Lehren des Meisters verstieß: „Wenn ich ihn höre, schlägt mir das Herz stärker, seine Reden pressen mir Tränen hervor. Und ich sehe, daß es vielen andern ebenso ergeht. Wenn ich dagegen Perikles hörte oder andere gute Redner, so hatte ich zwar den Eindruck, daß sie gut sprachen, aber eine solche Wirkung verspürte ich nie. Von diesem aber bin ich so oft bewegt worden, daß ich glaubte, es verlohne sich nicht weiterzuleben, wenn ich so bliebe, wie ich war. Und von ihm allein unter allen Menschen ist mir etwas geworden, was keiner in mir suchen würde: ich schämte mich vor ihm. Vor diesem allein schäme ich mich. Ich weiß wohl, daß ich nicht imstande bin, ihm zu widersprechen, aber ich weiß auch, daß mir immer die Gunst der Menge wichtiger ist, sobald ich von ihm weggegangen bin" (Platon).

Verleumder brachten Sokrates vor Gericht. Er bettelte nicht um sein Leben; stolz hielt er den Richtern entgegen, daß er sein ganzes Leben den Gesetzen des Staates treu gedient habe. Doch die verhetzten Richter verurteilten ihn zum Tode. Sokrates hätte aus dem Gefängnis fliehen können, seine Freunde hatten den Gefängniswärter be-
399 v. Chr. stochen. Aber auch jetzt handelte er nicht gegen die Gesetze. Ruhig trank er den Giftbecher und mahnte noch in der Todesstunde die klagenden Freunde zur Fassung.

Der bedeutendste Schüler des Sokrates, der Philosoph Platon, hat den Tod des Meisters ergreifend geschildert. Platon wußte, daß er nur durch seinen Lehrer Sokrates zur Wahrheit geführt worden war; darum ließ er in seinen Werken auch seine eigenen Erkenntnisse durch den Mund des Sokrates aussprechen.

Wir fassen zusammen:

Noch zur Zeit des Perikles gelang es den Korinthern, Sparta zum Krieg gegen die Athener zu bestimmen. Der Peloponnesische Krieg endete im Jahre 404 v. Chr. mit der Auflösung des Attischen Reiches.

Die Nachfolger des Perikles verleiteten Athen zu gewagten Unternehmungen. Das Unternehmen gegen Sizilien scheiterte. In Verhandlungen mit den Persern gab Alkibiades die Freiheit der kleinasiatischen Griechen preis. Nach der Übergabe der Stadt Athen an die Spartaner war Sparta die alleinige Vormacht in Griechenland.

Die wirklichen Sieger des Krieges waren die Perser; sie spielten jetzt die griechischen Staaten gegeneinander aus. Durch den schmachvollen „Königsfrieden“ von 386 v. Chr. erkaufte sich Sparta noch einmal für kurze Zeit die Vorherrschaft.

Der Sieg der Thebaner unter Epaminondas über die Spartaner bei Leuktra 371 v. Chr. führte zur Auflösung des Peloponnesischen Bundes. Nach dem Tode des Epaminondas brach auch Thebens Macht wieder zusammen.

Mit dem Peloponnesischen Kriege begann der Niedergang des griechischen Staatslebens. Gegen die politische, geistige und sittliche Verblendung des Volkes von Athen trat Sokrates auf. Er bekämpfte den verderblichen Einfluß der Sophisten. 399 v. Chr. ging er für seine Lehre in den Tod. Sein bedeutendster Schüler war Platon.

VII. Das makedonische Weltreich und der Hellenismus

1. Philipp von Makedonien

Makedonen und Griechen. Während sich die griechischen Stadtstaaten in gegenseitigen Kämpfen schwächten, erstarkte im Norden der Balkanhalbinsel ein unverbrauchter Bauernstaat. Die Makedonen waren ein griechischer Stamm, der sich mit Illyrern und Thrakern vermischt hatte. Sie waren Bauern, kannten kaum Städte und hielten noch an der alten Stammesordnung fest. Die Waffenfähigen traten in der Heeresversammlung zusammen und riefen den König aus. Die übrigen Griechen betrachteten die Makedonen als Barbaren und zählten sie nicht zu der Gemeinschaft der hellenischen Völker. Dennoch hatte sich der Makedonenkönig Alexander I. in den Perserkriegen durchaus griechenfreundlich gezeigt. Als er aber nach Olympia kam, um an den Spielen teilzunehmen, wollte man ihn zuerst zurückweisen, weil nur Griechen und keine Barbaren an den Wettkämpfen teilnehmen durften.

Philipps Aufstieg. 359 v. Chr. gewann Philipp in jungen Jahren den makedonischen Thron. Er war ein echter Makedone, tatkräftig und leidenschaftlich, erfüllt von großen Plänen, die er nicht aus den Augen verlor. Als Geisel bei Epaminondas in Theben hatte er wertvolle Erfahrungen gesammelt; dort hatte er die Ohnmacht der griechischen Staaten und den Wert eines schlagkräftigen Heeres kennengelernt. Rasch ordnete er als König die verworrenen Zustände in seinem Lande. Er verpflichtete die adligen Reiter und das Fußvolk der Bauern zu treuer Gefolgschaft gegenüber dem König. Das Fußvolk erhielt lange Lanzen und wurde angeleitet, in lückenlosen, geschlossenen Reihen (Phalanx) vorzurücken. Gegen den starren Wald der Lanzen sollten die Schwerter der Feinde machtlos sein.

Der zum Gedenken an die Schlacht von Chäronea von den Thebanern aufgestellte Löwe (nach 300 v. Chr.)

Philipp wollte Herr von Griechenland werden. Zuerst gewann er für sein Land den Zugang zum Meer. Dann setzte er sich in den Besitz der ergiebigen Goldbergwerke im Norden der Halbinsel Chalkidike. So hatte er die Mittel, eine Flotte zu bauen und sein Heer zu rüsten. Auch konnte er nun, wie ehedem die Perser, mit seinem Gold Freunde in Griechenland gewinnen. Überall in Hellas gab es Männer, die in dem Makedonen den Retter aus der Uneinigkeit begrüßten.

In Athen, das durch Philipp wichtige Gebiete verloren hatte, waren die Gegensätze der Meinungen groß. Der Redner Isokrates wollte den Makedonenkönig an der Spitze des geeinten Griechenlands im Kampfe gegen die Perser sehen. Ganz anders Demosthenes, der glänzendste Redner Athens. Er dachte an die ruhmvolle Geschichte der Stadt. Für ihn blieb Philipp der fremde Barbar, und der Gedanke war ihm unerträglich, daß der Makedonenkönig Athen beherrschen sollte. Es gelang ihm, Theben mit Athen gegen Philipp zu verbünden. Aber in der Ebene von Chäronea unterlagen die verbündeten Städte dem Makedonenheer (338 v. Chr.). **338 v. Chr.**

Der kluge König schonte durch günstige Friedensbedingungen die Freiheitsliebe der Athener. Auf seine Veranlassung schlossen sich dann die griechischen Staaten in Korinth zu einem Hellenenbunde zusammen, an dessen Spitze er selbst trat. Die Bundesgenossen blieben im Innern frei und waren dem Makedonenkönig nur zur Heeresfolge verpflichtet. Als Ziel des neuen Bundes verkündete Philipp den Rachezug gegen die Perser und die Befreiung der kleinasiatischen Griechen. Da wurde er 336 v. Chr. im Alter von 47 Jahren von einem persönlichen Feind aus makedonischem Adel ermordet.

2. Das Weltreich Alexanders des Großen

Der junge Alexander. In der Schlacht bei Chäronea hatte der Sohn Philipps, der achtzehnjährige Alexander, die makedonische Reiterei gegen die „Heilige Schar“ der Thebaner geführt und durch seine stürmische Tapferkeit die Entscheidung erzwungen. Eine unbändige Tatkraft erfüllte ihn und der Ehrgeiz, berühmter als der Sagenheld Achill zu werden. Sein Vater hatte ihm einst geraten: „Suche dir ein anderes Reich, mein Sohn, Makedonien ist für dich zu klein!“ Der gelehrteste Grieche der Zeit, Aristoteles, ein Schüler Platons, hatte den Knaben auf die Aufgaben

Links: Münze mit dem Bild Alexanders des Großen als Zeus Ammon (um 300 v. Chr.)

Rechte Seite oben: Die Alexanderschlacht. Mosaik aus einem Haus in Pompeji (vgl. S. 162). Als Vorbild des Mosaiks diente sehr wahrscheinlich ein griechisches Gemälde aus dem späten 4. Jahrhundert. Der hier wiedergegebene Bildausschnitt zeigt den vor Alexander d. Gr. flüchtenden persischen Großkönig Dareios. Der Wagenlenker hinter ihm reißt den Streitwagen herum und treibt die Pferde mit der Peitsche an, um Dareios vor der anstürmenden griechischen Reiterei zu retten. Der Großkönig sieht entsetzt zum Führer seiner Leibgarde zurück, der, von Alexanders Speer durchbohrt, von dem gestürzten Pferd sinkt. – Unten: Im 4. Jahrhundert errichteten die Griechen erstmals wieder seit der mykenischen Zeit Rundbauten, so den hier abgebildeten Rundtempel in Delphi.

eines Königs vorbereitet und ihn zur Ehrfurcht vor griechischer Kunst und Wissenschaft erzogen.

336 bis 323 v. Chr.

Die Sicherung des Erbes. Alexander ließ sich nach der Ermordung des Vaters von der makedonischen Heeresversammlung als König anerkennen (336 v. Chr.). Rücksichtslos beseitigte er die männlichen Angehörigen seiner Familie, die ihm als Thronanwärter hätten gefährlich werden können. Auf einer Tagung des Hellenischen Bundes in Korinth wurde er wie einst sein Vater zum „unumschränkten Oberfeldherrn" des Rachekrieges gegen die Perser ernannt. Noch einmal erhoben sich Theben und Athen, wo der alte Makedonenfeind Demosthenes mit persischem Gold gewirkt hatte, gegen die makedonische Vorherrschaft. Blitzschnell erschien Alexanders Heer vor Theben, eroberte und zerstörte die Stadt. Nur das Haus des Dichters Pindar blieb auf ausdrücklichen Befehl des Königs erhalten. Athen unterwarf sich und wurde geschont.

Die Eroberung des Weltreiches. Ohne von der persischen Flotte gehindert zu werden, führte Alexander im Jahre 334 v. Chr. sein Heer über den Hellespont. An der ehrwürdigen Stätte Trojas opferte der junge König den Göttern und ehrte das Grab seines Vorbildes Achill. Der Satrap Kleinasiens stellte sich ihm am östlichen Ufer des Granikos entgegen. Durch überraschenden Angriff mitten aus dem Anmarsch heraus vernichtete Alexander das feindliche Heer. Hierauf sicherte er sich die Küstenprovinzen und Hafenstädte Kleinasiens, um der persischen Flotte die Stützpunkte zu rauben.

Den Winter 334/33 verbrachte Alexander in der alten phrygischen Königsstadt Gordion. Hier zeigten ihm die Priester im Tempel einen alten Kriegswagen, dessen Deichsel durch einen besonders kunstvollen Knoten mit dem Joch verbunden war. Man erzählte, wer den Knoten löse, der werde Herr über ganz Asien sein. Niemals war es einem Menschen gelungen, diesen „Gordischen Knoten" zu entwirren. Kurz entschlossen zog der Makedonenkönig sein Schwert und hieb den Schicksalsknoten entzwei.

Im Frühjahr führte Alexander sein Heer über den Taurus an die Küste Syriens. Aber auch der Perserkönig, der wie sein Ahnherr Dareios hieß, rückte mit einem starken Heer aus Babylonien bei Issos bis an die Küste vor und bedrohte das Makedonenheer im Rücken. Alexander machte kehrt und vernichtete in hartem Ringen die persi-

sche Streitmacht (333 v. Chr.). Dareios floh und ließ seinen Hofstaat mit Mutter, Frau und Kindern in der Hand des Siegers.

Nach diesem Sieg zog das makedonisch-griechische Heer weiter nach Süden. Die phönikischen Küstenstädte wurden erobert. Nun lag Ägypten offen vor den Siegern. Mit Jubel begrüßten die Ägypter Alexander als Befreier von den Persern. Staunend standen die Makedonen vor den Pyramiden, den Grabstätten der Pharaonen. Im Nildelta ließ der siegreiche König die Stadt Alexandria erbauen. In einem entbehrungsreichen Zug führte er sein Heer durch die Wüste zu dem Heiligtum des Zeus Ammon in der Oase Siwa und wurde von den Priestern des Orakels als Sohn des Gottes Ammon begrüßt.

Der entscheidende Kampf gegen den Perserkönig stand noch aus. Von Ägypten zog Alexander mit seinem Heer nach Mesopotamien, überschritt den Euphrat und den Tigris. Unweit von Ninive, bei Gaugamela, kam es 331 zur letzten Schlacht gegen Dareios. Wieder gelang es dem Großkönig zu fliehen. Die persischen Königsstädte Babylon, Susa und Persepolis wurden genommen; der königliche Palast in Persepolis wurde verbrannt, damit die Rache für die Verwüstung Athens und der Akropolis sich erfülle. Der Rachezug der Griechen war hiermit beendet, und Alexander entließ die Truppen des hellenischen Bundes in ihre Heimat. Der Makedonenkönig verfolgte den flüchtigen Dareios weiter bis hinauf in den gebirgsreichen Nordosten Persiens. Hier suchte dieser Zuflucht. Doch ließ ihn sein eigener Statthalter gefangennehmen und ermorden. Erschüttert stand Alexander vor der Leiche des Großkönigs, den er mit fürstlichen Ehren beisetzen ließ. Der treulose Statthalter wurde gefangen und hingerichtet.

Der Zug nach Indien. Der Eroberungswille trieb Alexander bis in die entferntesten Provinzen des Perserreiches. Im Norden des Hindukusch, am Jaxartes (heute Syr, Zufluß zum Aralsee), gründete er die „äußerste Alexanderstadt". Dort blickte er nach Norden in weite, kulturlose Steppen; sie schienen ihm der Eroberung nicht wert, andere Pläne lockten ihn. Über diese ruhelosen Pläne begannen sogar die zähen Makedonen manchmal zu murren, wenn sie an die ferne Heimat dachten.

Alexander zog es nach Indien, das den Griechen als ein Wunderland erschien. Durch das heutige Afghanistan führte er sein Heer an den Indus. Im Fünfstromland erwartete ihn König Poros mit seinem Heer. Alexander selbst war überrascht, als er die riesigen Kriegselefanten erblickte. Auf ihren Rücken trugen sie Bogenschützen und Speerwerfer, die die Eindringlinge mit einem wahren Geschoßregen überschütteten. Und doch besiegte Alexander auch diesen Gegner (326 v. Chr.).

Jetzt aber mußte er die Grenzen seiner Macht erkennen. Seine erschöpften Soldaten meuterten und erzwangen den Rückmarsch. Eine an Ort und Stelle erbaute Flotte erhielt den Auftrag, von der Indusmündung aus den Seeweg nach Susa zu finden. Wohlbehalten erreichte sie nach Monaten ihr Ziel. Alexander selbst führte seine Soldaten durch die Wüsten von Belutschistan zurück. Drei Viertel des Heeres gingen zugrunde. Allein die Willenskraft des Königs trieb die Ermatteten vorwärts. Im Frühjahr 324 traf endlich der Rest des Heeres in Susa ein.

Alexanders Friedenstätigkeit. Auf allen Zügen begleitete den König ein Stab von Gelehrten, die die Pflanzen- und Tierwelt der bisher von Griechen nie gesehenen Länder durchforschten. Die Marschwege des Heeres ließ Alexander vermessen und aufzeichnen, die Bodenschätze neu gewonnener Gebiete untersuchen. Forschungsexpeditionen zur See und zu Land sollten die geographischen Kenntnisse der Zeit erweitern. Die Aufzeichnungen der Forscher machte der Makedonenkönig im Archiv zu Babylon, der Hauptstadt seines Weltreiches, der Wissenschaft zugänglich.

Längsseite des sogenannten Alexandersarkophags aus Sidon mit der Darstellung einer Löwenjagd (um 310 v. Chr.). Auf der anderen Längsseite ist die Alexanderschlacht dargestellt. Die Figuren des Reliefs sind bunt bemalt. Vgl. dazu die assyrische Behandlung desselben Themas (S. 38).

Alexander gründete zahlreiche Städte von Ägypten bis Indien und bevölkerte sie mit Griechen. Auf den neuen Straßen, die er durch das ganze Reich bauen ließ, drangen griechische Kaufleute und mit ihnen griechische Kunst, Wissenschaft und Religion bis in die fernsten Gegenden vor. Die griechische Sprache wurde Weltsprache.

Als Alexander daranging, die eroberten Länder im Innern zu ordnen, mußte er bald erkennen, daß es nicht leicht war, die verschiedenartigen Völker seines Riesenreiches zu regieren. Er brauchte ein starkes, zuverlässiges Heer und treue, ergebene Beamte. Makedonen und Griechen schienen ihm für diese Aufgabe nicht auszureichen; darum wollte er die Makedonen mit den Persern verschmelzen. Gleich nach der Rückkehr aus Indien feierte er in Susa ein prunkvolles Hochzeitsfest. Alexander selbst und achtzig makedonische Große heirateten persische Frauen. 10000 Soldaten folgten dem Beispiel. Aber viele stolze Makedonen grollten heimlich ihrem König, weil er persische Kleidung trug, sich durch Kniefall begrüßen ließ wie einst die Großkönige und auch von den Griechen als Gott geehrt werden wollte. Bei der Entlassung von 10000 Makedonen in die Heimat kam es zu einer Meuterei. Durch unerbittliche Strenge und durch die Macht seiner Rede brachte der König die Empörer dazu, ihn um Verzeihung zu bitten.

Die Persönlichkeit Alexanders. Der Vater Philipp hatte den jungen Alexander oftmals gemahnt: „Befolge die Lehren des weisen Aristoteles; du wirst dann vieles nicht tun, das ich heute bereue." Wilder, leidenschaftlicher Zorn konnte aus Alexander hervorbrechen: so erstach er in trunkener Raserei sogar einen Freund, der ihm in der Schlacht das Leben gerettet hatte. Drei Tage trauerte er zurückgezogen über die entsetzliche Tat. „Reue über Fehltritte, die er getan, war vor allen Königen des Altertums, soviel ich weiß, besonders Alexander eigen, dank des ihm angeborenen Adels", stellte ein Geschichtsschreiber fest.

Als König bemühte sich Alexander darum, seinen Makedonen ein Vorbild zu sein. Er verstand es, durch liebenswürdiges und ritterliches Auftreten Menschen für sich zu gewinnen. Durch Mut und Tapferkeit in der Schlacht imponierte er seinen Soldaten, die ihn abgöttisch verehrten. Nach den Anstrengungen des Kampfes zeigte er keine Müdigkeit; er selbst kümmerte sich um Verwundete und gab Anordnungen für ihre Pflege. Auch in kritischen Lagen behielt der König einen kühlen Kopf. Er hatte ein sicheres Gespür für die Auswahl der richtigen Leute und für die Wahl des rechten Zeitpunkts.

Mit seinen Heeren unterwarf Alexander einen großen Teil der damals bekannten Welt. Aber seine immer weiter gespannten Pläne blieben den Makedonen und Griechen unverständlich. „Was nützt es, die ganze Welt zu erobern und dabei die eigene Heimat und das eigene Volk zu vergessen?", dachten viele Makedonen. „Er ist nichts als der größte Tyrann, den es je gegeben hat; er regiert wie ein Gewaltherrscher und nimmt uns die Freiheit!", sagten viele Griechen. Der Weltbeherrscher stand mit seinen Plänen allein; auch sein Lehrer Aristoteles, der ihm einst den Blick für die weite Welt geöffnet hatte, verstand ihn nicht mehr.

Letzte Pläne und Tod. Aufzeichnungen, die im Archiv zu Babylon gefunden wurden, enthüllen uns die letzten großen Pläne des rastlosen Königs. Karthago und ganz Nordafrika sollten unterworfen, Sizilien dem Reiche angegliedert werden. Als aber Alexander gerade mit Vorbereitungen zu einer Schiffsexpedition seines Admirals Nearch an die arabischen Küsten beschäftigt war, warf ihn ein Fieber aufs Krankenlager, von
323 v. Chr. dem er sich nicht mehr erhob (323 v. Chr.). Mann für Mann zogen die makedonischen Krieger zum Abschied an dem sterbenden König vorbei.

3. Die Zeit des Hellenismus

Die Reiche der Diadochen. Als Alexander so plötzlich starb, war kein regierungsfähiger Thronerbe da. Viele Jahre kämpften makedonische Feldherrn und Statthalter erbittert um die Macht im Reiche. Die ganze Familie Alexanders wurde ermordet. Es entstanden drei große Teilreiche, deren Herrscher die Königswürde annahmen und als Diadochen, d.h. Nachfolger, bezeichnet werden. Seleukos erhielt den größten Teil des Alexanderreiches, nämlich das Gebiet von Syrien bis zum Indus. Er machte Antiochia zur Hauptstadt. Ptolemaios sicherte sich das reiche Ägypten, das er von Alexandrien aus beherrschte. Etwas später gewann Antigonos Gonatas Makedonien mit der Herrschaft über Griechenland. Außerdem bildeten sich in Kleinasien noch die kleineren Königreiche von Pontos (am Schwarzen Meer) und Pergamon. Rhodos wurde eine selbständige Handelsrepublik.

Die Könige der Diadochenreiche regierten als unumschränkte Herrscher. Das Griechische blieb auch in Ägypten und im Seleukidenreich Sprache des Hofes, der Verwaltung und der Gebildeten. Hier nahmen die Könige ihre Beamten meist aus einer kleinen griechisch-makedonischen Herrenschicht und stützten ihre Macht auf Söldnerheere. Die Herrscherhäuser der Seleukiden, Ptolemäer und Antigoniden wurden erst von den Römern gestürzt. Allerdings hatte vor allem das Seleukidenreich schon vorher große Gebietsverluste erlitten. Im Südosten des Kaspischen Meeres schob sich das iranische Reitervolk der Parther in das Seleukidenreich vor. Bis weit in die römische Kaiserzeit hinein bedrohten die kampftüchtigen Parther das Kulturland um Euphrat und Tigris.

Münzbilder von zwei Diadochen. Links: Seleukos mit einem Helm aus Leopardenfell. – Rechts: Der ägyptische Herrscher Ptolemaios mit Königsbinde

Das neue Zeitalter des Griechentums. Alexander der Große hat für die Griechen eine neue Zeit heraufgeführt, er hat ihnen den Orient bis nach Indien hin geöffnet. Vor den makedonischen Eroberungszügen waren Griechen in alle Welt als Söldner hinausgezogen, weil das Mutterland durch Übervölkerung zu eng geworden war. Jetzt strömten sie als Kaufleute, Schiffer, Bauern, Handwerker oder Arbeiter in die Reiche der Diadochen und trugen griechische Sprache und Sitte in den Orient und nach Nordafrika. Man nennt diese Zeit des Weltgriechentums das Zeitalter des Hellenismus. Auch die Teilreiche der Diadochen blieben noch Großreiche; in ihnen konnte sich nun die Tatkraft und Regsamkeit der Griechen auswirken. Handel und Verkehr, Technik und Gewerbe, aber auch die Wissenschaft gewannen im 3. Jahrhundert v. Chr. eine erstaunliche Höhe.

Neue Weltstädte. Auch die Nachfolger Alexanders gründeten neue Städte. Nach einem großzügigen Plane wurden sie in kurzer Zeit aufgebaut. Die breiten, geräumigen Straßen kreuzten sich rechtwinklig; die Hauptstraßen waren prächtige Alleen, die die Stadttore miteinander verbanden. Markthallen, Gymnasien und Bäder, Tempel und Theater fehlten nirgends. Ein eigener Stadtteil war für den Königspalast bestimmt; an ihn schlossen sich oft die Kasernen für die Söldnertruppen an. Wasserleitungen sorgten für gesundes Wasser. Sorgfältig wurde auf die Ordnung und Sauberkeit in der Stadt geachtet. In der Stadt Pergamon wurde durch strenge Polizeigesetze genau bestimmt, wie breit die Straßen und Wege sein mußten, wie sie gereinigt und erhalten werden sollten. Es war verboten, das „Vieh am öffentlichen Brunnen zu tränken, dort Kleider zu waschen und Geschirr zu spülen". Wer den Verunreiniger eines Brunnens anzeigte, erhielt als Belohnung die Hälfte der von der Polizei erhobenen Geldstrafe. Sogar die Wasserbehälter in den Privathäusern wurden von der Polizei beaufsichtigt.

Alexandria in Ägypten überragte mit seiner halben Million Einwohner alle anderen Städte. Über die dortigen Verhältnisse zur Zeit des Hellenismus sind wir besonders gut unterrichtet. In dem trockenen Sand haben sich beschriebene Tonscherben, Briefe an Privatpersonen, Akten und Rechnungen auf Papyrus erhalten, die von dem Glück und Unglück der Menschen jener Zeit erzählen: Da schließt ein Vater einen

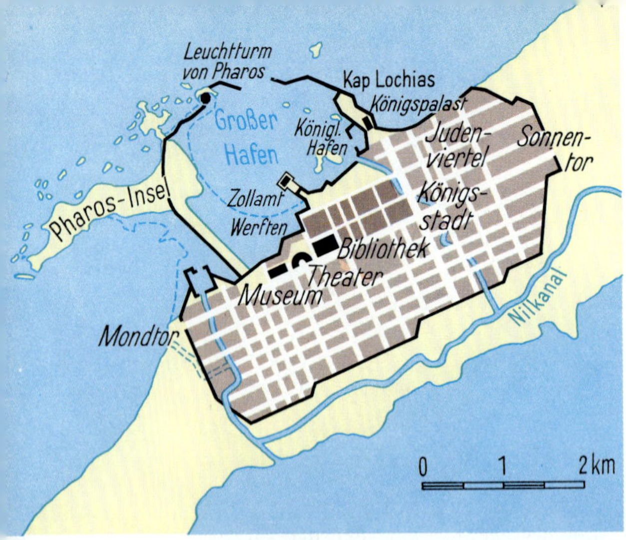

Stadtplan von Alexandria

Vertrag mit einem Handwerker über die Lehrzeit seines Sohnes ab, dort teilt ein Arbeiter seiner Frau mit, daß er noch länger in Alexandria zu tun habe, hier klagt eine Mutter um ihr gestorbenes Kind, und beim Orakel fragt ein junger Mann an, ob es ihm vergönnt sein werde, seine Braut heimzuführen.

Ein Kanal führte vom Nil zum Roten Meer, eine Karawanenstraße nach Arabien. An dem weltberühmten Leuchtturm auf der Insel Pharos vorbei fuhren die Schiffe aus dem Hafen Alexandrias nach allen bekannten Gegenden der damaligen Welt. Sie holten aus Indien Erze und Elfenbein, Perlen und Edelsteine, Gewürze, Salben und sogar Seide, die aus China durch Handel nach Indien gelangt war. Aus Südafrika und Arabien wurden wichtige Rohstoffe herangeschafft, die die Ägypter verarbeiteten und dann wieder ausführten. Aus dem Lande selbst gingen Erzeugnisse wie Leinwand, Papier, Glas und vor allem Getreide in alle Welt hinaus. Wie in einer modernen Stadt pflegte man schon den bargeldlosen Geldverkehr, und es gab zahlreiche Banken. Der größte Unternehmer war in Ägypten der König selbst. Er hatte sich ein Vorrecht (Monopol) auf die wichtigsten Industriezweige vorbehalten. Papier, Leinwand, Öl und Bier durften nur in königlichen Betrieben hergestellt werden. Ebenso verfügte der König über die Banken und den Getreidehandel.

Alexandrinische Wissenschaft. Aristoteles und Alexander verdankt die Menschheit eine große Zeit der Forschungen und Entdeckungen. Aristoteles hatte seine Schüler angeleitet, die Erde, die Natur, Pflanzen und Tiere, die Menschen und die Staaten genau zu beobachten und zu erforschen. Alexander war selbst ein leidenschaftlicher Entdecker und hat den Griechen einen weiten Raum erschlossen, in dem sie forschen und neues Wissen erwerben konnten (vgl. S. 102).

Auch die ersten Ptolemäer haben die Wissenschaft sehr gefördert. In Alexandria entstand eine große Forschungsstätte für Gelehrte, die durch reiche königliche Stiftungen erhalten wurde, das Museion (Museum). Ihm war eine Bibliothek angegliedert, die wohl 500000 wertvolle Bücherrollen zählte. Ein zoologischer Garten zeigte seltene Tiere, für die Astronomen gab es eine Sternwarte, die Ärzte konnten an Leichen den Bau des menschlichen Körpers erforschen.

In Alexandria lehrte der berühmte Mathematiker Euklid, der ein Lehrbuch der Mathematik verfaßte, das bis heute von grundlegender Bedeutung geblieben ist. Auch der Mathematiker Archimedes von Syrakus wirkte längere Zeit in Alexandria. Die Ergebnisse seiner Forschungen hat erst die moderne Wissenschaft voll ausgewertet.

Ein Gelehrter, der im Museion tätig war, hat damals schon die Ansicht vertreten, daß die Erde eine Kugel sei und daß Erde und Planeten sich um die Sonne drehen. Andere Gelehrte sammelten und erklärten die Werke der griechischen Literatur. Dadurch wurden die griechischen Dichter, Geschichtsschreiber und Philosophen weit über Griechenland hinaus bekannt. Jüdische Gelehrte übersetzten das Alte Testament ins Griechische (Septuaginta).

Denkmäler hellenistischer Zeit. Phidias schuf seine Werke, die Götterbilder und Tempel der Akropolis, für das Volk von Athen. Die Künstler späterer Zeiten arbeiteten für Herrscher, die der Welt zeigen wollten, daß sie reich und mächtig waren. Darum ließen sie die Tempel prunkvoll und mit mächtigen Ausmaßen bauen. In Pergamon haben deutsche Gelehrte im 19. Jahrhundert den Zeusaltar ausgegraben und nach Berlin gebracht. Ihn hatte ein pergamenischer König errichten lassen zur Erinnerung an seinen Sieg über die Galater (Kelten), die in Kleinasien eingefallen waren (vgl. S. 18). Der Fries des Altars zeigt den Kampf des Götterkönigs Zeus mit den Giganten, den Söhnen der Erde und des Himmels. Auch in Pergamon gründeten die Könige eine große Bibliothek. Als die eifersüchtigen Ptolemäer ihnen die Papyruszufuhr sperrten, erfand man in Pergamon ein neues Schreibmaterial aus Schaf- oder Ziegenleder, das „Pergament".

Zu den Weltwundern des Altertums zählte man das Grabmal des Mausolos (Mausoleum) in Halikarnaß und die 33 m hohe Riesenfigur des Sonnengottes am Hafeneingang von Rhodos, den berühmten Koloß, beides Werke der hellenistischen Zeit. Damals wurden auch große Gruppenbildwerke Mode. Künstler aus Rhodos schufen die Laokoongruppe, die heute zu den wertvollsten Schätzen des Vatikanischen Museums in Rom gehört. Die Bildhauer haben für ihre Darstellung den Augenblick höchster Qual gewählt: Der Apollopriester Laokoon wird zusammen mit seinen beiden Söhnen von Schlangen erwürgt. Entsetzen und Pein malen sich auf den Gesichtern des Vaters und der Söhne. Mit großer Kunst ist das aussichtslose Ringen der menschlichen Körper mit den Schlangenleibern dargestellt.

Athen und das hellenistische Weltbürgertum. Unter den Großreichen des Hellenismus konnte Athen keine Rolle mehr spielen. Reichtum und Macht waren geschwunden. Aber die Stadt, in der Platon und Aristoteles gelehrt hatten, zog noch durch Jahrhunderte die Jünger der Philosophie an. Um 300 v. Chr. begründete Zenon die Lehre der Stoá (= Halle). Zenon lehrte in der „Bunten Halle" am Markte in Athen; seine Anhänger hießen Stoiker. Die Stoiker betrachteten alle Menschen als Brüder, weil die Seele „göttlichen Geschlechts" sei. Darum verwarfen sie die Sklaverei und stellten die Frau dem Manne gleichberechtigt zur Seite. Zenon selbst hat das Ideal eines Weltstaates entworfen. Der kleine Stadtstaat, den noch Aristoteles als vor-

Rekonstruktion des Leuchtturms auf der Insel Pharos (vgl. S. 106), der als eines der sieben Weltwunder galt. Die Höhe des 280 v. Chr. erbauten Leuchtturms ist umstritten (130 oder sogar 180 m). Sein Feuer war 57 km weit sichtbar. In der Zeit der Kreuzzüge (um 1100 n. Chr.) stürzte das Bauwerk durch ein Erdbeben zusammen.

Oben: Der Zeusaltar von Pergamon (um 180 v. Chr.), der sich jetzt im Pergamonmuseum in Berlin befindet (vgl. S. 107). Unten: Die Athenegruppe aus dem Relief am Pergamonaltar. Athene reißt einen geflügelten Riesen an den Haaren mit. Seine Mutter, die Göttin der Fruchtbarkeit, steigt aus der Erde auf und fleht um ihren Sohn.– Rechte Seite: Die um 30 v. Chr. geschaffene Laokoongruppe (vgl. S. 107)

Rekonstruktion des Mausoleums von Halikarnaß, das im 4. Jahrhundert errichtet wurde. Die Grundform des Mausoleums bildet der griechische Tempel mit jonischen Säulen. Der hohe Sockel, auf dem der Tempel errichtet ist, erinnert aber auch an ägyptische Grabbauten (Pyramiden). Im griechischen Tempel hatte man den Gott verehrt; das Mausoleum dagegen wurde wie die Pyramiden Ägyptens zu Ehren der Herrscherpersönlichkeit errichtet (vgl. S. 107). Mausolos war persischer Satrap von Karien. Die Grabkammer befand sich im Sockel des fast 50 m hohen Denkmals. Die 24 Stufen des Daches wurden von einer Quadriga (Viergespann) mit den Kolossalstatuen des Mausolos und seiner Gemahlin Artemisia gekrönt.

bildliche Form des Staates angesehen hatte, bedeutete für ihn nichts mehr. In aller Welt lebten jetzt Griechen, und überall verstanden die Gebildeten die griechische Weltsprache. Große, alte Kulturen lernten die Griechen kennen und achten. Darum schien es ihnen nicht mehr gerecht, die Menschen nach Barbaren und Hellenen zu trennen. So vertraten die Stoiker zum ersten Male die Auffassung, daß es eine Menschheit gebe, in der jeder seine eigene Würde und einen eigenen Wert besitze; sie betrachteten sich als Weltbürger. Über Jahrhunderte hin hat die stoische Lehre gewirkt. Vornehme Gestalten der römischen Geschichte wurden ihre Anhänger.

Wir fassen zusammen:

Nach dem Siege über Theben und Athen bei Chäronea (338 v. Chr.) erzwang Philipp von Makedonien die Einigung der meisten Griechen. Alexander der Große (336–323 v. Chr.) führte den geplanten Rachezug seines Vaters gegen die Perser durch und eroberte das gesamte Perserreich bis Indien.

Die drei größten Nachfolgestaaten des Alexanderreiches waren Ägypten unter der Herrschaft der Ptolemäer, das Seleukidenreich von Syrien bis zum Indus und das Reich der Antigoniden, das Makedonien und Griechenland umfaßte. Die Könige dieser Reiche werden als Diadochen bezeichnet.

In der Zeit des Hellenismus drang die griechische Kultur in die orientalischen Reiche ein. Alexandria und Pergamon waren Mittelpunkte griechischer Gelehrsamkeit.

VIERTES KAPITEL

Das Römerreich

I. Das alte Rom

1. Die Anfänge einer Weltmacht

Die Italiker. Auch in die Apenninhalbinsel waren während des 2. Jahrtausends indoeuropäische Stämme eingedrungen (vgl. S. 14). Die meisten von ihnen kamen um 1200 v. Chr. Wir fassen diese Stämme heute unter dem Namen Italiker zusammen. Große geschichtliche Bedeutung gewann der italische Stamm der Latiner; denn in seinem Gebiet, in Latium, entwickelte sich die Stadt Rom.

25 km vom Meer entfernt führte eine uralte Handelsstraße über den Tiber; dort setzten sich um 1000 v. Chr. latinische Bauern und Hirten auf einem Hügel, dem Palatin, fest. Aber auch andere Italiker ließen sich von der günstigen Stelle anlocken; etwas später besiedelten Sabiner einen dem Palatin gegenüberliegenden Hügel, den Quirinal (vgl. Karte S. 118). Von diesen ältesten Siedlungen und von der Gründung Roms (753 v. Chr.) berichtet die Sage.

753 v. Chr.

Die Stadt der Könige. Der Held Äneas war aus Troja, das die Achäer erobert hatten, geflohen und nach mancherlei kühnen Abenteuern an der Küste Latiums gelandet. Sein Sohn Julus gründete am Rande der Albanerberge die Stadt Alba Longa und herrschte hier als König. Er war der Ahnherr der Königstochter Rhea Silvia, mit der sich der Kriegsgott Mars heimlich vermählte. Sie gebar ihm die Zwillinge Romulus und Remus. Aber ihr Oheim wollte den eigenen Söhnen die Herrschaft sichern und ließ die Zwillinge in einem Korb auf dem Tiber aussetzen. Durch einen glücklichen Zufall wurde dieser am Palatin angeschwemmt und von den Wurzeln eines Feigenbaumes festgehalten. Eine Wölfin fand die Kinder und nährte sie. Schließlich nahm sie ein Hirt zu sich und sorgte für sie. Als die Brüder groß geworden waren, gründeten sie an der Stelle, an der sie die Wölfin einst gerettet hatte, eine Stadt. Es entstanden bescheidene Häuser, die mit einer Mauer umgeben wurden. Remus aber lachte über die neuerstellte „Stadtmauer", denn sie war ihm viel zu niedrig. Zornig über diese Schmähung stürzte sich Romulus auf den höhnenden Bruder und erschlug ihn. Jetzt war er der alleinige Herr über die neue Stadt und gab ihr den Namen Rom.

Um die Stadt schnell zu bevölkern, nahm Romulus Abenteurer, Verfolgte und Heimatlose auf. Aber es fehlten die Frauen, denn die Nachbarn der Römer wollten ihre Töchter nicht mit diesen rauhen Gesellen verheiraten. Da griff Romulus zu einer List. Er ließ die benachbarten Sabiner samt ihren Frauen und Töchtern zu Festspielen einladen. Während des Festes raubten die Römer auf ein verabredetes Zeichen die sabinischen Jungfrauen und schleppten sie

Die Völker Italiens um 500 v. Chr.

Bronzestatue der römischen Wölfin (etruskische Arbeit um 500 v. Chr.)

weg. Als sich dann nach einiger Zeit die Heere der Sabiner und Römer zum Kampf gerüstet gegenüberstanden, warfen sich die geraubten Sabinerinnen zwischen die Gegner und stifteten Frieden. Römer und Sabiner schlossen sich darauf sogar zu einem Volke zusammen. Nach einer langen glücklichen Regierung wurde Romulus unter die Götter versetzt.

Nach Romulus sollen noch sechs Könige in Rom geherrscht haben. Der letzte König, Tarquinius der Stolze, war ein Etrusker.

Die Etrusker. Das Seefahrervolk der Etrusker ist wahrscheinlich aus Kleinasien oder aus dem Gebiet der ägäischen Inseln nach Italien gekommen (vor 850 v. Chr.). Die Etrusker setzten sich an der Küste der Toscana fest und dehnten ihre Macht nach allen Richtungen aus. Als Seeräuber waren sie sehr gefürchtet; ihre Schiffe beherrschten den Teil des Mittelmeeres, der nach ihnen Tyrrhenisches Meer heißt (Tyrrhener = griechische Bezeichnung der Etrusker). Die Etrusker waren gewohnt, in Städten zu leben. Deshalb bauten sie auch in den neu gewonnenen Gebieten feste Städte. Das um die Städte liegende Land hielten sie in Knechtschaft.

Auch in Rom setzten sich etruskische Adelsgeschlechter fest. Erst sie machten aus der Ansiedlung eine wirkliche Stadt. Sie entwässerten das Sumpfgebiet in der Senke nördlich des Palatin durch große unterirdische Abzugskanäle (cloaca maxima). Dort legten sie dann als Mittelpunkt der Stadt den Marktplatz, das Forum, an. Sie bestimmten das Kapitol, einen der sieben Hügel Roms, zum heiligen Götterberg; hier bauten sie die ältesten Tempel der Stadt (vgl. Karte S. 118).

Rechte Seite oben: Tanzender Zecher und Musikanten. Wandmalerei in einem etruskischen Grab bei Tarquinii (5. Jh. v. Chr.). – Unten: Etruskische Grabkammer in Caere (vermutlich 5. Jh. v. Chr.). Wände und Pfeiler sind mit Reliefs geschmückt, die Geräte für den täglichen Gebrauch, Waffen und Tiere darstellen.

um 500 v. Chr.

Die altrömische Adelsrepublik. Die Sage berichtet von vielen Gewalttaten des despotischen Etruskerkönigs Tarquinius und seiner Söhne in Rom. Um 500 v. Chr. vertrieben die römischen Adelsgeschlechter die Tarquinier aus ihrer Stadt. Nie mehr wollten sie einen König über sich dulden.

Trotz der Etruskerherrschaft war Rom eine latinische Stadt geblieben. Die Römer nannten ihren kleinen Staat eine Republik, d. h. die Herrschaft war nun eine Angelegenheit des Volkes (res publica), nicht mehr eines einzelnen Königs. Von jetzt an regierten die adligen Geschlechter; nur sie betrachteten sich ursprünglich als die Vertreter der römischen Bürgergemeinde, des „populus Romanus". Sie konnten ihre Abstammung auf edle Ahnen (patres) zurückführen, darum nannten sie sich stolz Patrizier. Sie betrachteten die kleinen Bauern auf dem Lande, die Kaufleute und die Handwerker in der Stadt als unedle Masse (plebs) und bezeichneten deren Angehörige als Plebejer. Diese besaßen zwar die persönliche Freiheit, hatten aber keine politischen Rechte. Streng hielten sich die Patrizier von den Plebejern getrennt. Sie duldeten keine Heirat zwischen beiden Ständen und behielten sich alle Staatsämter und Priesterwürden vor. Wollte ein Plebejer sicher leben, mußte er sich unter den Schutz eines patrizischen Geschlechtsoberhauptes stellen. So sammelte jeder mächtige Patrizier als Schutzherr (patronus) eine zahlreiche Gefolgschaft von Schützlingen (clientes) um sich.

Die Amtsgewalt des Königs übernahmen in der Republik zwei gewählte Beamte, die Konsuln. Ihnen stand, wie einst den etruskischen Königen, ein prunkvoller Thronsessel zu; zwölf Amtsdiener, Liktoren, begleiteten sie, wenn sie als Richter oder Heerführer auftraten. Die Liktoren trugen Rutenbündel, aus denen ein doppelschneidiges Beil herausragte. Diese Zeichen deuteten an, daß die Konsuln das Recht hatten, zu strafen und zum Tode zu verurteilen. Doch durften sie nur ein Jahr im Amte bleiben und mußten darüber Rechenschaft ablegen. Auch konnte jeder Konsul durch

Linke Seite: Die römische Baukunst wurde von der etruskischen Architektur stark beeinflußt. Aus dem Osten hatten die Etrusker die Kenntnis vom Bau „echter" Gewölbe mitgebracht. Beim Gewölbebau dieser Art werden die beiden Hälften des Gewölbes durch einen „Schlußstein" verspannt. Nebenstehend die gewaltige Porta Augusta in Perugia, deren untere Teile aus etruskischer Zeit um 600 v. Chr. stammen. Der Bogen über dem Durchgang war ursprünglich offen. Von dort und von den vorstehenden Seitentürmen wurde der angreifende Feind bekämpft.

Rechts: Zwei Liktoren mit Rutenbündeln

seinen Widerspruch den Befehl des anderen aufheben. Dadurch sollte verhindert werden, daß ein einzelner seine Macht mißbrauchte.

In schwerer Kriegsnot oder bei heftigem inneren Zwist konnte statt der Konsuln ein Diktator ernannt werden. Seinen Befehlen mußten sich alle beugen, doch blieb er nur sechs Monate lang im Amt. Auch hier waren die Römer ängstlich darauf bedacht, daß kein Diktator durch längere Herrschaft zu mächtig wurde.

Streng und unerbittlich wachte die Ratsversammlung, der Senat, über die neue Ordnung. In der Kurie (curia = Rathaus) am Forum trat der Senat zu seinen Beratungen zusammen. Seine Mitglieder waren ehemalige hohe Beamte. Die Senatoren waren würdige Männer mit großer Erfahrung, und als Patrizier hielten sie auch zäh an den Vorrechten ihres Standes fest. Der Senat besaß ein solches Ansehen, daß kein Konsul es wagte, sich über seinen Rat hinwegzusetzen. Auch verfügte der Senat über die Staatsgelder, und die Gesetzesbeschlüsse der Volksversammlung mußten von ihm bestätigt werden.

2. Die Standeskämpfe

Die Volksversammlung. Ursprünglich zogen nur die Reiterei des Adels und leichtbewaffnetes Fußvolk in den Kampf. Allein die Adelsgeschlechter mit ihrer Gefolgschaft, den Klienten, bildeten im frühen römischen Adelsstaat auch die Volksversammlung, die über Krieg und Frieden entschied, die Konsuln und die anderen Beamten wählte und die Gesetze beschloß.

Im Laufe der Zeit reichten jedoch die Kräfte der Patrizier allein für die militärischen Aufgaben nicht mehr aus. So wurde, ähnlich wie bei den Griechen (vgl. S. 64), die Aufstellung eines Heeres mit schwerbewaffnetem Fußvolk erforderlich. Dazu mußten alle Bürger herangezogen werden, die durch ihr Vermögen imstande waren, sich selbst die schwere Rüstung zu beschaffen, also auch die Plebejer.

Bronzebüste eines Patriziers

Die römische Bürgerschaft wurde deshalb nach Vermögensklassen in 193 Centurien (Hundertschaften; lat. centum = 100) eingeteilt. Die Bürger der höchsten Vermögensklasse stellten 18 Centurien der Reiterei und 80 Centurien des schwerbewaffneten Fußvolkes. Vier weitere Vermögensklassen stellten die übrigen Centurien.

Die in Hundertschaften gegliederte Versammlung des bewaffneten Volkes übernahm schließlich die Rechte der alten patrizischen Volksversammlung. Die Centurien versammelten sich nach Aufruf durch die Konsuln auf dem Marsfeld außerhalb der Stadt. Jede Centurie hatte eine Stimme. Da die erste Vermögensklasse über mehr als die Hälfte der Centurien verfügte, konnte sie den Ausgang jeder Abstimmung entscheiden. Doch fielen jetzt wenigstens die Stimmen der begüterten Plebejer mehr ins Gewicht.

Das römische Heer bestand ursprünglich aus zwei Legionen zu je 4200 Mann. Es war eine Miliz, ähnlich dem heutigen Heer der Schweiz.

Die Volkstribunen. Trotz der vermehrten Rechte hatten die Plebejer immer wieder unter der Willkür patrizischer Beamter zu leiden. Besonders benachteiligt waren die kleinen Bauern. Während sie unter Waffen standen, blieben ihre Felder unbestellt. Oft wurde das Land auch von Feinden verwüstet. Wie einst in Attika (vgl. S. 69) gerieten die Bauern auch in Rom durch das harte Schuldrecht in die Abhängigkeit von patrizischen Großgrundbesitzern oder gar in Schuldknechtschaft. Da traten die Plebejer zu einer eigenen Versammlung zusammen und wählten ihre eigenen Beamten, die Volkstribunen. Diese sollten die Plebs gegen die Übergriffe des Senats und der Beamten schützen. Es wird berichtet, die Plebs sei sogar aus Rom ausgewandert, um auf dem „Heiligen Berg" eine eigene Stadt zu gründen. Da gaben die Patrizier nach, erkannten die Volkstribunen als unverletzlich an und gestanden ihnen die Vollmacht zu, innerhalb der Stadt jeden Bürger gegen eine Gewalttat zu beschützen. In späterer Zeit erhielten die Volkstribunen auch das Recht, Maßnahmen der Beamten und Senatsbeschlüsse durch ihr „Veto" (= ich verbiete) zu verhindern.

um 450 v. Chr.

Das Zwölftafelgesetz. Aber noch gab es keine geschriebenen Gesetze. Darum wurden um 450 v. Chr. zehn Männer beauftragt, die geltenden Rechtsbräuche aufzuschreiben. Auf zwölf ehernen Tafeln wurden die Gesetze an der Kurie auf dem Forum öffentlich bekanntgemacht.

Rechte Seite: Italische Wandgemälde aus vorrömischer Zeit. Oben: Reigen der Frauen bei einer Totenfeier. Griechisch-apulische Malerei aus einem Grab in Ruvo (um 450 v. Chr.). Diese Grabmalerei ist ein besonders wertvolles Zeugnis griechischer Kunst in Süditalien vor der Besetzung durch die Römer; denn es vermittelt den Eindruck von der großartigen Wandmalerei, deren Beispiele im griechischen Mutterland fast vollständig verlorengegangen sind. – Unten: Krieger der samnitischen Lukaner (vgl. S. 124), Malerei aus einem Grab bei Paestum (Beginn des 4. Jh. v. Chr.).

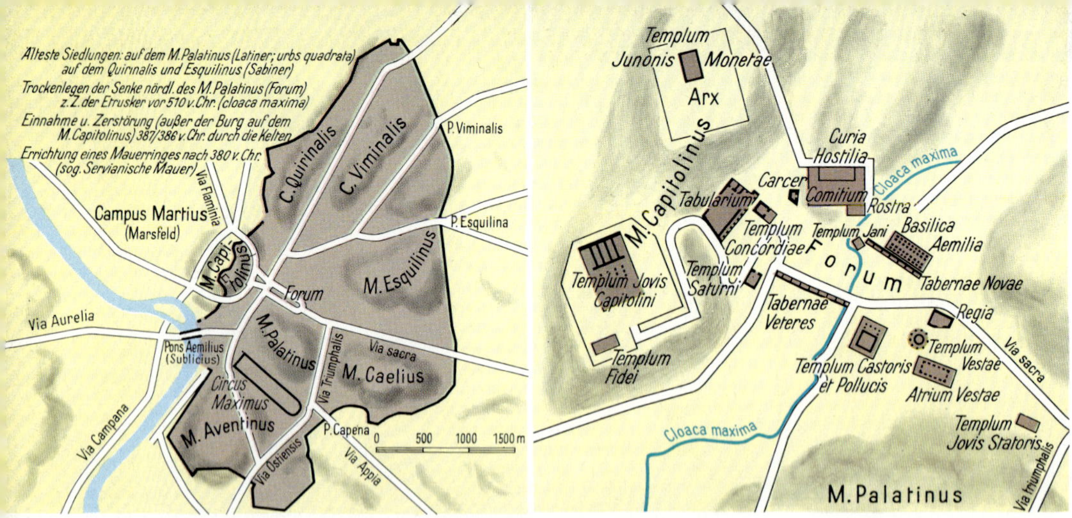

Links: Rom, die Stadt der sieben Hügel (vgl. S. 111). – Rechts: Das Forum zur Zeit der Republik (vgl. S. 112)

Jahrhundertelang mußten die jungen Römer diese Gesetze in der Schule auswendig lernen. Überaus hart waren die Bestimmungen des Schuldrechts: „Wenn einer dem Urteil (auf Zahlung der Schuld) nicht nachkommt und keiner für ihn bürgt, soll der Gläubiger ihn mit sich nehmen und fesseln mit Beinschellen und Fußblock, 15 Pfund schwer, nicht weniger oder, wenn er will, noch schwerer."

„Wenn er (der Schuldner in der Schuldhaft) will, kann er von eigenen Mitteln leben, wenn er nicht von Eigenem leben will, soll ihm der Gläubiger Tag für Tag ein Pfund Speltbrei geben. Wenn er will, kann er ihm mehr geben."

3. Die frühe Republik

Ausgleich der Stände. Bald nach der Aufstellung des Zwölftafelgesetzes wurde erlaubt, daß Patrizier und Plebejer untereinander Ehen schlossen. Schrittweise gelang es den Plebejern, auch zu den Ämtern zugelassen zu werden. 366 v. Chr. erhielten sie in einem Gesetz das Zugeständnis, daß von den beiden Konsuln immer einer Plebejer sein solle. Vom Jahre 300 v. Chr. an standen den Plebejern auch die hohen Priesterämter offen, die sich die Patrizier bis dahin noch vorbehalten hatten. Aber nur wer reich genug war, konnte die unbezahlte, ehrenamtliche Ämterlaufbahn einschlagen. Darum waren nur die begüterten plebejischen Familien in der Lage, von den neuen Rechten Gebrauch zu machen. Die reichen Plebejer verschmolzen allmählich mit den patrizischen Familien zu einem neuen Amtsadel (N o b i l i t ä t; lat. nobilis = vornehm). Nur Angehörige dieses Adels erreichten die höchsten Würden des Staates und saßen im Senat. Solange die römische Republik bestand, ist in ihr nie eine Demokratie in der Weise verwirklicht worden, wie sie einmal in Athen bestanden hatte.

300 v. Chr.

Der altrömische Glaube. Das alte Rom war eine Bauernstadt; auch die Patrizier waren Großbauern. Darum waren die Römer sehr um den himmlischen Segen für ihre bäuerliche Arbeit besorgt. Hinter jedem Lebensvorgang in der Natur sahen sie das Wirken einer göttlichen Kraft. Die Hilfe dieser Schutzkräfte wollten sie sich durch Gebet, Opfer und Gelübde sichern. Aber nicht nur für das Keimen, Blühen, Wachsen und Reifen der Saat riefen sie eigene Schutzgottheiten an, auch für alle ländlichen Arbeiten, für Pflügen, Eggen, Säen, Mähen und Ernten gab es besondere Gottheiten. Unwetter, Dürre, Hagel, Viehsterben wurden von einem erzürnten Schutzgotte verhängt.

Links: Kopf des Tinia, des etruskischen Vorläufers des Jupiter (Terrakotta um 500 v. Chr.). – Rechts: Römische Münze mit Januskopf (um 200 v. Chr.)

Auch in den Menschen selbst waren nach römischem Glauben Gottheiten wirksam. Der Genius galt den Römern als die im Manne wirkende göttliche Kraft und zugleich als dessen Schutzgeist. Eine Menge von Schutzgöttern wachte über das Leben des Menschen von der Geburt bis zum Tode. Im Hause schützte Vesta den Herd, Janus hütete Türen und Tore, über die Vorratskammern walteten die Penaten. Schützer der Ackerfluren waren der friedliche Saturn und der kriegerische Mars.

Die Etruskerkönige stellten in Rom das Dreigestirn Jupiter, Juno und Minerva an die Spitze aller Götter. Sie setzten Juno und Minerva den griechischen Vorbildern Hera und Athene gleich. Jupiter, der altrömische Gott des Himmels, der dem griechischen Zeus entsprach und sich wie dieser im Blitz und Donner äußerte, wurde der Schutzgott der Stadt und der römischen Macht.

Ihm dankten die Römer ihre Siege im Kriege. Der Triumphzug eines siegreichen Feldherrn war eine heilige Handlung zu Ehren Jupiters, der durch die Person des Feldherrn gesiegt hatte. Auf dem Prunkwagen fuhr der Triumphator im purpurnen, goldübersäten Göttergewand zum Kapitol; hinter ihm stand ein Sklave und hielt den Goldkranz Jupiters über sein Haupt. Die Kriegsbeute und die Gefangenen wurden mitgeführt. Am Schluß des Zuges folgte das siegreiche Heer, lorbeerbekränzt wie sein Feldherr, und sang Ruhmeslieder oder auch Spottverse auf ihn. Auf dem Kapitol opferte der Triumphator dem Gotte zum Dank für den Sieg.

Im Laufe der Zeit lernten die Römer auch die griechischen Götter kennen. Sie verehrten Demeter als Ceres, Artemis als Diana, Aphrodite als Venus, Hephäst als Vulkan, Hermes als Merkur. Die Etrusker und die Griechen brachten auch die Sitte nach Rom, Götterbilder aufzustellen.

Die Aufsicht über alle Priester führten die Pontifices; ihr Oberhaupt war der Pontifex maximus. Die Priesterinnen der Vesta, die Vestalinnen, hüteten im Tempel der Göttin das heilige Feuer; sie durften nicht heiraten und lebten in klösterlicher Strenge.

Sehr großen Wert legten die Römer auf Vorzeichen. Keine Volksversammlung, keine Wahl, keinen Krieg und keine Schlacht begannen sie, ohne den Willen der Götter aus Vorzeichen erkundet zu haben. Eigens dazu bestimmte Priester deuteten den Vogelflug, den Blitz, die Eingeweide, besonders die Leber der Opfertiere. Im

Weissagung aus den Eingeweiden eines Stieres (Relief vom Trajansforum in Rom, vgl. S. 167 und 170)

Kriege führten die Heere heilige Hühner mit, und der Feldherr richtete seine Entscheidungen darnach, ob die Hühner fraßen oder nicht. Schon in frühen Zeiten kam es aber vor, daß ehrgeizige Römer die Vorzeichen für ihre persönlichen Zwecke mißbrauchten und sie nach ihren eigenen Wünschen deuten ließen.

Die Familie. Die römische Familie lebte genügsam und einfach. Mann und Frau widmeten sich den Pflichten, die die Götter und der Staat ihnen auferlegten.

Bescheiden war die Wohnung, ein einstöckiges Lehmhaus. Der Hauptraum, in dem das Herdfeuer brannte, war das Atrium (= das Geschwärzte). Durch eine Öffnung im Dach zog der Rauch ab; von dort fiel auch das Tageslicht in den Raum. Der Dachöffnung entsprach eine Vertiefung im Boden, in der sich das Regenwasser sammelte. In späterer Zeit erweiterte man die Dachöffnung und stützte sie durch Säulen ab. Auf diese Weise entstand ein Innenhof (vgl. S. 122).

Männer und Frauen trugen die Tunika, ein wollenes Hemd ohne Ärmel. In der Öffentlichkeit zeigte sich der Mann mit der Toga, einem langen Wolltuch, das der Römer kunstvoll, in reichem Faltenwurf um Schultern und Rücken legte. Nur der Vollbürger durfte die Toga tragen. Das Haupt blieb im allgemeinen unbedeckt, an den Füßen trug man Sandalen.

Unbeschränkt war die Gewalt des Vaters in der Familie. Der Vater vertrat das Ansehen des ganzen Geschlechtes, er stand dem Genius der Ahnen am nächsten. Die Totenmasken der Vorfahren hingen im Atrium, ihre Taten und Leistungen waren darunter verzeichnet. Die Abzeichen ihrer hohen Amtswürden wurden als kostbares

Römisches Ehepaar. Doppelbildnis von einem Grabmal.

Familiengut aufbewahrt. Keiner wollte sich von den Ahnen beschämen lassen. Im Andenken an sie erzogen die römischen Eltern die Kinder zu Gehorsam, Pflichterfüllung und Rechtschaffenheit.

Die Ordnung der Republik. Die gleiche Strenge wie in der Familie herrschte in der Republik. Das alte Rom kannte keine geschriebene Verfassung. Alles war durch Brauch und Herkommen geregelt, so wie man es von den Vorfahren übernommen hatte. Die „Vätersitte" (mos maiorum) beherrschte das staatliche Leben im alten Rom, wie das Vorbild der Ahnen das Familienleben bestimmte. Dieser Staat mußte seine Kräfte straff zusammenhalten, um sich gegen eine feindliche Umwelt zu behaupten. Darum gab er seinen Beamten die unbedingte Befehlsgewalt, durch die sie den Gehorsam der Bürger gegenüber dem Staate erzwingen konnten.

Der Sohn des Konsuls Manlius Torquatus hatte in einem Krieg gegen den Befehl ein Gefecht begonnen und gesiegt. Unbeeindruckt von diesem Siege, ließ der Konsul seinen Sohn sofort durch die Liktoren hinrichten. „Es ist besser", sagte er, „wenn ein Vater seinen Sohn verliert, als das Vaterland die Kriegszucht."

Die beiden Konsuln leiteten den Staat und führten das Heer. Neben ihnen hatten auch andere Beamte weitreichende Befugnisse. Zwei Censoren hatten darauf zu achten, daß die gute altrömische Sitte im Staate erhalten blieb. Sie wurden alle fünf Jahre gewählt. Ihren Namen hatten sie von der Aufgabe, die Bürger nach dem Ver-

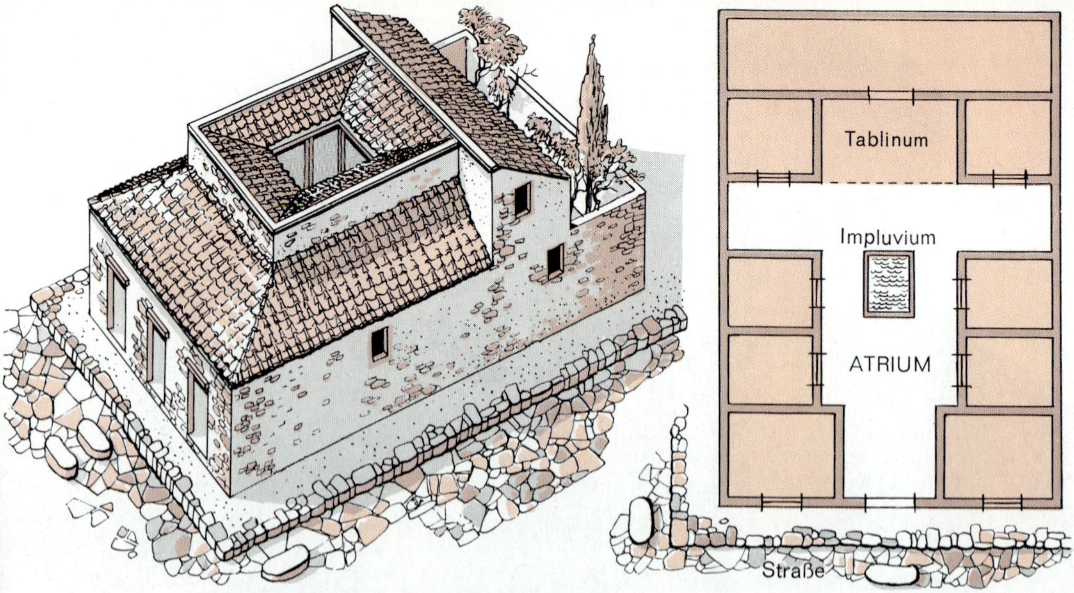

Ansicht und Grundriß eines italischen Hauses aus dem 3. Jahrhundert v. Chr. (vgl. S. 164)

mögen für die Steuern und den Heeresdienst einzuschätzen (censere = abschätzen). Eine ebenso wichtige Tätigkeit der Censoren war jedoch die Aufsicht über den Lebenswandel der Bürger.

„Denn die Römer hielten dafür, daß der Ehestand, die Kinderzucht, das häusliche Leben und das Gastmahl nicht jedem nach seinen Begierden und Neigungen ohne weitere Aufsicht überlassen bleibe. So wählten sie zwei Männer zu Aufsehern, Sittenrichtern und Zuchtmeistern. Diese Censoren hatten die Gewalt, dem, der liederlich und unordentlich lebte, das Pferd zu nehmen oder ihn aus dem Senat auszustoßen" (Plutarch).

Die Rechtspflege in der Stadt war Sache der Prätoren. Die Polizei Roms unterstand den Ädilen. Sie hatten die Aufsicht über die Straßen und den Verkehr in der Stadt, über den Markt und die Preise. Alljährlich veranstalteten sie im Herbst große Spiele. Dabei opferte mancher Ädil sein ganzes Vermögen, um sich durch prächtige Spiele beliebt zu machen. Den Staatsschatz im Tempel des Saturn verwalteten die Quästoren. Auch die Heere waren im Feld von einem Quästor begleitet.

Wir fassen zusammen:

Um 1200 v. Chr. war die Einwanderung indoeuropäischer Stämme in die Apeninnhalbinsel besonders stark. Im Gebiet der Latiner entwickelte sich die Stadt Rom, die nach der Sage 753 v. Chr. von Romulus gegründet wurde. Rom geriet für einige Zeit unter die Herrschaft der wahrscheinlich aus Kleinasien stammenden Etrusker. Sie brachten städtische Kultur, Stein- und Gewölbebau, aber auch die griechischen Götter nach Rom.

Um 500 v. Chr. wurde in Rom die Königsherrschaft durch eine Adelsrepublik abgelöst. Die Macht besaßen die Patrizier. Ihre Vertreter saßen im Senat, dem einflußreichen Stadtrat Roms. Zwei patrizische Konsuln führten für jeweils ein Jahr die Befehlsgewalt in der Stadt, im Krieg auch über das Heer.

Die Masse des Volkes besaß ursprünglich keine politischen Rechte. Zwischen 500 und 300 v. Chr. erkämpften sich die Plebejer das Recht auf eigene Beamte (Volkstribunen), die Auf-

Die sogenannte Servianische Mauer in Rom (vgl. S. 124)

zeichnung des Rechtes im Zwölftafelgesetz und den Zugang zu den Ämtern. Doch blieb die Ämterlaufbahn den angesehensten Plebejerfamilien und den alten Patrizierfamilien vorbehalten. Rom ist nie eine demokratische Republik in der Art Athens geworden.

II. Die Einigung Italiens

1. Das harte Ringen um Mittelitalien

Der Keltensturm. Im ersten Jahrhundert nach ihrer Gründung hatte die römische Republik gegen die Etrusker, gegen den Bund der latinischen Städte und gegen kriegerische Stämme der anderen Italiker hart zu kämpfen. Manche schwere Niederlage mußten römische Heere hinnehmen; von vielen Beispielen tapferer Opfergesinnung und Standhaftigkeit berichten die römischen Geschichtsschreiber. Erst nach 400 v. Chr. konnten die Römer nördlich des Tibers festen Fuß fassen. Sie eroberten das etruskische Veji und gewannen dort neues Bürgerland.

Ihr weiteres Vordringen wurde durch den Einfall der Kelten jäh unterbrochen (vgl. S. 18). Die Gallier, wie sie von den Römern genannt wurden, zogen durch Etrurien und setzten über den Tiber; an der Allia stießen sie auf ein römisches Heer, das in aller Eile aufgeboten und noch im Aufmarsch begriffen war. Der gellende Ruf der Hörner und der wilde Ansturm der unbekannten Gegner verwirrten rasch die römischen Reihen; in regelloser Flucht lösten sie sich auf, und nur ein Teil des Heeres konnte sich schwimmend über den Tiber retten (387 v. Chr.). Die Bevölkerung Roms flüchtete, die kampffähigen Männer besetzten das Kapitol. Darüber berichtet der römische Geschichtsschreiber Livius:

387 v. Chr.

„Die Greise, die nicht mehr kämpfen konnten, blieben in der Stadt zurück. Die Gallier kamen durch ein offenes Stadttor auf das Forum und sahen, daß nur das Kapitol verteidigt wurde. Sie verteilten sich in den leeren Straßen, um zu plündern. Aber die Stille in der Stadt machte sie ängstlich, sie fürchteten eine List. Zögernd drangen sie in die unverschlossenen Häuser der

Teller mit Darstellung eines Kriegselefanten aus Capena (vgl. S. 126). Auf dem Rücken des Muttertieres der Kampfturm mit Besatzung, davor der Treiber (um 270 v. Chr.)

Vornehmen am Forum. Da staunten sie, als sie in den Eingängen die würdigen Senatoren, die ehemaligen Konsuln, in ihren Amtsgewändern sitzen sahen. Wie vor Götterbildern standen die Barbaren vor den ehrfurchtgebietenden Greisen. Ein Vorwitziger zupfte einen alten Konsular am Bart, da schlug ihm dieser sein elfenbeinernes Szepter über den Kopf und weckte dadurch den Zorn der Gallier. Es begann ein schreckliches Morden, niemand wurde geschont; die ausgeplünderte Stadt ging in Flammen auf."

Mit Gold erkauften die Römer den Abzug der Gallier. Als die Sieger beim Abwiegen falsche Gewichte benützten, beschwerten sich die Römer. „Vae victis!" (= Wehe den Besiegten) rief da der keltische Feldherr Brennus und warf auch noch sein Schwert in die Waagschale. Die Niederlage an der Allia blieb für alle Zukunft im Kalender der Römer als Unglückstag verzeichnet. Die Gallier setzten sich in der Poebene fest, die von den Römern seither das „Gallien diesseits der Alpen" (Gallia cisalpina) genannt wurde.

Latiner und Samniten. Alle Kräfte rafften die Römer nach dieser Katastrophe zusammen. Sie bauten die Stadt in kurzer Zeit wieder auf und umgaben sie mit einer starken Mauer (sog. Servianische Mauer). Allmählich wurde Rom wieder die erste der latinischen Städte. 338 v. Chr. gelang es den Römern, den Latinerbund aufzulösen, in dem sich die Städte Latiums gegen die Herrschaftsansprüche Roms geeint hatten.

Härter war der Kampf gegen das Bergvolk der Samniten, die aus den Abruzzen in die fruchtbare Ebene Campaniens vordrangen. Lange schwankte das Kriegsglück hin und her. Alle Völker Mittelitaliens und die Gallier standen im Bunde gegen Rom. Bei der samnitischen Stadt Caudium wurde ein römisches Heer umzingelt. Die Konsuln schlossen Frieden, und waffenlos mußten die römischen Legionen durch das schmachvolle Joch, das die Sieger aus drei Speeren gebildet hatten, abziehen. Doch der Senat verwarf den Frieden. Schließlich schlugen die Römer 295 v. Chr. die verbündeten Gegner, und nach wenigen Jahren beherrschten sie ganz Mittelitalien.

2. Roms Vorstoß nach Süditalien

Tarent und König Pyrrhus. Die Griechenstadt Tarent sah mit Besorgnis, wie der römische Handel in ihrem Meere zu wachsen begann. Als eine römische Flotte vom Sturm in den Hafen von Tarent verschlagen wurde, wagten die Tarentiner einen Überfall auf sie. Mit Hohn und Spott wiesen sie die römischen Gesandten ab, die Genugtuung verlangten. Das bedeutete den Krieg (282–272 v. Chr.).

Den Tarentinern kam der Diadochenkönig Pyrrhus von Epirus (in Griechenland) zu Hilfe. Wie einst Alexander im Osten wollte Pyrrhus jetzt im Westen ein großes

Rechte Seite: Ansichten von der Via Appia. – Oben: Ein Straßenabschnitt in Mittelitalien. – Unten: Grabmal an der Via Appia vor Rom (vgl. S. 126)

hellenistisches Reich errichten und war deshalb ein Gegner der erstarkenden Macht Roms. Mit seinen Kriegselefanten jagte er den Römern in den ersten Schlachten großen Schrecken ein und blieb Sieger. Doch waren auch seine Verluste schwer. Enttäuscht soll er ausgerufen haben: „Noch ein solcher Sieg, und ich bin verloren!" Einen verlustreichen Sieg nennt man deshalb heute noch einen „Pyrrhussieg". Rom ließ sich auf keine Verhandlungen ein; dem Gesandten des Pyrrhus erschien der stolze Senat wie eine „Versammlung von Königen". Als Pyrrhus später in seine Heimat zurückkehrte, mußte sich Tarent ergeben (272 v. Chr.), und in kurzer Zeit waren die Römer auch die Herren Süditaliens.

Die Sicherung Italiens. Klug und geschickt behandelten die Römer die Besiegten. Mit jeder Stadt schloß Rom ein besonderes Abkommen. Am besten fuhren dabei einige latinische Städte; ihre Bewohner bekamen die gleichen Bürgerrechte wie die Bürger von Rom selbst. Andere Städte behielten zwar ihre Selbstverwaltung, blieben jedoch von den Bürgerrechten ganz oder teilweise ausgeschlossen. Sie galten als Bundesgenossen und verpflichteten sich, im Kriege Truppen zu stellen und dem Oberbefehl der römischen Konsuln zu gehorchen.

Um ihren Besitz zu sichern, legten die Römer an geeigneten Punkten der Halbinsel Kolonien an und besiedelten diese mit römischen oder latinischen Bürgern. Diese Kolonien waren feste Plätze und dienten als militärische Stützpunkte. Ihre Bewohner blieben Bürger von Rom und durften dort ihr Wahlrecht weiterhin ausüben. Im Umkreis der Siedlung wurde ihnen Ackerland zugewiesen. So erhielten nun viele römische und latinische Bauernsöhne eigenen Grund und Boden.

Die römischen Kolonien waren keine selbständigen Städte, sondern wurden auch weiterhin von der Hauptstadt aus verwaltet. Feste Straßen verbanden sie mit Rom. Schon während der Samnitenkriege legten die Römer eine Straße nach Capua an; sie wurde später bis nach Brundisium (Brindisi) weitergeführt (Via Appia). Eine andere Heerstraße führte nach Norden zu den Grenzkolonien gegen das keltisch besetzte Norditalien. Durch die zahlreichen Kolonien verbreitete sich die lateinische Sprache allmählich über ganz Italien.

III. Rom auf dem Wege zur Weltherrschaft

1. Die Punischen Kriege

Karthago und Rom. Die Phöniker (oder „Punier") von Karthago (vgl. S. 42) hielten die Mittelmeerhäfen westlich ihrer Stadt für fremde Schiffe gesperrt. Sie beherrschten aber nicht nur den Handel auf dem Meere, sondern auch weite Gebiete Nordafrikas; dort besaß der Adel der Stadt riesige Plantagen. Auch an den Küsten Spaniens, auf den Balearen, auf Sardinien, Korsika und im westlichen Teil des kornreichen Sizilien setzten sich die Karthager fest. Durch angeworbene Söldner aus allen Ländern ließen sie ihre Besitzungen erobern und verteidigen.

Jahrhunderte hindurch war das Verhältnis zwischen Rom und Karthago gut gewesen; das änderte sich erst, als die griechischen Handelsstädte Unteritaliens zu Rom gehörten und die Römer auch das Meer vor der süditalienischen Küste schützen mußten. Die Karthager nutzten Wirren im Osten Siziliens aus und besetzten die Burg der Stadt Messina. Einige führende Männer der Stadt riefen die Römer zu Hilfe. Der Senat sah wohl, daß die freie Durchfahrt durch die Meerenge von Messina gefährdet war, wagte es jedoch nicht, sich für den Krieg gegen die Flottenmacht Karthagos zu entscheiden. Aber das römische Volk, das durch die früheren Siege ermutigt war,

Die Punischen Kriege

stimmte ohne Zögern dafür, Messina zu befreien. So war die große Auseinandersetzung zwischen Rom und Karthago nicht mehr zu vermeiden (1. Punischer Krieg 264–241 v. Chr.).

Der 1. Punische Krieg. Die Römer gelangten unbehelligt über die Meerenge und errangen in Sizilien Erfolg über Erfolg. Aber die Streifzüge der Karthager zur See brachten den Römern erhebliche Verluste. Da bauten diese nach dem Muster eines gestrandeten karthagischen Fünfruderers eine eigene Flotte; sie versahen ihre Schiffe überdies mit Enterbrücken, welche die feindlichen Schiffe erfaßten und festhielten. Über diese Brücken konnten die römischen Soldaten auf die feindlichen Schiffe gelangen und dort so kämpfen, wie sie zu Land gewöhnt waren. Tatsächlich gelang den Römern ein großer Seesieg. Sie konnten sogar den Krieg nach Afrika hinübertragen. Aber durch die Unvernunft des befehlshabenden Konsuls ging das Heer zugrunde. Die römische Flotte verlor durch Schiffbruch und Niederlagen ihre Schlagkraft.

264 bis 241 v. Chr.

Auf Sizilien führte ein neuer, überaus geschickter punischer Feldherr, Hamilkar Barkas, einen erbitterten Kleinkrieg gegen die Römer. Da rafften sie sich noch einmal auf; aus Spenden der senatorischen Familien bauten sie eine neue Flotte, die an der Nordwestküste Siziliens über die Karthager siegte. Selbst Hamilkar riet

Ein römisches Kriegsschiff bei der Landung (von einem Relief aus Praeneste)

jetzt zum Frieden. Die Karthager zahlten eine Kriegsentschädigung und traten ihren Besitz in Sizilien an die Römer ab (241 v. Chr.).

Sizilien wurde das erste Untertanenland, die erste „provincia" der Römer. Ein Statthalter verwaltete das Land; die Bewohner mußten Abgaben entrichten. Als in Karthago gleich nach dem Kriege ein Söldneraufstand ausbrach, nützten die Römer die Gelegenheit, ließen sich Sardinien abtreten und besetzten auch Korsika. Beide Inseln zusammen bildeten die zweite römische Provinz.

218 bis 201 v. Chr.

Der Hannibalische (2. Punische) Krieg. Der karthagische Feldherr Hamilkar wollte als Ersatz für die verlorenen Gebiete in Spanien neues Kolonialland gewinnen und eroberte den Süden der Pyrenäenhalbinsel. Sein Nachfolger und Schwiegersohn Hasdrubal gründete Neu-Karthago (Cartagena) und erzielte durch Verhandlungen mit den einheimischen Stämmen große Erfolge. Aus Furcht vor den Karthagern stellte sich Sagunt, eine Stadt an der spanischen Ostküste, unter römischen Schutz.

Nach Hasdrubals Tod übernahm Hannibal, der Sohn Hamilkars, den Oberbefehl. Seine Kindheit hatte er im Heerlager seines Vaters zugebracht; damals schon hatte er schwören müssen, nie ein Freund der Römer werden zu wollen. So kümmerte er sich auch jetzt nicht um Sagunts Bündnis mit den Römern und eroberte die Stadt. Da verlangten die Römer von den Karthagern, daß Hannibal ausgeliefert werde. Diese lehnten ab und nahmen die römische Kriegserklärung an (2. Punischer Krieg 218–201 v. Chr.).

Hannibal war gerüstet. Alle Kriegspläne der Römer vereitelte er dadurch, daß er sich mit einem Heer von 50000 Mann, 9000 Reitern und 37 Elefanten zum Landmarsch nach Italien aufmachte. Über die Pyrenäen und über die Rhone kam er fast unbehindert bis zum Fuß der Alpen. Durch die Gebiete kriegerischer Bergstämme, über Felsen und Gletscher, an Abgründen vorbei brachte Hannibal sein Heer über die Alpenpässe.

Groß waren die Verluste. Aber die römerfeindlichen Kelten der Poebene führten dem karthagischen Heer neue Kräfte zu.

Jetzt zeigte Hannibal seine überlegene Feldherrnkunst. In zwei Schlachten vertrieb er die Römer aus der Poebene. Sein Plan war, die Bundesgenossen Roms zum Abfall zu bringen. Unbesiegt zog er drei Jahre durch Italien, sein Heer plünderte und verwüstete das fruchtbare Land. Bei Cannae in Apulien trat ihm 216 v. Chr. ein römisches Heer mit 80000 Mann Fußvolk entgegen; Hannibal verfügte nur über halb so viele Soldaten. Dennoch gelang es ihm, den Feind auf beiden Flanken zu fassen und so furchtbar zu schlagen, daß 50000 Römer und Bundesgenossen auf dem Schlachtfeld blieben. Viele Städte und Stämme fielen nun von Rom ab. In dieser Stunde bewies der Senat den alten zähen Römertrotz; er gab die Sache Roms nicht verloren, und hinter ihn stellte sich opferbereit die Jugend der Stadt.

Eine römische Porträtbüste, die Hannibal darstellen soll

Bald gingen die Römer mit neu ausgehobenen Truppen in Sizilien und Spanien zum Angriff über. Sie eroberten das abgefallene Syrakus und brachten die Insel wieder in römische Hand. Das Heer Hannibals, das in den reichen Städten Campaniens verweichlicht war, mußte bald da und dort Niederlagen hinnehmen. Als die Römer das abtrünnige Capua belagerten, zog Hannibal vor Rom. Aber auch der Schreckensruf „Hannibal ad portas!" (Hannibal vor den Toren) ließ den Senat nicht verzweifeln. Mit frisch ausgehobenen Rekruten ließ er Tore und Mauern besetzen. Hannibal fühlte sich nicht stark genug und zog ab. Der karthagische Nachschub reichte für den gleichzeitigen Kampf in Italien und Spanien nicht aus.

Im Jahre 210 v. Chr. erhielt der junge Publius Cornelius Scipio den Oberbefehl über die römischen Truppen in Spanien. Ihm mußte Hannibals Bruder Hasdrubal weichen, erzwang sich aber in einer verlustreichen Schlacht den Durchbruch nach Norden, um über Pyrenäen und Alpen nach Italien zu ziehen (vgl. Karte S. 127). Bevor er jedoch in Italien sein Heer mit den Truppen Hannibals vereinigen konnte, wurde er von den Römern geschlagen und fiel. Nach großen Erfolgen in Spanien wurde Scipio Konsul. Im Frühjahr 204 führte er ein Heer nach Afrika hinüber. Dort verbündete er sich mit den Numidern, einem nordafrikanischen Reitervolk. Nun war auch Hannibal gezwungen, sein Heer aus Italien in die Heimat zurückzuführen. 202 v. Chr. traten sich beide Feldherrn bei Zama gegenüber. Hier bewies Scipio, daß er von Hannibal gelernt hatte; er siegte, und das erschöpfte Karthago mußte Frieden schließen (201 v. Chr.).

201 v. Chr.

Karthago verzichtete auf Spanien und lieferte die Kriegsflotte bis auf zehn Schiffe aus. Es mußte 50 Jahre lang Kriegsentschädigung zahlen und durfte keinen Krieg mehr ohne römische Erlaubnis führen. Der siegreiche Scipio erhielt den Ehrennamen „Africanus". Auf dem Boden Spaniens entstanden zwei neue römische Provinzen.

Links: Karthagisches Amulett in Form einer Maske, das an einer Halskette getragen wurde. Das Amulett (vgl. S. 35) sollte seinen Träger vor allem Bösen schützen.

Rechte Seite: Sarkophag aus einem Grab an der Via Appia. In dem Sarkophag war L. Scipio Barbatus beigesetzt, der im Jahre 298 v. Chr. Konsul und der Urgroßvater des Siegers von Zama war. Die Übersetzung der Inschrift lautet: „Cornelius Lucius Scipio Barbatus (= der Bärtige), des Vaters Gnaeus Sohn, ein tapferer und weiser Mann, dessen äußere Erscheinung seiner Mannhaftigkeit völlig entsprach; Konsul, Censor, Ädil war er bei euch. Taurasia und Cisauna eroberte er in Samnium, er unterwarf ganz Lukanien und führte Geiseln weg."

Das Ende Karthagos. Der Haß der Römer verfolgte den besiegten Hannibal bis zu seinem Tode. Eine Gegenpartei in seiner Heimatstadt hetzte gegen ihn, und er mußte aus Karthago fliehen. Aber auch in Syrien und Kleinasien erreichte ihn der Arm Roms. Als er an die Römer ausgeliefert werden sollte, nahm er Gift.

Seine letzten Worte sollen gewesen sein: „So will ich denn die Römer von ihrer dauernden Besorgnis befreien, weil es ihnen zu lange währt, den Tod eines alten Mannes abzuwarten. Der Sieg über einen Wehrlosen, über einen Verratenen, ist weder groß noch ehrenvoll."

Aber den Karthagern nützte es nichts, daß sie ihren größten Feldherrn verraten hatten. Der Numiderkönig nahm ihnen ein Gebiet nach dem andern ab, ohne daß die Römer ihren Beschwerden Gehör schenkten. Seitdem der einflußreiche Konsular (= ehemaliger Konsul) Marcus Porcius Cato den Reichtum und die Lebenskraft der afrikanischen Stadt mit eigenen Augen gesehen hatte, forderte er immer wieder im Senat: „Karthago muß zerstört werden". Als die Karthager in ihrer Not gegen die Numider zu den Waffen griffen, erklärte ihnen Rom den Krieg (3. Punischer Krieg 149–146 v. Chr.). Die Konsuln erhielten den Auftrag, Karthago dem Erdboden gleichzumachen. Die Karthager lenkten zunächst ein und lieferten ihre Waffen und Schiffe ab. Da gaben ihnen die Konsuln den Befehl, ihre eigene Stadt zu zerstören und sich landeinwärts in Dörfern anzusiedeln. Das war für die Karthager das Signal zum Verzweiflungskrieg. Sie verteidigten ihre Stadt drei Jahre lang. Erst 146 v. Chr. gelang es Scipio dem Jüngeren, dem Adoptivenkel des Siegers von Zama, Karthago einzunehmen. Die überlebenden Einwohner wurden in die Sklaverei geführt; in der Stadt blieb kein Stein auf dem andern. Scipio machte das Gebiet Karthagos zur Provinz Africa; auch er erhielt bei dem Triumphzug in Rom wie Scipio der Ältere den Beinamen „Africanus".

146 v. Chr.

Als Scipio die brennende Stadt Karthago sah, die seit ihrer Gründung 700 Jahre lang in Blüte gestanden, über ein großes Festland, über viele Inseln und das Meer geherrscht hatte und es an Reichtum und Unternehmungsgeist mit den größten Reichen aufnehmen konnte, soll er Tränen vergossen haben. Er dachte daran, daß das Schicksal der Städte, Völker und Reiche wie das der Menschen hinfällig ist, daß die einst so glückliche Stadt Troja, das assyrische, medische und dann das persische Reich, zuletzt die glänzende makedonische Herrschaft untergegangen waren. Wehmütig sprach er die Verse Homers:

„Einst wird kommen der Tag, da die heilige Ilios hinsinkt,
Priamos selbst und das Volk des lanzenkundigen Königs."

Kämpfe mit Galliern und Spaniern. Bald nach dem Frieden von 201 bezwangen die Römer auch die gallischen Bundesgenossen der Karthager in Oberitalien. Sie stellten die alten befestigten Kolonien von Placentia und Cremona wieder her, die im Punierkrieg verlorengegangen waren, und eroberten allmählich das Gebiet bis an den Südrand der Alpen (Provinz „Gallia cisalpina").

Mehr noch machten den Römern die keltiberischen Stämme im Innern Spaniens zu schaffen. Die römischen Statthalter legten dort wenig Ehre für die römischen Waffen ein. Auch Vertragsbruch und Meuchelmord an dem Führer der spanischen Freiheitskämpfer nützten ihnen nichts. Da schickte die Volksversammlung gegen den Wunsch des Senats Scipio (den Jüngeren) nach Spanien. Er belagerte die Stadt Numantia, 133 v. Chr.
den Mittelpunkt des Widerstandes, und hungerte sie aus (133 v. Chr.). Ihr Los war genauso schrecklich wie das Karthagos. Nach dem Fall Numantias wurde auch das Innere Spaniens römische Provinz. Langsam setzten sich von nun ab römische Kultur und Sprache in Spanien durch. Die spanische Sprache von heute ist eine Tochtersprache der lateinischen.

Als später in Südgallien die Stadt Massilia (= griech. Massalia) Roms Hilfe gegen gallische Stämme erbat, setzten sich die Römer auch hier fest und gründeten die

Kolonie Narbo (Narbonne). Die neue Provinz nannten sie das „Narbonensische Gallien". Von Massilia aus bauten sie eine Straße nach Spanien.

2. Der Vorstoß Roms nach dem Osten

Befreiung Griechenlands. Das Ansehen der siegreichen Republik war so gestiegen, daß jetzt auch die Schwachen unter den Völkern und Staaten des Ostens in Rom Hilfe und Schutz suchten. Das Königreich Makedonien und das Seleukidenreich (vgl. S. 104) wollten ihre Macht auf Kosten der anderen Diadochenreiche erweitern. Der König von Pergamon, die Städte Rhodos und Athen wandten sich an Rom. Dort hatte man schon seit Jahren ein wachsames Auge auf den Makedonenkönig Philipp V., weil er im Bunde mit Hannibal gegen die Römer gekämpft hatte. Die Römer besiegten den Makedonen. Bei den Isthmischen Spielen zu Korinth verkündete der römische Feldherr den Griechen ihre Befreiung vom Makedonenjoch (196 v. Chr.). Auch der Seleukidenherrscher unterlag den Römern und mußte eine große Kriegsentschädigung zahlen, seine Flotte ausliefern und alles Land westlich vom Halysfluß und dem Taurusgebiet abtreten. Damit hatte das Seleukidenreich seine Großmachtstellung eingebüßt.

Neue Provinzen. Die Griechen aber hatten nicht viel Freude an ihrer Freiheit. Die Römer verlangten hohe Geldbeträge für ihre Kriege und schleppten viele griechische Kunstwerke nach Italien. Sie mischten sich in alle inneren Händel der Griechen ein, und nur gesinnungslose, käufliche Römerfreunde kamen zu Amt und Würden. Griechenland verarmte schon, bevor die Römer dort die wirkliche Herrschaft ausübten. Darum waren die Griechen in den weiteren römisch-makedonischen Kriegen vielfach makedonenfreundlich. Nach einem letzten Aufstand der Makedonen gegen die römische Herrschaft wurde Makedonien römische Provinz (148 v. Chr.).

Auch die Stadt Korinth hatte sich in den Krieg gegen Rom treiben lassen; die ehemals blühende Handelsstadt wurde von den Römern geplündert und zerstört (im gleichen Jahre wie Karthago). Die Einwohner wurden versklavt, die Kunstschätze nach Rom gebracht. Damals war der Geschichtsschreiber Polybius als griechischer Geisel bei den Römern; er berichtet, daß in den Trümmern der Stadt römische Legionssoldaten auf den Gemälden großer griechischer Künstler Würfel spielten. Griechenland wurde an die Provinz Makedonien angegliedert (146 v. Chr.).

146 v. Chr.

Im Jahre 133 v. Chr. gewannen die Römer auch das Reich von Pergamon, das ihnen der letzte, kinderlose König vermacht hatte. Es war der erste römische Landbesitz in Asien. Die Römer nannten die neue Provinz vielversprechend Asia. Rom war jetzt unangefochten die Herrin des Mittelmeers.

Wir fassen zusammen:

Teils um Ackerland zu gewinnen, teils um Feinde abzuwehren, führte die junge Republik Rom ihre Kriege. Die Zerstörung Roms durch die Gallier 387 v. Chr. brachte einen schweren Rückschlag. Um 338 v. Chr. fügten sich die Latiner der römischen Herrschaft.

Die Etrusker und Italikerstämme wie die Samniten bildeten einen gefährlichen Ring um Latium, den Rom in harten Kämpfen durchbrach. Nach dem Krieg gegen Tarent und gegen König Pyrrhus faßten die Römer in Süditalien Fuß. Um 270 v. Chr. stand Italien (außer der Poebene) unter der Führung Roms.

Da Rom sich bereit zeigte, auch außerhalb des italischen Festlandes als Schutzmacht aufzutreten (Messina auf Sizilien, Sagunt in Spanien), kam es zum 1. und 2. Punischen Krieg. 201 v. Chr. wurde Karthagos Herrschaft auf Nordafrika beschränkt. In Spanien wurden zwei neue römische Provinzen gegründet. 146 v. Chr. vernichtete der jüngere Scipio Karthago und errichtete die Provinz Africa.

Die Ruinen des Apollotempels in Korinth (erbaut nach 550 v. Chr.)

Auch im Osten ließ sich Rom als Schutzmacht anrufen und trat als Schiedsrichter zwischen den Diadochenreichen auf. 146 v. Chr. wurde Korinth zerstört, Griechenland der Provinz Makedonien angegliedert. 133 v. Chr. fiel das Reich von Pergamon an die Römer; daraus entstand die Provinz Asia. Rom war jetzt die einzige Großmacht im ganzen Mittelmeer.

IV. Das Jahrhundert der Bürgerkriege

133 bis 31 v. Chr.

1. Die Volksfreunde Tiberius und Gaius Gracchus

Die Gegensätze zwischen arm und reich. Mit Erfolg hatte der neue Amtsadel Roms (vgl. S. 118) seine Stadt zur Herrin des Mittelmeers gemacht; aber kurzsichtig und selbstsüchtig ließ er das Land Italien verkommen. Niemand dachte nach dem hannibalischen Kriege daran, den heimkehrenden Bauern zu helfen, das verwüstete Land wieder urbar zu machen und die verödeten Dörfer aufzubauen. Vielmehr benutzten die Reichen die Gelegenheit, Bauerngüter billig aufzukaufen. Das Getreide kam jetzt aus den Provinzen und dem Osten so billig ins Land, daß es der Bauer in Italien zu diesem Preis nicht einmal mehr für sich selbst anbauen konnte.

Die großen Güter, die Latifundien, verdrängten in kurzer Zeit die kleinen Bauernwirtschaften. Auf den Riesengütern gab man den Getreideanbau auf und legte Oliven-, Wein- und Obstpflanzungen, auch ausgedehnte Viehweiden an. Die Sklaven aus den vielen Kriegen waren so billige Arbeitskräfte, daß die Bauern auch als Land-

Ein Bauer zieht zum Markt (römisches Relief)

arbeiter kaum unterkommen konnten. Die entwurzelten Bauern, denen als einziger Besitz das römische Bürgerrecht geblieben war, zogen nach Rom und versanken hier in der Masse der Besitzlosen, der Proletarier.

Dagegen kam ein anderer Stand zu großem Reichtum: die Ritter. Sie hießen so, weil sie bei der Einschätzung zum Heeresdienst in die Reitercenturien eingestuft waren. Aber ihre Lebensart war im allgemeinen wenig „ritterlich". Sie betrieben die Geldgeschäfte in Italien und in den Provinzen, führten die Bauunternehmen des Staates aus und übernahmen die Heereslieferungen. Unglaublich hohe Gewinne erzielten sie als Steuerpächter in den Provinzen, wo sie von den Untertanen Roms maßlose Beträge erpreßten. Sie machten die römische Herrschaft in aller Welt unbeliebt.

Auch die Senatoren waren meist sehr reich, vor allem an Grundbesitz. Die Ämterlaufbahn war noch viel kostspieliger geworden, seitdem die Masse der stimmberechtigten Proletarier in Rom vor und nach den Wahlen der Volksversammlung durch Getreidespenden und Spiele gewonnen und bei Stimmung gehalten werden mußte. Aber wenn die Senatoren dann Statthalter in den Provinzen waren, holten sie sich von den geplagten Völkern das Vielfache ihrer Aufwendungen zurück. Die Statthalter nannten solche Sonderleistungen der Provinzen vornehm „Ehrengeschenke".

Mit dem Reichtum aus den Provinzen trieben Senatoren und Ritter in Rom einen unvorstellbaren Aufwand. Einfach und anspruchslos zu sein, war einst eine der ersten römischen Tugenden gewesen. Jetzt wurden Üppigkeit, Verschwendung und Sittenlosigkeit in Rom heimisch. Da war es kein Wunder, daß die Feldherrn versagten, wie das im spanischen Feldzug geschehen war, und daß die Bürger sich dem Dienst in den Legionen zu entziehen suchten.

Catos Reformeifer. Zwei Beweggründe beherrschten das Denken des Konsulars Marcus Porcius Cato: die Angst vor dem Wiederaufstieg Karthagos (vgl. S. 130) und die Sorge über den zunehmenden Luxus in Rom. Diese Verschwendungssucht hielt er für eine Folge der Annahme griechischer Gesittung durch die Römer. Seinem nüchternen Bauernverstand war die Philosophie der Griechen fremd. Aber er konnte nicht verhindern, daß die vornehmen Römer weiterhin ihren Söhnen gebildete griechische Sklaven zu Erziehern gaben und selbst gerne Griechisch sprachen, daß sie von Griechen ihre prächtigen Häuser bauen und die Gärten anlegen ließen.

Statue eines Redners (von einem etruskischen Bildhauer)

Obwohl Cato selbst im Laufe der Jahre reich geworden war, lebte er einfach und verwaltete fleißig und gewissenhaft seine Landgüter. Als Censor versuchte er durch einschneidende Maßnahmen, altrömische Lebensauffassung in den führenden Schichten wiederaufleben zu lassen. Aber er tat nichts für die Gesundung eines Bauernstandes, in dem die altrömische Sittenstrenge wieder hätte erwachen können.

Daran dachten jedoch einsichtige Männer des Adels, die dem Volke helfen wollten. Man nannte sie und ihre Anhänger „Volksmänner" (Popularen). Ihnen stand in erbitterter Feindschaft die Mehrzahl der Senatoren gegenüber, die kein einziges Vorrecht und keinen Vorteil ihres Standes preisgeben wollten. Die Mitglieder der Senatspartei nannten sich „die Besten" (Optimaten; lat. optimus = der beste).

Die Revolution der Gracchen. Tiberius Gracchus wagte den ersten Versuch, den entwurzelten Proletariern Roms wieder zu eigenem Besitz auf dem Lande zu verhelfen. Er war durch seine Mutter Cornelia ein Enkel des älteren Scipio Africanus. Auf Reisen durch Italien waren ihm die unbestellten Felder und die verlassenen Höfe aufgefallen. Seine hochgebildete Mutter hatte ihn nach der stoischen Lehre (vgl. S. 107) zu einer edlen Gesinnung erzogen. Als praktisch veranlagter Römer wollte er seine Gedanken in die Tat umsetzen und die Not der Proletarier beseitigen. 133 v. Chr. wurde er Volkstribun. Die Volksversammlung vernahm bisher nie gehörte Worte, die die Masse begeisterten, den Adel aber empörten: **133 bis 121 v. Chr.**

„Die wilden Tiere Italiens haben ihre Höhlen und Schlupfwinkel, aber ihr Bürger, die ihr für Italien kämpft und sterbt, habt nichts außer Luft und Licht. Ohne Haus, ohne Heim irrt ihr mit Weib und Kind umher. Die Feldherrn lügen, wenn sie euch Soldaten vor dem Kampf auffordern, die Hausaltäre und Ahnengräber zu verteidigen. Wie viele Römer haben einen väterlichen Herd, wie viele eine Grabstätte der Vorfahren? Damit andere schwelgen und prassen, müßt ihr euer Blut vergießen, müßt ihr sterben. Ihr heißt die Herren der Welt, aber ihr habt keine Scholle, die ihr euer eigen nennt!"

Tiberius beantragte, daß kein Römer neben seinem Privateigentum mehr als 500, bei zwei Söhnen höchstens 1000 Morgen (250 ha) römisches Staatsland besitzen dürfe. Wer mehr besaß, sollte es abgeben, und dieses Land sollte an besitzlose römische

Bürger verteilt werden. Mit diesem Gesetzesantrag beabsichtigte Tiberius also keinen Angriff auf den privaten Besitz; denn das Staatsland war in Italien erobertes Land, das eigentlich dem römischen Staat gehörte. Es war jedoch schon lange von reichen Großgrundbesitzern gepachtet worden, und die Eigentumsrechte des Staates waren in Vergessenheit geraten.

Ein vom Senat bestochener Volkstribun erhob gegen das neue Gesetz Einspruch. Als Tiberius keinen Ausweg mehr sah, beantragte er in der Volksversammlung, den widerstrebenden Tribun abzusetzen, weil er gegen das Wohl des Volkes handle. Das ging gegen alles Recht und Herkommen, aber Tiberius siegte mit seinen Anträgen.

Drei Bevollmächtigte wurden ernannt, die das Land verteilen sollten. Aus dem Königsschatz von Pergamon (vgl. S. 132) gab man den Siedlern die Mittel für die Einrichtung ihrer kleinen Güter. Um weiterhin durch sein Amt geschützt zu sein, bewarb sich Tiberius entgegen dem Gesetz auch für das folgende Jahr um das Volkstribunat. Da streuten seine Gegner das Gerücht aus, er strebe nach der Alleinherrschaft.

An dem Tage, an dem die Wahl stattfinden sollte, waren die Optimaten vollzählig auf dem Forum erschienen. Von einem leidenschaftlichen Pontifex maximus geführt, hieben sie mit Knütteln und Keulen auf die Menge ein und machten jeden nieder, der ihnen in den Weg kam. Kopflos stob die Wahlversammlung auseinander, niemand setzte sich zur Wehr. Tiberius wurde mit dreihundert seiner Anhänger erschlagen. Die Leichen warf man nachts in den Tiber. Die Volksmenge hatte bei dem Überfall nicht gewagt, gegen die vornehmsten Männer Roms die Hand zu erheben; es blieb den Senatoren vorbehalten, in Rom das erste Beispiel des politischen Straßenkampfes und des offenen Mordes zu geben. Zum erstenmal floß in der Tiberstadt Blut in einem Bürgerkrieg. Das Jahrhundert der Bürgerkriege (133–31 v. Chr.) hatte begonnen.

Zehn Jahre später, 123 v. Chr., wurde Gaius Gracchus, der Bruder des Tiberius, zum Volkstribunen gewählt. Er war leidenschaftlicher und rücksichtsloser als sein Bruder und hatte von vornherein den Plan, die Herrschaft des Senates zu beseitigen. Sein Ziel war eine Demokratie nach dem Vorbild Athens. Das Stadtvolk gewann er dadurch für sich, daß er ihm auf Staatskosten verbilligtes Getreide verschaffte. Auf diese Weise wurden freilich immer noch mehr Menschen in die Stadt gelockt, die hier billig leben wollten. Auf Antrag des Gaius nahm das Volk dem Senat die Aufsicht über die Geschworenengerichte und übergab sie dem Ritterstand. Auch dieses Gesetz wirkte sich ungünstig aus, denn die Ritter waren noch unehrlicher und gewinnsüchtiger als die Senatoren. Wenn jetzt ein anständiger Statthalter in den Provinzen die Steuererpressungen abstellte, verleumdeten ihn die Steuerpächter beim Gericht ihrer Standesgenossen und erhielten immer Recht.

Mit aller Entschiedenheit suchte Gaius die Ackergesetze seines Bruders auszuführen. Die zerstörten Städte Capua und Tarent, ja sogar Karthago sollten als römische Kolonien neu erstehen. Überall ließ er Straßen und Getreidemagazine bauen; sogar seine Feinde mußten seine Tatkraft anerkennen. Aber auch er erlag der List des Senates und der Wankelmütigkeit des Volkes. Als er den italischen Bundesgenossen das römische Bürgerrecht verschaffen wollte, einigten sich Senat und Volk. Die Proletarier wollten ihre Vorrechte mit niemand teilen, und der Senat erreichte schließlich, daß Gaius nicht mehr zum Volkstribun gewählt wurde. Damit war sein Schicksal besiegelt. Der Senat gab den Konsuln alle Vollmacht gegenüber Gaius. Dieser aber ließ sich von einem Sklaven töten, um nicht in die Hände seiner Gegner zu fallen. Der undankbare Pöbel plünderte seine Besitzungen, gegen 3000 seiner Anhänger wurden hingerichtet (121 v. Chr.).

2. Der Sieg des Marius über die Germanen

Marius, Günstling des Volkes und Neuordner des Heeres. In Nordafrika hatte es der Numiderkönig Jugurtha verstanden, seinen Besitz gegen den Willen der Römer zu vergrößern. Die der Senatspartei zugehörigen Gesandten oder Feldherrn, die ihn zurechtweisen sollten, zeigten sich meist bestechlich oder unfähig. Jugurtha selbst soll nach einer Vorladung in Rom geäußert haben: „O käufliche Stadt, die untergehen wird, wenn sie nur einen Käufer findet."

Da übertrug das Volk das Konsulat und den Krieg gegen Jugurtha dem Gaius Marius (107 v. Chr.). Er war der Sohn eines Ritters und im Kriegsdienst hochgekommen. Da er nicht aus dem Adel stammte, nannten ihn die Optimaten einen Emporkömmling (homo novus).

Der römische Geschichtsschreiber Sallust legt dem Marius folgende Worte in den Mund, die er vor der Volksversammlung gesprochen haben soll: „Vergleicht, Mitbürger, mich, den Emporkömmling, mit dem Stolz jener Adligen. Was sie zu hören und zu lesen pflegen, habe ich teils gesehen, teils selbst durchgeführt. Was sie aus Büchern schöpfen, habe ich im Felde gelernt. Nun urteilt, ob das Handeln oder Reden mehr wert ist. Sie verachten meine Herkunft, ich ihre Feigheit; mir werfen sie meinen Stand, ihnen werfe ich ihre Niederträchtigkeit vor. Der Geburt nach ist in meinen Augen einer so gut wie der andere; aber der Tapferste ist der Adligste."

Marius wußte, daß das Aufgebot der Bürger nach den Schätzungsklassen nicht mehr ausreichte. Deshalb zog er zum Heeresdienst auch die besitzlosen Schichten heran, die bis jetzt ausgeschlossen waren. Diese als Freiwillige geworbenen Soldaten mußten 16 Jahre dienen, erhielten Sold und freie Verpflegung. Auch wurden sie auf Staatskosten einheitlich bewaffnet. Nach dem Ausscheiden aus dem Militärdienst sollten sie eine Versorgung erhalten. So wurde allmählich aus der bisherigen Bürgermiliz ein Berufsheer (Söldnerheer), dem Sold und Beute am wichtigsten waren und das in der Hand eines erfolgreichen Feldherrn ein gefährliches Werkzeug werden konnte.

Marius bildete seine Söldner mit unnachsichtiger Strenge aus. Aber trotz seines rauhen Wesens gewann er die Soldaten für sich, vor allem auch wegen seiner Unparteilichkeit als Richter. So konnte er den Krieg gegen den Numiderkönig siegreich beenden (105 v. Chr.) und erlebte die Genugtuung, daß Jugurtha mit seinen Kindern hinter seinem Triumphwagen einherschritt. Aber schon kränkte es den ehrgeizigen Triumphator, daß sein tüchtiger Quästor Sulla einen Teil des Ruhmes beanspruchte. Bald mußte er auch feststellen, daß der Senat den aus vornehmem Geschlecht stammenden Sulla begünstigte.

Die Vernichtung der Kimbern und Teutonen. 113 v. Chr. waren die germanischen Stämme der Kimbern und Teutonen in den Ostalpen erschienen (vgl. S. 20). In der Steiermark trafen sie zum erstenmal auf ein römisches Heer, das dort die Alpenpässe zu beschützen hatte. Bescheiden baten die germanischen Bauern um Saatkorn und um Ackerland, auf dem sie sich friedlich ansiedeln könnten. Der römische Konsul stellte sich zunächst freundlich, ließ sie aber in einen Hinterhalt locken. Doch zeigten sich die Betrogenen im Kampf überlegen. Nur ein Unwetter rettete das römische Heer vor dem völligen Untergang.

Den Germanen stand der Weg nach Italien offen, aber sie wandten sich donauaufwärts und weiter nach Gallien. Nach vielen Umwegen marschierten sie schließlich doch in Richtung auf Italien. Die römischen Legionen, die sich ihnen an der Rhone entgegenstellten, wurden bei Arausio, dem späteren Orange, besiegt.

Furchtbar war der Germanenschreck, der ganz Rom ergriff. Man erinnerte sich an den Galliereinbruch und an Cannae. Das römische Volk erwartete von seinem Günstling Marius, daß er die Germanengefahr abwende. Fünfmal hintereinander

Die Verbriefung der Rechte an Veteranen. Das Marmorrelief aus dem 1. Jh. v. Chr. zeigt römische Soldaten, die entlassen werden. Der Schreiber links nimmt Eintragungen in einem Buch vor. Neben ihm ein Soldat, der bereits Zivilkleider trägt. Zwei andere warten noch und unterhalten sich.

wählte es ihn zum Konsul (104–100 v. Chr.). Als sich die Germanen endlich entschlossen hatten, die Alpen zu überschreiten, hatte Marius ein schlagfertiges Heer bereit.

Die Teutonen wollten vom Rhonetal aus in die fruchtbaren Fluren Italiens einbrechen. Die Kimbern hatten sich zu ihrem Schaden von ihnen getrennt, um ihren Weg durch das heutige Tirol über den Brennerpaß zu nehmen. Bei Aquae Sextiae in der Provence griff Marius überraschend an und vernichtete die Teutonen vollständig (102 v. Chr.). Die Kimbern waren zuerst erfolgreicher gewesen. Aus dem Etschtal brachen sie hervor und drängten das ihnen gegenüberstehende römische Heer bis über den Po zurück. Mit diesem konnte sich Marius im nächsten Jahr vereinigen. Bei Vercellae kam es zum Entscheidungskampf, und auch die Kimbern wurden völlig vernichtet (101 v. Chr.).

102 v. Chr.

101 v. Chr.

3. Bürgerkrieg zwischen Popularen und Optimaten

Marius und Sulla. Nicht lange nach dem Germanenkrieg schlossen sich die italischen Bundesgenossen gegen Rom zusammen: sie hatten in vielen Kriegen für Rom gekämpft und wollten jetzt endlich die Gleichberechtigung mit den römischen Bürgern erzwingen. Aber erst nach blutigen Kämpfen kam man in Rom zur Einsicht. Allen Bundesgenossen, die die Waffen niederlegten, wurde das Bürgerrecht zugesprochen.

Im Bundesgenossenkrieg hatte sich Sulla wiederum bewährt. Er war ein geschickter Unterhändler und fähiger Feldherr, aber auch ungemein rücksichtslos, wenn er ein Ziel verfolgte. Im Jahre 88 wurde er Konsul. Ihm gab der Senat den Auftrag, den Krieg gegen Mithridates, den König des Diadochenreiches von Pontos, zu führen. Dieser hatte ganz Kleinasien erobert und die dort wohnenden 80000 Römer

Links: Münze mit dem Bild des Sulla, das etwa 100 Jahre nach dessen Tod seiner Ahnenmaske nachgebildet wurde. – Rechts: Münzbild mit dem Porträt des Königs Mithridates von Pontos.

ermorden lassen. Sulla begab sich sofort nach Campanien zu seinen Legionen, die ihm treu ergeben waren. Da erreichte ihn die Nachricht, daß die Popularen (vgl. S. 135) in der Volksversammlung einen Beschluß durchgesetzt hatten, der dem greisen, aber immer noch ehrgeizigen Marius den Oberbefehl übertrug. Kurz entschlossen führte Sulla sein Heer gegen die Hauptstadt und vertrieb Marius und seine Anhänger in heftigen Straßenkämpfen.

Kaum hatte Sulla Italien verlassen, da kehrte Marius zurück, sammelte Anhänger der Popularen und Sklavenbanden um sich und eroberte die Stadt. Aus gekränktem Ehrgeiz verübte er unglaubliche Gewalttaten gegen die Angehörigen der Senatspartei (Optimaten). Zum siebenten Male ließ er sich zum Konsul wählen, starb aber bald nach Antritt des Amtes (86 v. Chr.).

Der Diktator Sulla. Sulla kämpfte zuerst in Griechenland; denn die Griechen hatten sich wegen des harten Steuerdrucks dem Mithridates angeschlossen. Trotzdem gelang es dem Konsul, den König von Pontos zum Frieden zu zwingen (84 v. Chr.). Dieser mußte die Provinz Asia räumen und hohe Entschädigungen zahlen.

Nach seiner Rückkehr befreite Sulla Rom von der Herrschaft der Popularen und eröffnete ein furchtbares Strafgericht gegen die Anhänger des Marius. Auf Listen wurden die Namen der Opfer aufgezeichnet. Es gab keine Untersuchung und keine Gnade. Wer auf der Liste der Geächteten stand, verlor Leben und Besitz. Gewinnsüchtige Verleumder hatten leichtes Spiel, und schamlos bereicherten sich die Anhänger Sullas. Gegen 5000 angesehene Bürger, darunter 90 Senatoren und 1600 Ritter, kamen durch Ächtung ums Leben.

Sulla ließ sich zum Diktator ernennen und ordnete den Staat im Sinne der Optimaten. Der Senat erhielt die Aufsicht über die Geschworenengerichte zurück.

Links: Der zur Zeit Sullas errichtete Tempel der Fortuna Virilis am Tiberufer. Er ist der einzige, beinahe vollständig erhaltene römische Tempel aus der Zeit der Republik. Die jonische Architektur geht auf griechisch-kleinasiatische Vorbilder zurück. Im Gegensatz zum griechischen Tempel gehen die Säulen an der Cellawand in Halbsäulen über.

Rechte Seite: Wandmalerei aus der „Mysterienvilla" in Pompeji, 1. Jh. v. Chr., Ausschnitt. Dargestellt ist die Aufnahme einer Gläubigen in den Geheimbund der Dionysosanhänger. Während der alte römische Glaube verblaßte (vgl. S. 152), hofften die Verehrer des Dionysos, im Zustand des Rausches und der Ekstase mit Gott vereinigt zu werden. Das Bild macht auch deutlich, wie groß der Einfluß griechischer Vorstellungen auf das römische Leben war (vgl. S. 135).

Die Volkstribunen durften nur noch Anträge einbringen, die vom Senat bestätigt waren. Auch konnte ein Volkstribun nach Beendigung seiner Amtszeit kein anderes Amt mehr bekleiden. Den ausgedienten Soldaten (Veteranen) seines Heeres verschaffte Sulla in Italien Grund und Boden. Damit führte er auf seine Weise durch, was schon die Gracchen erstrebt hatten. Im Jahre 79 v. Chr. legte Sulla die Diktatur freiwillig nieder; ein Jahr später starb er. Doch war der Senat nicht mehr imstande, die wiedergewonnene Macht zu bewahren.

4. Der Feldherr Pompeius

Die Feldzüge des Pompeius. Seit Marius und Sulla spielten die Feldherrn der Söldnerlegionen in der Republik eine wichtige Rolle. Die Söldner kümmerten sich nicht um Senat oder Volksversammlung, wenn ihnen nur ihr Feldherr reiche Beute im Krieg und Landzuweisung nach der Entlassung versprach.

Auch der junge Gnaeus Pompeius wollte im Feldherrnamt zur Macht kommen, aber auf gesetzlichem Wege. Er war kein Parteimann und stellte sich sowohl dem Volke wie dem Senat zur Verfügung, wenn er einen ruhmversprechenden Auftrag bekommen konnte. Seine ersten Lorbeeren erntete er noch unter Sulla. Dann besiegte er mit viel Glück einen Anhänger des Marius in Spanien, der dort die Einheimischen gegen die Römer führte.

Während dieser Zeit tobte in Italien ein furchtbarer Sklavenaufstand. In Capua hatten Fechtersklaven sich befreit (73 v. Chr.); sie erhielten von überallher Zuzug.

Die von den Römern als Landarbeiter verwendeten Sklaven lebten unter entsetzlichen Bedingungen. Mit Ketten an den Füßen mußten sie arbeiten, grausame Aufseher trieben sie mit Peitschenhieben an. Die Nacht verbrachten sie in dunklen, feuchten Kellern. Nicht besser ging es den Sklaven in den Fechterschulen, die zu Gladiatoren (Schwertkämpfern) ausgebildet wurden. Sie mußten in den römischen Theatern zur Unterhaltung der Menge auf Leben und Tod kämpfen (vgl. S. 168).

Der Führer der aufständischen Sklaven war der tapfere Spartacus. Er schlug mehrere römische Heere. Erst Crassus, der reichste Mann Roms, der unter Sulla die Güter der Geächteten in Massen aufgekauft hatte, wurde mit ihm fertig. Die Gefangenen wurden zu Tausenden an der Straße von Rom nach Capua ans Kreuz ge-

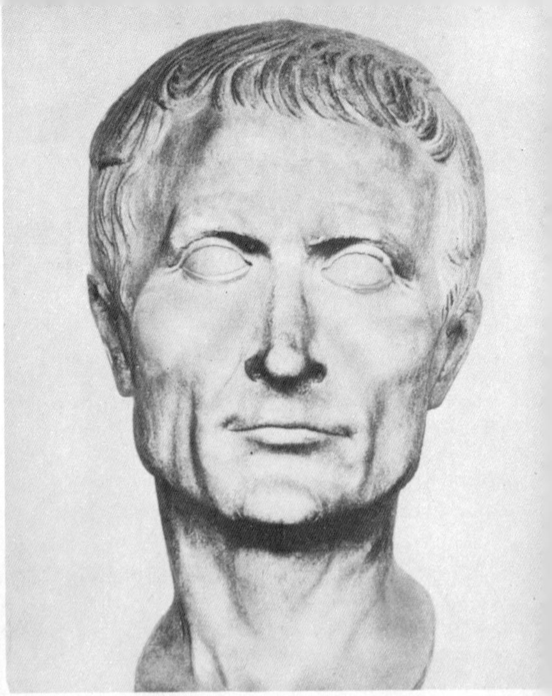

Links: Porträtbüste des Pompeius (um 50 v. Chr.). – Rechts: Porträtbüste des Julius Cäsar (um 20 v. Chr.)

schlagen. Eine Abteilung der Sklaven fiel dem Pompeius in die Hände, als er gerade aus Spanien zurückkehrte. Stolz meldete er dem Senat, auch noch den Sklavenkrieg beendet zu haben.

Als ihm der Senat das Konsulat verweigerte, verständigte sich Pompeius mit den Popularen. Daraufhin wurde er für das Jahr 70 v. Chr. zusammen mit Crassus zum Konsul gewählt. Die beiden Konsuln stellten die alten Rechte der Volkstribunen wieder her. Dafür erhielt Pompeius drei Jahre später auf Antrag eines Volkstribuns den Oberbefehl im Seeräuberkrieg. Die Seeräuber störten den Handel und Verkehr im Mittelmeer so stark, daß die Getreidepreise in Italien in die Höhe schnellten. Mit außerordentlichen Vollmachten versehen säuberte Pompeius das Meer in kürzester Zeit. Durch Volksbeschluß erhielt er auch den Auftrag, den König Mithridates, der nicht Ruhe gegeben hatte, endgültig niederzuwerfen. Er verjagte diesen aus Kleinasien und zog dann aus eigenem Entschluß nach Syrien. Hier setzte er den letzten Seleukidenkönig (vgl. S. 132) ab und machte Syrien zur römischen Provinz (63 v. Chr.). Als Pompeius die Provinzen im Osten geordnet hatte, kehrte er nach Italien zurück.

Das erste Triumvirat. Der Senat wollte den erfolgreichen Feldherrn Pompeius nicht zu mächtig werden lassen und weigerte sich, seine Anordnungen im Osten zu bestätigen und den Veteranen seines Heeres Land zuzuweisen. Da verbündete sich Pompeius mit den Führern der Popularen, Crassus und Cäsar. Sie schlossen einen Dreimännerbund (= Triumvirat) und einigten sich darauf, daß „in der Politik nichts unternommen werden solle, was einem von ihnen mißfalle" (60 v. Chr.). Der römische Staat war jetzt in der Hand der drei Männer. Cäsar wurde 59 v. Chr. Konsul und setzte die Forderungen des Pompeius durch. Nach Ablauf seines Amtes sollte Cäsar Statthalter im Diesseitigen und im Narbonensischen Gallien werden.

60 v. Chr.

5. Gaius Julius Cäsar

Persönlichkeit und Aufstieg. Cäsar stammte aus dem alten Patriziergeschlecht der Julier. Diese führten ihre Ahnenreihe auf Julus, den Sohn des Äneas und damit auf die Göttin Venus zurück, die als die Mutter des Trojanerhelden galt. Geboren wurde Cäsar im Jahre 100 v. Chr. Sein Geburtsmonat erhielt später nach ihm den Namen Juli. Cäsar war ein Neffe des Marius und hielt dessen Andenken immer hoch. Unter Sulla verließ er Rom und kehrte erst nach dem Tode des Diktators in die Stadt zurück. Dort erregte er Aufsehen durch sein verschwenderisches Leben und durch seine öffentlichen Anklagen gegen angesehene Optimaten.

Auf einer Reise nach Rhodos fiel der junge Cäsar in die Hände von Seeräubern. Aber er verspottete sie und spielte sich unter den einfachen Männern wie der Herr des Schiffes auf. Er bot ihnen das Doppelte des geforderten Lösegeldes, um sie von der Wichtigkeit seiner Person zu überzeugen. Kaum war er aber frei, verschaffte er sich einige bewaffnete Schiffe, griff die Piraten auf und ließ sie ans Kreuz schlagen.

In Rom schlug er die übliche Ämterlaufbahn ein. Er gab dem Volke glänzende Feste, die Millionen kosteten. Crassus mußte ihm dafür die Mittel vorstrecken. In Spanien erwarb Cäsar Erfahrungen als Feldherr, gewann aber auch den nötigen Reichtum, der ihn von seiner riesigen Schuldenlast befreite. Zielbewußt verfolgte er seinen Weg zur Macht. In den Provinzen, die ihm zugefallen waren, wollte er sich ein zuverlässiges Heer schaffen, um seine Machtstellung im Staate zu sichern. Aber er wußte auch, daß die Gefahren an den Grenzen seiner Provinzen einen Mann verlangten, der sich selbst etwas zutraute.

Sueben und Helvetier. Das freie, keltische Gallien (vgl. S. 132) war damals von Stämmen der germanischen Sueben bedroht, die unter Führung des Königs Ariovist standen. Sie hatten die Kelten aus dem Gebiet nördlich der Donau verdrängt und sich im heutigen Südwestdeutschland niedergelassen. Die keltischen Stämme in Gallien rieben sich in gegenseitigen Kämpfen auf. Deshalb hoffte Ariovist, für sein Volk in Gallien Land gewinnen zu können. Ein gallischer Volksstamm, der im Streit mit seinen

Gallien zur Zeit Cäsars

Nachbarn lag, hatte ihn zu Hilfe gerufen. Ariovist überschritt den Oberrhein, siegte, setzte sich in Gallien fest und zog immer neue germanische Scharen über den Rhein. Doch auch die keltischen Helvetier in der Schweiz verspürten vom Oberrhein her den verstärkten suebischen Druck. Sie beschlossen daher, nach Gallien auszuwandern und dort die gallischen Stämme in einem Bund zusammenzuschließen.

Cäsar im Kampf mit Sueben und Galliern. Zu diesem Zeitpunkt erschien Cäsar in Gallien und ging sofort zum Angriff über. Er besiegte die Helvetier und zwang sie, in ihre alten Wohnsitze zurückzukehren. Dort sollten sie einen Wall gegen die Germanengefahr bilden. Aber auch dem gefährlicheren Gegner Ariovist wich Cäsar nicht aus. In der Gegend des heutigen Mülhausen, an der Pforte zwischen Vogesen und Schweizer Jura, fiel die Entscheidung. Der römische Feldherr zwang den germanischen Heerführer zur vorzeitigen Annahme einer Schlacht. In dem Handgemenge erwies sich das kurze Schwert der Römer den germanischen Waffen überlegen. Die Sueben wurden vernichtend geschlagen (58 v. Chr.). Nur Ariovist selbst vermochte sich mit einer kleinen Schar über den Rhein zu retten. Rasch eroberte und besetzte Cäsar das Land zwischen Ozean und Rhein. Schon im Jahr 55 v. Chr. stand ganz Gallien unter römischer Herrschaft.

Der Aufstand des Vercingetorix. Cäsar richtete seinen Blick auch über die Grenzen Galliens hinaus. Zweimal überschritt er den Rhein, um Germanenstämme abzuschrecken. Zweimal fuhr er über den Ärmelkanal nach Britannien. Da erhob sich ganz Gallien unter Vercingetorix zum letzten Verzweiflungskampf. Alle Kräfte mußte Cäsar anspannen, um den Aufstand niederzuschlagen. Trotz einiger Niederlagen versagten aber seine kriegserprobten Legionen nicht; sie vertrauten der überlegenen Kriegskunst ihres Feldherrn, der selbst alle Strapazen mit ihnen teilte. Schließlich unterlag der gallische Freiheitsheld den römischen Waffen (52 v. Chr.).

Römische Kriegsmaschinen: Das Katapult (oben) konnte Pfeile noch auf 350 m treffsicher ins Ziel bringen und verlieh ihnen eine gewaltige Durchschlagskraft. Die Wurfmaschine (Mitte) war ein Steilbahngeschütz für Steinkugeln mit einem Gewicht von 2 kg, die bis zu 300 m weit geschleudert wurden. Der Rammbock (unten) wurde als „Hängender Widder" bezeichnet. Der widderförmige Kopf bestand aus Metall. 200 Mann (je 10 an 20 Stricken) setzten die Belagerungsmaschine in Bewegung.

Jetzt erst war die reiche Provinz Gallien fest im Besitz der Römer. Wie in Spanien setzte sich auch in Gallien die lateinische Sprache durch; die Kelten Galliens wurden „romanisiert". Darum spricht man heute in Frankreich eine romanische Sprache.

Die Kelten in Mitteleuropa waren den Römern und den Germanen erlegen. Nur südlich der Donau hielten sich für einige Zeit noch freie Keltenstämme.

Cäsars Kampf gegen Pompeius und Senat. Im Jahre 49 v. Chr. war die Statthalterschaft Cäsars in Gallien abgelaufen. Aber die Lage in Rom war für ihn nicht günstig. Pompeius mißtraute ihm und hielt wieder zum Senat. Crassus war als Statthalter von Syrien im Kampfe gegen die gefährlichen Parther gefallen. Der Senat wollte das Amt Cäsars nicht mehr verlängern und verlangte, daß er als Privatmann nach Rom zurückkehre. Cäsar wußte, daß er seit seinem Konsulat manche gesetzwidrige Maßnahme durchgeführt hatte. Seine Gegner warteten nur darauf, ihn als Privatmann vor Gericht zu ziehen und trotz seiner Verdienste verurteilen zu lassen. Cäsars Gegenvorschläge wies der Senat ab und bestand darauf, daß er den Befehl über seine Legionen niederlege.

Da entschloß sich Cäsar zum Handeln: „Der Würfel sei gefallen!" Mit diesen Worten soll er den Grenzfluß zwischen seiner Provinz Gallien und Italien überschritten haben. Nach zwei Monaten war er der Herr Italiens. Pompeius sammelte in Griechenland ein Heer, nachdem er Italien kampflos aufgegeben hatte. Zu seiner Rückendeckung sicherte sich Cäsar zuerst Spanien und setzte dann nach Griechenland über. Der Sturm bei der Überfahrt, die ersten Mißerfolge im Kampf gegen Pompeius ließen ihn nicht verzagen. Bei Pharsalos in Thessalien traten sich beide Heere zur Entscheidungsschlacht gegenüber (48 v. Chr.). Pompeius unterlag, floh nach Ägypten und wurde dort heimtückisch ermordet. Aber erst nach fünfjährigem Bürgerkrieg hatte Cäsar seine Feinde in allen Teilen des Reiches niedergeworfen. **48 v. Chr.**

Die Friedenstätigkeit des Alleinherrschers. Cäsar überraschte die Gegner, aber auch die eigenen leidenschaftlichen Anhänger durch seine Milde. Er kannte keinen persönlichen Haß; von Pompeius sprach er nie anders als mit Achtung. Großmütig bot er den Gegnern, die sich mit der neuen Lage abfinden wollten, die Versöhnung an. Aber die Macht im Staate sicherte er sich auf jede Weise. Durch den Senat ließ er sich zum Diktator auf Lebenszeit ernennen. Senat und Volksversammlung mußten sich nach seinen Vorschlägen richten. Cäsar war jetzt unbeschränkter Alleinherrscher (griech. = Monarch), obwohl er keinen Königstitel trug. Rom war in Wirklichkeit keine Republik mehr.

Dem Volk spendete Cäsar freigiebig Getreide und Geld. Er siedelte über 80000 Bürger in den Provinzen an, besonders in Spanien, und verringerte so die Zahl der Getreideempfänger in Rom. Die zahlreichen Arbeitslosen Roms beschäftigte er durch großzügige Bautätigkeit. Auch seinen Veteranen gab er Land, ohne daß dadurch andere Grundbesitzer enteignet wurden. Für die Provinzen legte er genau die Leistungen fest, die die Statthalter verlangen durften. Durch solche und ähnliche Maßnahmen bewies Cäsar, daß es ihm darum ging, geordnete und gesunde Verhältnisse im ganzen Reich zu schaffen.

Er brachte auch den ägyptischen Kalender nach Europa, ließ ihn verbessern und in jedes vierte Jahr einen Schalttag einfügen (Julianischer Kalender). Jetzt bestand zwischen dem Kalender und dem wirklichen Sonnenjahr nur noch eine ganz geringe Unstimmigkeit, die erst Papst Gregor XIII. im Jahre 1582 beseitigte (Gregorianischer Kalender).

Die Iden des März. Aber viele Männer aus den führenden Familien Roms versöhnten sich nicht mit Cäsar. Sie konnten es nicht verwinden, daß sich ein einzelner über sie stellte und daß ihr Einfluß im Senat nichts mehr bedeutete. Unter Führung von Brutus und Cassius sammelten sich etwa 60 Verschworene; sie wollten Cäsar in einer Senatssitzung ermorden, bevor er den geplanten Feldzug gegen das Partherreich antrat. Schlimme Vorzeichen und ein schrecklicher Traum seiner Gemahlin warnten Cäsar vor der Sitzung, die 44 v. Chr. an den „Iden des März" (15. März) stattfinden sollte. Aber der unbekümmerte Diktator schien auch jetzt nur an sein Glück zu glauben. So trafen ihn dreiundzwanzig Dolchstöße vor der Statue seines großen Gegners Pompeius im Sitzungssaal des Senates.

44 v. Chr.

Der Kampf um Cäsars Erbe. Die Verschwörer und der Senat warteten untätig. Bei der Leichenfeier auf dem Forum peitschte Marcus Antonius, ein Anhänger Cäsars, die Massen gegen die Mörder auf und zwang diese, aus der Stadt zu flüchten. Von da an schaltete Antonius willkürlich in Rom, als sei er Cäsars Nachfolger, bis ihm der erst 18jährige Großneffe Cäsars, Octavian, entgegentrat. Dieser war von Cäsar zum Haupterben eingesetzt und auch adoptiert, das heißt an Sohnes Statt angenommen worden. Antonius nahm den schweigsamen Jüngling zuerst nicht ernst. Aber Octavian sammelte die Veteranen Cäsars um sich und kämpfte im Bunde mit dem Senat gegen Antonius. Allerdings dachte auch Octavian keineswegs an die Wiederherstellung der Republik. Nach dem Siege über Antonius versöhnte er sich, kühl berechnend, mit seinem Gegner und schloß mit ihm und Lepidus, dem Reiterobersten Cäsars, das zweite Triumvirat (vgl. S. 142). Die diktatorische Gewalt war nunmehr auf drei Männer verteilt.

Links: Goldmünze mit dem Bild des Cäsar-Mörders Brutus. – Rechts: Silberdenar des Brutus mit der „Freiheitsmütze" (einer die Freilassung aus der Sklaverei symbolisierenden Filzkappe) zwischen zwei Dolchen der Verschwörer. Darunter die Abkürzung EID. MAR (= an den Iden des März)

Die erste Tat der neuen Triumvirn war ein furchtbares Strafgericht über die Anhänger der Republik. Wie zu Sullas Zeiten wurden die politischen Gegner der Machthaber geächtet und ihre Vermögenswerte eingezogen. Unter den Opfern war auch Cicero, der sich den Haß des Antonius zugezogen hatte.

Marcus Tullius Cicero, der größte Redner Roms, war ein überzeugter Anhänger der freien römischen Republik. Nach Cäsars Tod hatte er gehofft, als führender Mann im Senat die alte Ordnung wiederherstellen und den jungen Octavian im Sinne des Senates beeinflussen zu können. Wenn Cicero auch in der praktischen Politik scheiterte, so hat er doch in seinen Werken über den Staat und die Philosophie ein unvergängliches Bild idealen Römertums geschaffen.

Trotz des Blutbades auf italischem Boden verfügten die Anhänger der Republik im Osten noch über beachtliche Kräfte. Die Cäsarmörder Brutus und Cassius stellten in Griechenland ein starkes Heer auf. Aber in zwei Schlachten bei Philippi in Makedonien wurden die Republikaner von Antonius und Octavian besiegt; Brutus und Cassius gaben sich selbst den Tod (42 v. Chr.).

Die Sieger teilten das Reich. Antonius erhielt den Osten und begab sich bald nach Alexandria in Ägypten. Octavian übernahm Italien und den Westen des Reiches. Lepidus mußte sich mit der Provinz Africa begnügen, die ihm aber nach einigen Jahren Octavian wieder abnahm.

Auch die Einigkeit der beiden großen Machthaber dauerte nicht an. Antonius trat im Osten wie ein orientalischer Herrscher auf. Er nahm die ägyptische Königin Kleopatra zur Frau und schenkte ihr und ihren Kindern Teile römischer Provinzen. Geschickt nützte Octavian die Fehler seines Widersachers aus, um in Italien gegen Antonius Stimmung zu machen. Der Senat entsetzte den Antonius aller seiner Ämter und erklärte Kleopatra den Krieg. Bei dem Vorgebirge Actium im Westen Griechenlands siegte die Flotte Octavians. Antonius floh nach Ägypten, und sein Landheer ergab sich kurz darauf (31 v. Chr.). Als Octavian im folgenden Jahre vor Alexandria erschien, nahmen sich Antonius und Kleopatra das Leben. Der Sieger aber machte das Ptolemäerreich Ägypten zur römischen Provinz und kehrte dann als Alleinherrscher nach Rom zurück (30 v. Chr.).

Kopie einer um 50 v. Chr. entstandenen Porträtbüste des Marcus Tullius Cicero

Wir fassen zusammen:

Der Krieg gegen Hannibal und die Rücksichtslosigkeit der reichen Oberschicht hatten das Bauerntum in Italien fast vernichtet. Auch der Senat vergaß die bäuerlichen Anfänge Roms und sah die Stärke des Römischen Reiches allein in äußerer Macht und wachsendem Reichtum. Der Censor Cato bekämpfte einseitig die griechische Bildung, um altrömische Gesittung zu erneuern.

Die Brüder Tiberius und Gaius Gracchus versuchten, den entwurzelten Bauernbürgern, den Proletariern Roms, wieder eigenen Besitz zu verschaffen (133 und 123 v. Chr.). Sie scheiterten an der Kurzsichtigkeit des Senates, aber auch der proletarischen Masse, die den italischen Bundesgenossen das Bürgerrecht nicht gönnte.

Den römischen Bürgerheeren fehlte der Nachwuchs aus dem Bauernstand. Darum ging Marius dazu über, aus den besitzlosen Schichten länger dienende Söldner anzuwerben. Die Schlagkraft der römischen Legionen wurde dadurch wieder verstärkt. Marius besiegte 102/101 v. Chr. die Kimbern und Teutonen, die ersten Germanen, die römisches Gebiet betraten.

Aber die Söldnerheere waren auch gefügige Werkzeuge in der Hand der Feldherrn, die ihnen Beute und Landanweisung versprachen. Sulla errichtete mit Hilfe seiner Legionen die Diktatur (82 v. Chr.), nachdem er den König Mithridates von Pontos in Kleinasien besiegt hatte. Der Feldherr Pompeius schloß mit Crassus und Cäsar im Jahre 60 v. Chr. das 1. Triumvirat, weil der Senat seine Anordnungen im Osten und die Landzuweisungen für seine Veteranen nicht genehmigte.

Cäsar wirkte zehn Jahre lang als Statthalter in Gallien, schlug den Suebenkönig Ariovist 58 v. Chr. und den gallischen Freiheitshelden Vercingetorix 52 v. Chr. Mit seinen erprobten Legionen machte er in fünfjährigem Kampfe gegen Pompeius und seine Anhänger der römischen Republik ein Ende. Nach Cäsars Tod 44 v. Chr. trat sein Großneffe Octavian das Erbe an und verteidigte es gegen Antonius. Im Jahre 30 v. Chr. besaß Octavian nach der Eroberung Ägyptens die Alleinherrschaft.

V. Die römische Kaiserzeit

1. Augustus

30 v. Chr. bis 14 n. Chr.

Der „Erste Bürger" Roms. Octavian sah deutlich, was Italien und die Provinzen brauchten: den Frieden. Deshalb widmete er sich mit der klugen und staatsmännischen Besonnenheit, die ihn auszeichnete, vor allem der Sicherung des Reiches. Ihm ging es nicht um den Titel eines Königs, um ein glanzvolles und prächtiges Auftreten. Ihm genügte es, als der „Erste Bürger" des Staates zu gelten. Die Republik schien weiter zu bestehen, aber die tatsächliche Macht lag bei Octavian. Der Senat ehrte seine Leistung für den Frieden und gab ihm im Jahre 27 v. Chr. den Ehrennamen Augustus, das heißt „der Erhabene", „der Erlauchte". Später wurde ihm das Amt eines Volkstribunen auf Lebenszeit übertragen; dadurch war er persönlich unverletzlich und konnte gegen jede Amtshandlung eines Beamten Einspruch erheben. Er behielt als Imperator (Feldherr) den Befehl über alle Legionen. Die Titel „Imperator" (vgl. empereur) und „Cäsar" bekamen im Laufe der Zeit die Bedeutung des Wortes „Kaiser" (vgl. auch „Zar"). Die Empfehlungen des Augustus hatten bei den Ämterwahlen ein solches Gewicht, daß nur seine Vertrauensleute gewählt wurden. So standen auch Senat und Volksversammlung ganz unter seinem Einfluß.

Das augusteische Zeitalter. Wie Perikles in der Geschichte Athens, so gab Augustus in der römischen Geschichte seinem Zeitalter den Namen. Er schenkte Rom den Frieden, die „pax Augusta", und bemühte sich, die sittlichen und geistigen Kräfte des italischen Kernlandes zu sammeln. Augustus war kein Stadtrömer; er stammte aus Velitrae, südlich des Albanergebirges. In den Landstädten Italiens hatte sich der bäuerliche Sinn für die „Vätersitte", der Rom einst groß gemacht hatte, erhalten. Das alte Römertum zu erneuern, war das wichtigste Ziel der Staatskunst des Augustus.

Livius, der die Geschichte Roms von der Gründung der Stadt bis zu seiner Zeit beschrieb, pries das staatsmännische Erneuerungswerk des Kaisers. Maecenas, der feinsinnige Vertraute des Augustus aus altetruskischem Geschlecht, führte die Dichter Vergil und Horaz in den Kreis des Herrschers ein. Vergil dichtete das nationale Heldenlied der Römer. Seine „Aeneis" schildert die Irrfahrten des Trojaners Aeneas, des Stammvaters des göttlichen julischen Geschlechtes, dem Augustus angehörte. Horaz lobte das „goldene Zeitalter" des Friedens, das der Kaiser herbeigeführt hatte:

„Kein Bürgerkrieg, nicht der Barbaren Macht
zerstört fortan den uns geschenkten Frieden.
Es wird kein Zürnen blut'ge Waffen schmieden,
solang August der Erde Kreis' bewacht."

Durch eifrige Bautätigkeit beseitigte Augustus die Schäden, welche die Stadt Rom in den Bürgerkriegen erlitten hatte. 82 Tempel ließ er wiederherstellen, und er konnte berichten: „Als ich zur Regierung kam, hatte Rom nur Lehm- und Ziegelbauten. Wenn ich sterbe, hinterlasse ich eine Stadt aus Marmor!" Auf dem Palatin wurde ein Tempel des Apoll mit einer großen Bibliothek gebaut. Nicht weit davon erhob sich

Rechte Seite: Kaiser Augustus als Feldherr, eine 2 m hohe Marmorstatue. Die Darstellungen auf dem Panzer verherrlichen die Taten des Augustus. Oben der Himmelsgott, der das Himmelsgewölbe trägt. Unter ihm der Sonnengott auf seinem Wagen, dem die Taugöttin voranfliegt; über dieser eine Göttin mit Fackel, vielleicht Venus mit dem Morgenstern. Darunter die Sinnbilder der unterworfenen Völker: ganz links eine Germanin, ganz rechts eine Keltin. Zwischen beiden ein Parther, der einem römischen Feldherrn (Tiberius?) einen Legionsadler zurückgibt (um 20 n. Chr.).

Oben: Die sogenannte Gemma Augustea, auf der Augustus, Tiberius und Germanicus dargestellt sind. Augustus thront neben der Göttin Roma, darüber der Steinbock als sein Geburtsgestirn. Auf dem Triumphwagen Tiberius, daneben vermutlich Germanicus. In der unteren Bildhälfte Errichtung eines Siegesmals in Gegenwart der besiegten pannonischen Stämme. – Unten: Friedensaltar des Augustus

Oben: Der von Agrippa, dem Feldherrn und Schwiegersohn des Augustus, errichtete Tempel in Nimes (um 15 v. Chr.), die sogenannte Maison Carrée (vgl. den Tempel S. 140). — Unten: Prozession der kaiserlichen Familie, Relief auf der Südseite des Friedensaltars (13–9 v. Chr.). Dem Liktor folgen Agrippa, dahinter sein Sohn Gaius Cäsar, Livia, die dritte Gemahlin des Augustus, und Tiberius.

der bescheidene Palast des Kaisers, das Palatium. Dem Andenken seines Neffen und Schwiegersohnes Marcellus erbaute Augustus auf dem Marsfelde ein Theater. Zwischen dem Tiber und der Ausfallstraße im Norden der Stadt errichtete er sein eigenes Mausoleum, an dem nach seinem Tode ein Rechenschaftsbericht über sein Lebenswerk auf ehernen Tafeln angebracht werden sollte. An derselben Straße ließ Augustus einen Altar des Friedens erstellen, der sein Friedenswerk verherrlichte. Unweit des Marcellustheaters standen die Badehallen, die man wegen des warmen Wassers Thermen nannte (griech. thermós = warm). Ihr Erbauer war Agrippa, ein kaiserlicher Feldherr, der auch das Pantheon errichten ließ, einen Rundtempel, der allen Göttern geweiht war (vgl. S. 170).

Über das ganze Reich dehnte sich die Fürsorge des Augustus aus. In Ägypten ließ er gleich nach seinem Regierungsantritt Bewässerungsanlagen erneuern, die in den Kriegswirren verkommen waren. Damals wurden auch im heutigen Südfrankreich zahlreiche Wasserleitungen (Aquädukte) gebaut, unter anderen der großartige Pont du Gard, der jetzt noch in stolzen Bogen ein breites Tal überspannt. Das ganze Reichsgebiet wurde vermessen und eine brauchbare Landkarte geschaffen. An dem goldenen Meilenstein auf dem Forum in Rom, den Augustus aufstellen ließ, mündeten die Heerstraßen Italiens; es war der Mittelpunkt der damaligen Welt.

Die Sehnsucht nach dem wahren Gott. Die Staatsgötter Roms genügten vielen Menschen schon längst nicht mehr; denn sie konnten auf das Leid und Unrecht in der Welt keine Antwort geben. So kam es, daß im römischen Weltreich viele Götter des Ostens verehrt wurden. Ihre Priester versprachen, die Menschen durch geheimnisvolle Weihen der Gottheit näherzubringen und in ein glückliches Jenseits zu führen.

Linke Seite: Der Pont du Gard bei Nimes, der über einen Nebenfluß der Rhone führt. Das Bauwerk ist 269 m lang und 49 m hoch. Auf der obersten Bogenreihe verlief die mit Steinplatten abgedeckte Rinne der Wasserleitung, die insgesamt 20 km lang war und der Stadt Nimes (Nemausus) täglich rund 40000 cbm Wasser lieferte (um 20 v. Chr.).

Rechts: Ein in Heddernheim bei Frankfurt am Main gefundenes Mithras-Denkmal. Das Altarbild des stiertötenden Mithras bildete den Mittelpunkt des Mithras-Tempels. Links und rechts Genien mit erhobener und gesenkter Fackel, oben der Tierkreis. Der Stier gilt nach der Mithras-Religion als das erste Lebewesen; sein Tod bedeutet den Ursprung der Schöpfung.

Die ägyptische Göttin Isis und die kleinasiatische Göttermutter Kybele wurden schon früh in Rom verehrt, aber auch die Kulte anderer kleinasiatischer und syrischer Gottheiten gewannen Anhänger. Seit den Seeräuberkriegen des Pompeius wurde der persische Lichtgott Mithras im Westen immer mehr bekannt; in der Kaiserzeit wurde er bei den römischen Grenzlegionen besonders eifrig verehrt. Aber auch Aberglaube syrischer und babylonischer Herkunft mit Scharen von Wahrsagern, Traum- und Sterndeutern breitete sich im römischen Weltreich aus und fand oft in den höchsten Kreisen der Hauptstadt williges Gehör.

In diese Zeit unsicheren Glaubens und unruhiger Erwartung fiel das Ereignis, das die „Zeitenwende“ in der Menschheitsgeschichte heraufführte. Während der Volkszählung, die der römische Statthalter Quirinus in Judäa anordnete, wurde in Bethlehem Jesus Christus geboren. Für seine Botschaft bildete das weite Reich des Augustus den gut vorbereiteten Boden.

Die Abgrenzung des Reiches. Cäsars Welteroberungspläne lagen Augustus fern. Ihm genügte es, das Reich zu ordnen und zu sichern. Darum legte er alle Legionen an die gefährdeten Grenzen des Reiches. Nur die Prätorianergarde, die dem Schutze des Kaisers und der allgemeinen Sicherheit der Hauptstadt diente, blieb in der Nähe Roms.

Um die Verteidigung zu erleichtern, faßte Augustus den Plan, das Reich im Norden und Nordosten durch eine möglichst kurze Grenze abzuschließen. Seine Stiefsöhne Drusus und Tiberius eroberten das Gebiet zwischen Alpen und Donau, das noch von unabhängigen Kelten bewohnt war. Augustus hielt jedoch die Reichsgrenze erst dann für gesichert, wenn sie bis zur Elbe vorgeschoben würde. Dadurch hätten die römischen Grenzen wesentlich verkürzt werden können.

Links: Der Grabstein des Marcus Caelius, eines in der Varus-Schlacht gefallenen römischen Hauptmannes. Der Stein wurde in Xanten gefunden. Der Offizier ist im Schmuck seiner Orden und Ehrenzeichen dargestellt. Neben ihm seine beiden freigelassenen Sklaven, die mit ihm fielen.

Rechte Seite: Das Mausoleum des Augustus (vgl. S. 152). Über dem marmorverkleideten Rundbau von 87 m Durchmesser erhob sich ursprünglich ein mit immergrünen Bäumen bewachsener Erdhügel. Auf der Spitze stand eine Kolossalstatue des Augustus. Die Aschenurnen des Kaisers und seiner Familie befanden sich in einer Grabkammer in der Mitte des Mausoleums.

Drusus übernahm den Oberbefehl über die am Niederrhein stehenden Legionen. Nach erfolgreichen Kriegen mit verschiedenen germanischen Stämmen begab er sich von Mainz (Mogontiacum) aus auf seinen letzten Feldzug. Am Ufer der Elbe soll ihm eine germanische Seherin von übermenschlicher Größe, Unheil verkündend, entgegengetreten sein. Er kehrte um, stürzte auf dem Rückmarsch mit dem Pferde und starb bald darauf. In Mainz errichtete ihm das Heer ein Denkmal, den „Eigelstein" (aquila, aigle = Adler), dessen Überreste noch heute zu sehen sind.

Tiberius folgte im Oberbefehl. Er erreichte viel durch kluges Entgegenkommen. Eine römische Flotte fuhr in die Elbe ein. Augustus selbst war auf diese kühne Erkundungsfahrt seiner Flotte sehr stolz. Bis zur Elbe schien der Widerstand gebrochen. Römerstraßen durchzogen das gewonnene Land und wurden durch Kastelle (befestigte Plätze) und Sommerlager gesichert.

Dienstbereit drängten sich germanische Häuptlinge zum Zelt des römischen Befehlshabers. Mancher Sohn aus angesehenem germanischen Geschlecht trat in römische Kriegsdienste, so auch ein junger Adliger aus dem Stamme der Cherusker, den die Römer Arminius nannten.

Armins Befreiungskampf. Als Armin in die Heimat zurückgekehrt war, fand er seine Landsleute aufs tiefste erbittert über den neuen römischen Statthalter Varus. Rücksichtslos verlangte dieser von den germanischen Bauern, die außer freiwilligen Gaben an ihre Fürsten keine Steuern kannten, sie sollten den Römern regelmäßig Getreide, Vieh und Leder liefern. Wer sich widersetzte, wurde von fremden Richtern nach fremdem Gesetz verurteilt und gezüchtigt.

Arminius sah die Not seiner Volksgenossen und sann auf Rettung. Insgeheim gewann er Anhänger für eine Verschwörung, zuerst unter den Cheruskern, dann unter

den benachbarten Stämmen. Während er die Erhebung umsichtig vorbereitete, wußten seine Getreuen den Varus in Sicherheit zu wiegen. Auch als der römische Feldherr von Segestes, einem anderen Cheruskerfürsten, ernstlich gewarnt wurde, blieb er sorglos wie zuvor. Er mochte wohl annehmen, Segestes verdächtige den Armin aus persönlichem Haß, da dieser Thusnelda, die Tochter des Segestes, entführt und gegen den Willen ihres Vaters geheiratet hatte. So zog sich das Verderben über Varus zusammen. Im Herbst des Jahres 9 n. Chr., als das römische Heer aus dem Sommerlager an der Westfälischen Pforte an den Rhein zurückkehren wollte, erhoben sich auf Verabredung einige fernwohnende Völkerschaften. Varus mußte von der gesicherten Heerstraße abbiegen. Unter einem nichtigen Vorwande blieben Armin und andere Fürsten mit den germanischen Hilfstruppen zurück und zogen die bereitgestellten Streitkräfte heran. Das römische Heer gelangte inzwischen in die moorigen Gegenden des „Teutoburger Waldes" und arbeitete sich mit dem schwerfälligen Troß auf grundlosen Wegen nur mühsam vorwärts. Dadurch wurden die römischen Truppen immer weiter auseinandergezogen, und jede Übersicht ging verloren. Plötzlich begann der germanische Angriff. Die römischen Legionäre wehrten sich lange mit Erfolg. Erst am dritten Tage erlahmte der letzte Widerstand. Verzweifelt stürzte sich Varus in sein Schwert. Drei erprobte Legionen, die den Kampf mit den Germanen seit 20 Jahren kannten, wurden vernichtet. Nur ein Teil der Reiterei rettete sich durch Flucht. Als die Schreckenskunde nach Rom gelangte, soll Augustus ausgerufen haben: „Varus, gib mir meine Legionen wieder!"

9 n. Chr.

Das Ende des Augustus. Augustus hatte nichts sehnlicher gewünscht, als das Reich einem Nachfolger aus eigenem Blut übergeben zu können. Doch so erfolgreich er im Staatsleben war, so sehr war er in der eigenen Familie vom Unglück verfolgt. Eigene

Söhne besaß er nicht. Den Sohn seiner Schwester, die Söhne seiner Tochter Julia, den Stiefsohn Drusus, den er dem Tiberius vorzog, alle mußte er sterben sehen. So blieb ihm als Nachfolger nur Tiberius, den er schließlich als Mitherrscher einsetzte. Fünf Jahre überlebte Augustus die Varusschlacht. Er starb im Alter von 76 Jahren (14 n. Chr.).

14 n. Chr.

2. Tiberius und Nero. Christenverfolgung in Rom

Tiberius. Nur ungern übernahm Tiberius die Last der Herrschaft (14–37). Er verachtete die Schmeichelei und die Unterwürfigkeit, die Senat und Volk dem Kaiser entgegenbrachten. Von Natur aus mißtrauisch und abweisend verstand er es nicht, sich beim Volk beliebt zu machen. Doch war er ein pflichttreuer und bescheidener Mensch.

Als ihm eine spanische Provinz einen Tempel erbauen und ihn wie einen Gott ehren wollte, lehnte er es mit folgenden Worten ab: „Ich bin ein sterblicher Mensch. Menschliche Pflichten habe ich zu erfüllen, und es genügt mir, wenn ich meinen Platz im Staate ausfüllen kann" (Tacitus).

Germanicus, der Neffe des Tiberius, unternahm drei Feldzüge tief nach Germanien hinein. Aber er hatte keinen dauernden Erfolg im Kampf gegen Arminius. Da beschloß Tiberius, die Germanen ihrem eigenen Hader und Zwist zu überlassen und nur noch die Grenzen an Rhein und Donau zu verteidigen. Der Erfolg gab ihm recht. Arminius wurde von Landsleuten ermordet, die ihn haßten, weil er die Königswürde gewinnen wollte.

Es wurde dem Kaiser Tiberius zum Verhängnis, daß er dem Befehlshaber der Prätorianer, Sejan, sein ganzes Vertrauen schenkte und sich selbst aus Rom zurückzog. Sejan strebte nach der Herrschaft; er zog alle Prätorianer aus den Landstädten in einer großen Kaserne der Hauptstadt zusammen. Seit dieser Zeit waren die Prätorianer unter ehrgeizigen Führern eine große Gefahr für Rom und für schwache Kaiser. Sejan beseitigte die ihm gefährlichen männlichen Mitglieder des Kaiserhauses und ließ sogar den Sohn des Kaisers vergiften. Als er schließlich bloßgestellt und gestürzt wurde, machte die Enttäuschung Tiberius zu einem Menschenverächter. Von seiner Villa auf der Insel Capri aus wütete er in krankhaftem Mißtrauen durch Bluturteile gegen die Senatoren Roms. Sein Tod befreite die Hauptstadt von einem unerträglichen Druck (37 n. Chr.).

Während der Regierungszeit des Tiberius wurde um das Jahr 33 Jesus Christus gekreuzigt. Der römische Statthalter Pontius Pilatus sprach das Urteil, durch das Jesus dem Kreuzestod ausgeliefert wurde.

Der Brand Roms. Die Nachfolger des Tiberius, die mit dem Hause des Augustus verwandt waren, vergaßen immer mehr die Würde ihrer Stellung. Der letzte Herrscher aus dem julischen Hause, Nero (54–68), war so grausam, verschwenderisch und größenwahnsinnig, daß man noch heute zuerst an ihn denkt, wenn man von „Cäsarenwahn" spricht. Anfänglich ließ er sich von seinem Lehrer, dem edlen Philosophen Seneca, leiten. Aber schließlich setzte sich doch seine verdorbene Natur durch.

Rechts oben: Säulen des Venus- und Roma-Tempels und das unter den Kaisern Vespasian und Titus erbaute Kolosseum in Rom (vgl. S. 160). Obwohl man das Kolosseum im Mittelalter als Steinbruch verwendete, vermitteln die Überreste noch heute einen guten Eindruck von den gewaltigen Ausmaßen des Bauwerkes. Erst seit das Kolosseum im 18. Jahrhundert als Märtyrerstätte geweiht wurde, hat man dem Zerfall Einhalt geboten. – Rechts unten: Blick ins Innere des Kolosseums.

Er ermordete seine Mutter, der er den Thron verdankte. Dann verstieß er seine Gattin und ließ sie ebenfalls umbringen. In seiner Umgebung duldete er nur charakterlose Höflinge, die seiner Eitelkeit schmeichelten. Als Sänger, Schauspieler und Wagenlenker ließ er sich überall bewundern. Er reiste sogar durch Griechenland, um in allen großen Städten aufzutreten. Niemand wagte es, ihm den Siegeskranz zu verweigern.

64 n. Chr.

Im Jahre 64 n. Chr. brach in Rom eine furchtbare Feuersbrunst aus, die drei Viertel der Stadt in Schutt und Asche legte. Die obdachlosen Bewohner der unzähligen mehrstöckigen Miethäuser irrten verzweifelt in der Stadt umher. Ihnen öffnete Nero seine Gärten und ließ ihnen alle mögliche Hilfe zuteil werden. Aber in Senatorenkreisen sprach man offen davon, Nero selbst habe die Wahnsinnstat begangen und das Feuer anlegen lassen, um den Brand von Troja besingen zu können. Wahrscheinlich traf ihn aber diese Beschuldigung zu Unrecht.

Die erste Christenverfolgung. Um den Verdacht von sich abzuwälzen, lenkte Nero den Groll der Massen auf die Christen. Diese hielten ihre Gottesdienste geheim ab und weigerten sich, den Staatsgöttern zu opfern. Sie mieden die öffentlichen Spiele mit den furchtbaren Menschen- und Tierhetzen, die beim Volk beliebt waren. Nur zu leicht konnte der Kaiser die Christen bei der Masse des römischen Volkes des „allgemeinen Menschenhasses" verdächtigen. Eine entsetzliche Christenverfolgung setzte ein. Für Nero bot sie die Gelegenheit, seiner Grausamkeit freien Lauf zu lassen.

„In Felle wilder Tiere gehüllt, mußten sich die Christen von den Hunden zerreißen lassen. Viele wurden an Kreuze geheftet oder verbrannt, andere mußten sich, wenn das Tageslicht erloschen war, zur Erleuchtung der Nacht verbrennen lassen. Nero hatte seine Gärten für dieses Schauspiel zur Verfügung gestellt und gab ein Zirkusspiel; er mischte sich in der Kleidung eines Wagenlenkers unter das Volk oder stand auf einem Wagen. Daher regte sich das Mitleid, obwohl man die Christen für schuldig hielt; man empfand nämlich, daß sie nicht des allgemeinen Wohles wegen, sondern für die Mordlust eines einzigen geopfert wurden" (Tacitus).

Während dieser ersten Christenverfolgung wurden die Katakomben, die unterirdischen Gänge, in denen die Christen ihre Toten bestatteten, zugleich zum Zufluchtsort. Seit dieser Zeit wurden Versammlungsräume und Kapellen in die Katakomben eingebaut.

Zu den Opfern der Christenverfolgung unter Nero gehörten auch die Apostel Petrus und Paulus, die nach christlicher Überlieferung am gleichen Tag des Jahres 67 in Rom den Märtyrertod erlitten.

Paulus entstammte einer geachteten jüdischen Familie der reichen Handelsstadt Tarsos in Kilikien, die seit Alexander dem Großen eine griechische Stadt geworden war. Er beherrschte die griechische Sprache, die auch im Römerreich Weltsprache geblieben war. Vom Vater her besaß er das römische Bürgerrecht. Obwohl er als Jude in pharisäischer Strenggläubigkeit erzogen war, hatte er mit offenen Sinnen aufgenommen, was die Menschen einer hellenistischen Weltstadt bewegte. Er kannte die heidnischen Götter seiner Vaterstadt, den phönikischen Baal aber auch Isis und Mithras; er wußte von den stoischen Lehren, die auf dem Markt und in den Straßen von Tarsos besprochen wurden.

Auf mühsamen Wegen zog Paulus, nachdem er ein Apostel Christi geworden war, durch Palästina, Syrien, Kleinasien und Griechenland bis nach Illyrien. Wenn es nötig war, verdiente er sich dabei sein Brot als Zelttuchweber, um niemandem zur Last zu fallen. „Wenn ich mich nach Spanien begebe", so schrieb er in seinem Briefe an die Christen Roms, „hoffe ich, unterwegs euch zu sehen." Sein Missionsplan umspannte das ganze römische Weltreich. Oft gebrauchte er Bilder, die den Griechen, Römern und Juden der hellenistischen Welt gleichermaßen vertraut waren; so schrieb er in seinen Briefen z. B. vom Stadionläufer, vom Siegespreis im Wettkampf, vom Triumphzug oder von römischen Wachtposten. Aus christlichem Glauben erklärte er den

Links: Porträtbüste Neros. – Rechts: Porträtbüste Vespasians

Anhängern der östlichen Geheimlehren, warum sie sich nach Erlösung sehnten, und verband die sittlichen Forderungen griechischer Philosophen mit der christlichen Liebe zu dem einen wahren Gott.

Neros Ende. Unter unbeschreiblicher Verschwendung baute Nero sein neues Rom auf. Das ganze Reich wurde dafür ausgeplündert. Das „Goldene Haus", das Nero sich selbst erstellte, bedeckte mit seinen Parkanlagen zwei Hügel der Stadt (Palatin und Esquilin). Die Regierung Neros endete durch einen Aufstand der Grenzlegionen, der auf die kaiserliche Garde in Rom übergriff. Nero mußte fliehen und ließ sich beim Herannahen der Verfolger von einem Sklaven töten (68).

3. Vespasian und Titus

Eine neue Herrscherfamilie. Mit Nero starb die Familie des Augustus aus. An die Wiedereinführung der Republik dachte niemand mehr. Die Entscheidung über die Nachfolge in der Herrschaft lag allein bei den Truppen.

Aus den Kämpfen um die Macht nach Neros Tod ging der Feldherr Vespasian als Sieger hervor. Die Legionen des Ostens riefen ihn zum Kaiser aus, während er die aufständischen Juden in Jerusalem belagerte. Vespasian begab sich nach Rom und überließ seinem Sohn Titus den Befehl über die Legionen vor Jerusalem. In
erbitterten Kämpfen eroberte Titus im Jahre 70 die Stadt. Der ehrwürdige Tempel 70
wurde zerstört, die Tempelgeräte führte Titus im Triumphe mit nach Rom. Der Senat errichtete ihm nach seinem Tod einen Triumphbogen aus griechischem Marmor, auf dem dieser Sieg verherrlicht ist.

In seiner zehnjährigen Regierungszeit (69–79) brachte Vespasian die unter Neros Herrschaft zerrütteten Finanzen wieder in Ordnung. Trotz seiner Sparsamkeit ließ

Der Triumphbogen des Titus in Rom. Über einem hohen Sockel tragen Dreiviertel-Säulen das Gesims und gliedern die Mauerflächen. Über dem eigentlichen Bogen die Weihinschrift. Der Titusbogen war zugleich das Grabmal des Kaisers. Die Aschenurne war hinter der Inschrift beigesetzt. Die Reliefs (vgl. nebenstehende Seite) unter der gewölbten Decke des Bogens erinnern an den Sieg des Titus über die aufständischen Juden und an die Zerstörung Jerusalems.

er aber prachtvolle Bauten aufführen. Heute noch steht die mächtige Ruine des Amphitheaters, des Kolosseums, dessen Bau Vespasian begann und Titus vollendete. 50000 Zuschauer faßte das gewaltige Theater. Hundert Tage lang dauerten die Spiele, die Titus als Kaiser und Nachfolger seines Vaters bei der Einweihung des Kolosseums gab. Die berühmtesten Fechter traten dabei auf, und 5000 der seltensten Tiere wurden zu Tode gehetzt.

Kaiser Titus (79–81) herrschte so milde und gerecht, daß man ihn „die Liebe und Wonne des Menschengeschlechtes" nannte. Jeden Tag hielt er für verloren (diem perdidi), an dem er nicht etwas Gutes getan hatte. Große Unglücksfälle während seiner Regierung gaben ihm Gelegenheit, seine Menschenfreundlichkeit zu beweisen. Einer dreitägigen Feuersbrunst fielen das Kapitol und das Pantheon zum Opfer. Die Pest raffte viele Tausende dahin. Der Ausbruch des Vesuvs begrub zwei blühende Städte und mehrere andere Orte am Golf von Neapel unter Lava und Asche. Titus erschien überall, um zu helfen und die Not zu lindern.

Der große Vesuvausbruch. Hoch überragt der Vesuv die fruchtbare, üppige Ebene Campaniens. Manchmal hatte der Berg schon gegrollt, aber unter dem blauen Himmel vergaßen die Bewohner den Schrecken immer wieder rasch. Da stieg am 24. August des Jahres 79 n. Chr. eine riesige Rauchsäule aus dem Berg empor. Heißer Aschenregen fiel, und dunkle Nacht senkte sich herab. Die Menschen suchten sich zu retten, vielen gelang die Flucht mit ihrer kümmerlichen Habe, andere aber fanden den Tod. Der Römer Plinius berichtet darüber:

„Schon fällt Asche, aber noch dünn; ich schaue zurück: dichter Qualm bedroht uns im Rücken und folgt uns wie ein Strom, der sich über den Boden ergießt. ‚Biegen wir ab vom Wege', rief ich, ‚sonst bleiben wir auf der Straße liegen und werden von der Masse der Flüchtenden zertreten.' Es wurde Nacht, nicht wie eine mondlose Wolkennacht, sondern so wie in einem geschlossenem Raume, in dem das Licht erloschen ist. Man hörte Frauen jammern, Kinder kreischen, Männer rufen. Die Stimmen der einen suchten ihre Eltern, die der anderen ihre Kinder." (aus einem Brief an den Geschichtsschreiber Tacitus; vgl. S. 167).

Oben: Römische Soldaten tragen den im Tempel von Jerusalem erbeuteten siebenarmigen Leuchter, den Tisch für die Schaubrote und die heiligen Tuben im Triumphzug mit.
Unten: Titus auf dem mit vier Pferden bespannten Prunkwagen im Triumphzug. Er wird begleitet von Liktoren und von der Siegesgöttin gekrönt (Reliefs vom Titusbogen in Rom).

Links: In Pompeji gefundener „Durchlauferhitzer". Der hohe Behälter (Deckel mit Scharnier) wurde mit Wasser gefüllt, das durch den Mantel der halbrunden Feuerstelle floß, die mit Holzkohle beheizt war. So kam das Wasser heiß aus dem Hahn. – Rechts: In Pompeji gefundene Lebensmittel, darunter ein Brot, das nach fast zweitausend Jahren noch im Ofen des Bäckers Modestus steckte.

Als nach drei Tagen die Sonne wieder sichtbar wurde, gab es die Städte Pompeji und Herculaneum nicht mehr. Pompeji war nur mit lockeren Aschenmassen bedeckt, und die Bewohner hatten noch manches retten können. Aber Herculaneum war unter einem Lavastrom, der schnell zu hartem Gestein erstarrte, begraben.

Pompeji. Nach mehr als eineinhalb Jahrtausenden hat man das verschüttete Pompeji wiederentdeckt und allmählich freigelegt. Die Straßen sind mit großen Lavablöcken gepflastert und so eng, daß nur ein Wagen fahren kann. Hohe Bürgersteige führen die Straßen entlang. An ehemals belebten Straßenecken und auf den Plätzen stehen Brunnen. Die Häuser wirken von außen düster und unschön. Aber um so schmuckvoller sind sie im Innern. Das Atrium (vgl. S. 120) ist in den Häusern der Reichen zu einer großartigen Empfangshalle ausgebaut. Von dort gelangt man in einen weiteren großen Raum, der für das festliche Mahl bestimmt war. Prächtige Wandgemälde und ein wundervoller Mosaikboden schmücken dieses Hauptgemach. Von hier genießt man den angenehmen Blick in den Säulenhof (Peristyl) mit dem sorgsam gepflegten Garten.

In jahrelanger Arbeit wurde ein großer Teil der Stadt ausgegraben: das Forum, die Tempel, die Theater und die Thermen. Noch heute können wir an den Außen-

Rechte Seite oben: Das „Haus des Fauns" in Pompeji. In diesem Haus fand man das S. 101 abgebildete Mosaik. Im Vordergrund das Becken, in dem sich das Regenwasser sammelte (Impluvium). Im Hintergrund die Säulen des Innenhofes (Peristyl), zwischen denen ein kleiner Garten angelegt war (vgl. Grundriß S. 164). Es waren in erster Linie die begüterten Familien, die sich diese großzügige Form des Hauses leisten konnten, während die meisten Römer in einfacheren Verhältnissen lebten. – Unten: Die Via dell'Abbondanza, das typische Beispiel einer von Läden (tabernae) gesäumten Straße.

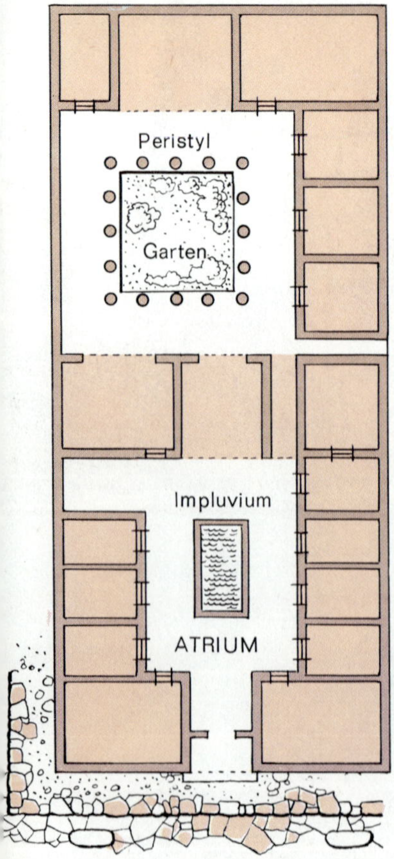

Das römische Haus mit Peristyl, von dem uns zahlreiche Beispiele durch die Ausgrabungen von Pompeji bekannt sind (vgl. S. 162). Während sich einst (vgl. S. 122) das ganze Leben vornehmlich im Atrium und dem davon meist durch einen Vorhang getrennten Tablinum abspielte, verlagerte sich das Privatleben in späterer Zeit immer mehr in den Peristylteil des Hauses. Das Atrium wurde zu einer Art Lichthof und das Tablinum zum Empfangsraum. Küche und Wirtschaftsräume hatten keinen festen Platz. Keller- und Baderäume gab es selten. Da die Häuser mehr gegen Hitze als gegen Kälte schützen sollten, gab es keine Heizung. Man wärmte die Räume notfalls durch ein Feuer im Holzkohlenbecken.

wänden der Häuser die Inschriften lesen, die von dem vielfältigen Leben der Stadt berichten. Da sind Vorstellungen für das Amphitheater angezeigt, freie Wohnungen werden angeboten, Wahlaufrufe und Familiennachrichten stehen nebeneinander; sogar die Wandschmierereien der pompejanischen Buben fehlen nicht.

4. Schirmer des Reiches

81 bis 96

Grenzsicherung durch Domitian. Nach dem frühen Tod des Titus wurde sein ganz anders veranlagter Bruder Domitian Kaiser (81–96). Er war zwar ein tatkräftiger Herrscher, sein tyrannisches Mißtrauen führte aber dazu, daß seine Regierung schließlich in eine Willkürherrschaft ausartete.

Die besondere Sorge Domitians galt der von seinen Vorgängern begonnenen Eroberung Britanniens und der Germanengefahr am Rhein. Die Römer hatten sich seit der Zeit des Kaisers Tiberius mit den Keltenländern südlich der Donau und den schon von Cäsar eroberten, längst romanisierten Germanengebieten links des Rheins begnügt. Rhein und Donau bildeten die Grenze des Reiches. Zahlreiche Legionen

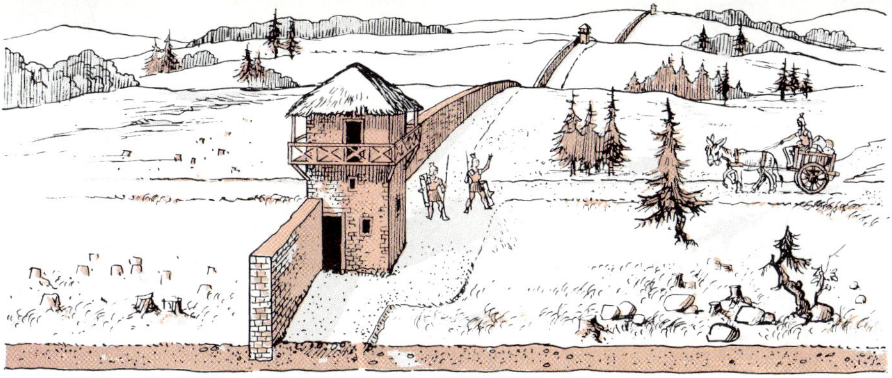

Die Rätische Mauer (Teufelsmauer)

hielten dort die Wacht. Um diese Grenze, die einen spitzen Winkel bildete, beträchtlich abzukürzen, besetzten die Römer unter Vespasian und seinen Nachfolgern das Gebiet zwischen den beiden Strömen, das sie als die Zehntlande (agri Decumates) bezeichneten. Domitian kämpfte im Taunusgebiet und in der Wetterau erfolgreich gegen die Chatten (Hessen) und begann mit dem Bau eines befestigten Grenzwalles, des Limes, der die römischen Zehntlande gegen das freie Germanien abriegelte.

Der Grenzwall gegen die Germanen. Der Limes begann am Rhein, etwa in der Gegend des Neuwieder Beckens, führte durch den Taunus in weitem Bogen nach Osten, dann wieder südwärts durch die Wetterau bis an den Main bei Hanau und den Fluß entlang bis Miltenberg. Von hier zog er schnurgerade nach Süden, bog bei Lorch in Württemberg scharf nach Osten ab und endete etwas westlich von Regensburg an der Donau.

Diese Grenzbefestigung bestand ursprünglich aus einer ununterbrochenen Pfahlreihe, hinter der Wachttürme und Kastelle lagen. Später wurde dieser Palisadenzaun im südlichen Gebiet durch eine Mauer ersetzt, deren Reste heute im Volksmund den Namen „Teufelsmauer" tragen, im Norden durch Erdwall und Graben verstärkt. In Abständen von einigen hundert Schritten war der Limes durch Wachttürme gesichert, von denen aus, wenn es not tat, Feuerzeichen aufleuchteten oder Meldereiter ausgeschickt wurden, um von allen Seiten Verstärkungen herbeizurufen. In Zwischenräumen von etwa zwei Wegstunden waren Kastelle errichtet, Steinfestungen mit Kasernen, Stallungen und Vorratsräumen. Ein gutes Bild vom Aussehen eines solchen Kastells vermittelt die wiederaufgebaute Saalburg im Taunus, nahe bei Homburg vor der Höhe. Weiter rückwärts lagen, durch Heerstraßen verbunden, die Standquartiere der römischen Legionen, aus denen sich später Städte entwickelt haben wie Augsburg, Mainz, Koblenz und viele andere. Bei Mainz und bei Metz erheben sich noch heute Steinpfeiler der römischen Wasserleitung, Überreste langer Bogenreihen; in Regensburg steht u. a. ein römisches Lagertor, in Köln ein Römerturm.

Der obergermanische Grenzwall (Limes)

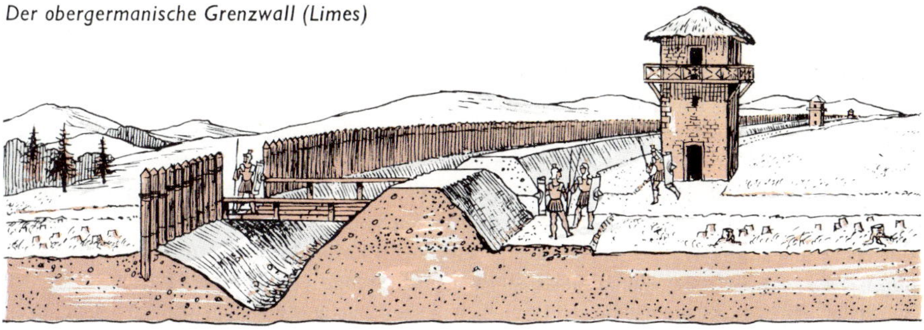

Links: Der Römerturm in Köln, der besterhaltene Teil der römischen Stadtmauer. Das reiche Ornament ist ein schönes Beispiel für die Ziegelbaukunst der Römer. – Rechts: Die steinerne Gründungsurkunde der Stadt Regensburg. Die Steintafel ist 7 m lang und fast 1 m hoch und krönte ursprünglich das rechte Seitentor des Lagers. Die Inschrift besagt, daß unter dem Kaiser Mark Aurel und seinem Sohne Commodus die Festung mit Wall, Toren und Türmen im Jahre 179 n. Chr. erbaut wurde.

Trajan, der letzte Erobererkaiser. Nach der Ermordung Domitians wurde es Brauch, daß die Kaiser den Tüchtigsten aus ihrer Umgebung zum Nachfolger bestimmten und an Sohnes Statt annahmen. Auf diese Weise wollte man die Erblichkeit des Kaisertums ausschalten und nur fähige Herrscher auf den Thron bringen. Fast hundert Jahre hat sich diese „Adoption" des Nachfolgers bewährt. Ihr verdankte als erster der aus Spanien stammende Trajan die Herrschaft.

98 bis 117 Kaiser Trajan (98–117) war ein tüchtiger Heerführer; er wollte die gefährlichen Feinde an den römischen Grenzen niederwerfen. An der unteren Donau kämpfte er gegen die Daker und gewann das Gebiet des heutigen Rumänien mit Siebenbürgen. In die neueroberte Provinz ließ er viele lateinisch sprechende Siedler kommen, so daß man in Rumänien heute noch eine romanische Sprache spricht. Im Osten bekriegte er die unruhigen Parther (vgl. S. 104), eroberte das Land vom Persischen Golf bis nach Armenien und richtete dort mehrere Provinzen ein. Damals erreichte das Römische Reich seine größte Ausdehnung.

Trajan besaß eine hohe Auffassung von seinen Aufgaben als Herrscher. Als er sein kaiserliches Amt antrat und den Befehlshaber seiner Garde einsetzte, übergab er ihm das Schwert mit den Worten: „Führe es für mich, wenn ich gut regiere, wenn ich schlecht regiere, gegen mich." Für die Provinzen und für Italien sorgte er in gleicher Weise. Die Briefe an seinen Statthalter Plinius (vgl. S. 160) in Kleinasien zeigen uns, wie sich der Kaiser um alle Maßnahmen bis ins einzelne kümmerte. In Kleinasien gab es damals schon viele Christen, die den Staatsgöttern und den

Herrschern nicht opferten, weil sie solche Opfer als Götzendienst ansahen. Dagegen glaubte der Kaiser als Schutzherr der römischen Staatsreligion einschreiten zu müssen. Trotzdem wollte Trajan jede unnötige Härte vermeiden:

„Man soll den Christen nicht nachspüren; werden sie angezeigt und überführt, so sind sie zu strafen, aber mit Maß. Wer leugnet, ein Christ zu sein, und dies durch die Tat bestätigt, nämlich unsern Göttern Verehrung erweist, mag wohl verdächtig sein, aber auf Grund seiner Reue soll er Verzeihung erhalten. Anklagen unbekannter Herkunft aber dürfen in keinem Prozesse berücksichtigt werden: denn das gäbe das schlimmste Beispiel und paßt nicht für unsere Zeit."

In Rom ließ Trajan ein neues Forum anlegen, das durch seine Ausmaße und durch die Pracht seiner Tempel, Hallen und Bibliotheken alle anderen Kaiserforen weit übertraf. Heute noch ragt dort die Trajanssäule empor, auf der die Siege des Kaisers über die Daker verherrlicht sind. Das Standbild des Kaisers auf der Säule wurde in christlicher Zeit durch die Statue des Apostels Petrus ersetzt.

Ein Zeitgenosse Trajans war der römische Geschichtsschreiber Tacitus, der die Geschichte der römischen Kaiser seit Augustus schrieb. Er war durch die Schreckensherrschaft, die Domitian besonders in den letzten Jahren der Regierung geführt hatte, verbittert und malte das Bild der Kaiserzeit in düsteren, aber großartigen Farben.

Der Friedensfürst Hadrian. Kaiser Hadrian (117–138) gab die Eroberungen seines Vorgängers außer Dakien wieder auf und beschränkte sich im Osten auf die Euphratgrenze. Die militärische Kraft des Reiches erschöpfte sich allmählich. **117 bis 138**

Hadrian folgte dem Herrscherideal der stoischen Lehre (vgl. S. 107) und wollte der erste Diener des Staates sein. Im Kriege teilte er mit dem gemeinen Mann alle Strapazen. Immer fühlte er sich verpflichtet, durch Genügsamkeit und Maß den andern ein Vorbild zu sein. Die Millionen Menschen seines Reiches sollten glücklich und in Frieden

Die Römer in Deutschland

Links: Porträtbüste des Kaisers Trajan (um 120 n. Chr.). – Rechts: Eine zu seinen Lebzeiten entstandene Porträtbüste Kaiser Hadrians.
Rechte Seite: Ausschnitt aus dem Reliefband der 38 m hohenTrajanssäule in Rom, die 113 n. Chr. zu Lebzeiten des Kaisers errichtet wurde. Die Säule, die keine tragende Aufgabe mehr hat, soll den Kaiser über alles menschliche Maß erheben. Ein 200 m langes Reliefband stellt die Geschehnisse der beiden Feldzüge Trajans in Dakien (Rumänien) dar (vgl. S. 166). Im Sockel der Säule befindet sich eine kleine Kammer, in der Kaiser Hadrian eine goldene Urne mit der Asche seines Vorgängers Trajan aufstellen ließ. – Unten: Gladiatoren- und Tierkämpfe. Römisches Mosaik (vgl. S. 174).

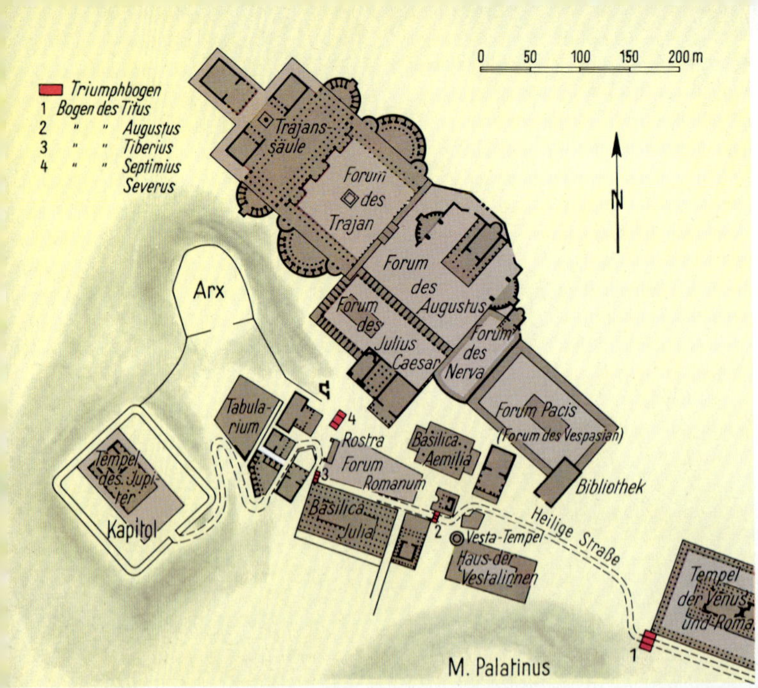

Die Foren der Kaiserzeit

leben können. Darum verstärkte er überall die Grenzbefestigungen: in Britannien, an Rhein und Donau, in Dakien und am Euphrat in Syrien.

Um die Provinzen sorgfältig zu verwalten, richtete Hadrian in Rom Reichsbehörden mit fest besoldeten Beamten ein. So gab es einen Rechnungshof für die Staatsfinanzen und eine Abteilung, die sich mit der Rechtsprechung im Reiche zu beschäftigen hatte. Um Erleichterungen für die in der Landwirtschaft tätigen Volksschichten hat sich Hadrian sehr bemüht. Für die kleinen Gutspächter und Landarbeiter auf den Latifundien ermäßigte er die Steuern und Abgaben. Das Los der Arbeiter in den Bergwerken suchte er zu bessern. Sogar für die Sklaven setzte er sich ein und verbot zum Beispiel, daß sie für die grausamen Spiele im Zirkus oder Theater verkauft werden durften.

Hadrian unternahm mehrere große Reisen, um nach dem Rechten zu sehen und an Ort und Stelle die Klagen und Wünsche der Bevölkerung zu hören. Er gründete in Thrakien die Stadt Adrianopel, die „Hadriansstadt". Auch Athen hat seine Gunst erfahren; er ließ dort den gewaltigen Zeustempel vollenden. Wegen seiner Liebe zu den Griechen nannten ihn die spottlustigen Stadtrömer gern das „Griechlein". Aber auch Rom schmückte er durch prächtige Gebäude, die heute noch stehen. So baute er das durch Brand zerstörte Pantheon (vgl. S. 152) neu auf und gab ihm die berühmte Kuppel, deren Lichtöffnung in der Mitte einen Durchmesser von 8 m aufweist. Am rechten Ufer des Tibers erhebt sich Hadrians mächtiges Grabmal, das die Päpste zur Festung umbauten und mit dem Bild des Erzengels Michael krönten, die heutige Engelsburg.

5. Die Weltstadt Rom

Das kaiserliche Rom. Seit Augustus war der Palatin der Hügel der Kaiserpaläste, auf dem die Herrscher immer wieder ihre Baulust betätigten. Aber auch sonst wetteiferten die meisten Nachfolger des Augustus in dem Bestreben, die Stadt zu verschönern und den Einwohnern alle Bequemlichkeiten zu bieten. Das Forum der Republik behielt seinen alten Glanz. Immer noch stand dort die Rednerbühne des Cicero, mit erbeuteten Schiffsschnäbeln geschmückt. Aber schon Cäsar hatte ein neues Forum angelegt, das rings von Säulenhallen umgeben war. In der Mitte stand der Tempel der Venus, der Mutter von Cäsars Ahnherrn Äneas. Unter Trajan konnte man auf dem Weg zum Marsfeld über fünf Kaiserforen gehen. Sie dienten

Oben: Außenansicht des Pantheons (vgl. S. 170), das von Agrippa, dem Feldherrn des Augustus, erbaut war und nach der Zerstörung durch Bitzschlag von Kaiser Hadrian wiederaufgebaut wurde. Übersetzung der Inschrift: „Marcus Agrippa, zum 3. Male Konsul, erbaute (mich).“
Unten: Innenansicht des Pantheons (Stich um 1750). In den Nischen ursprünglich Götterstatuen.

Rekonstruktion des gewaltigen Tepidariums, der leicht gewärmten Haupthalle der Caracallathermen in Rom. Die Halle war mit Marmor, Stuck und Mosaik reich ausgestattet. Ihre Länge betrug 54 m, die Höhe etwa 32 m. Bemerkenswert ist das großartige Kreuzgewölbe, eine von den Römern erstmalig angewandte Art der Einwölbung.

alle dem Andenken der kaiserlichen Erbauer, ebenso wie die Triumphbogen, die uns heute noch an den feierlichen Zug der Triumphatoren zum Kapitol erinnern.

In allen Bezirken der Stadt entstanden Thermen. Als es schon etwa 800 solcher Badeanlagen gab, baute der Kaiser Caracalla (211–217) die prächtigsten Thermen Roms mit mächtigen Gewölben. Die Benutzung dieser Bäder kostete nur wenig (etwa eineinhalb Pfennige), oft war der Eintritt unentgeltlich. Sogar das Öl, das man statt der Seife zur Reinigung benutzte, wurde durch Stiftungen zur Verfügung gestellt. Man salbte und massierte sich und nahm dann ein warmes Wasserbad oder ein Schwitzbad. Zur Erfrischung folgte ein kaltes Bad. Da man Öfen in der heutigen Art nicht kannte, waren in den Warmbädern die Fußböden auf kleine aufgemauerte Säulen gelegt. In die dadurch entstandenen Hohlräume leitete man Heißluft, so daß sich der Boden erwärmte. So besaßen die Römer eine sehr brauchbare Zentralheizung, die sie auch in den Privathäusern verwendeten. Um die eigentlichen Badeanlagen gruppierten sich Wandelhallen, Bibliotheken und Räume für Spiel und Sport. Wände und Gewölbe waren mit Marmor oder Stuck verkleidet, in die Fußböden waren kunstvolle Mosaikbilder eingelegt. In den Thermen traf sich jung und alt zu geselliger Erholung, hier besprach man die politischen Ereignisse und die Neuigkeiten aus der Stadt.

Für die Bäder und Springbrunnen, aber auch für den Lebensbedarf der annähernd zwei Millionen Einwohner brauchte man erhebliche Wassermengen. Von weither aus den Sabinerbergen führte man das gesunde Gebirgswasser nach Rom. Zur Überwindung der Täler und in der Ebene legte man den gemauerten Wasserkanal auf gewaltige Brücken, die Aquädukte (vgl. S. 152). Einer der höchsten Beamten beaufsichtigte die Wasserversorgung.

Rechte Seite: Das Forum Romanum zur Kaiserzeit. 1 Tempel des Jupiter Capitolinus, 2 Arx (Burg), 3 Tabularium (Staatsarchiv), 4 Tempel der Concordia, 5 Tempel des Vespasian, 6 Tempel des Julius Cäsar, 7 Tempel des Saturn, 8 Bogen des Septimius Severus, 9 Rostra (Rednertribüne), 10 Forum des Julius Cäsar, 11 Basilica Julia (Basilica = Markthalle), 12 Tempel des Castor und Pollux, 13 Bogen des Augustus, 14 Tempel der Venus Genetrix, 15 Regia (Sitz des Pontifex maximus), 16 Rundtempel der Vesta, 17 Haus der Vestalinnen, 18 Tempel des Antoninus Pius und der Faustina, 19 Basilica Aemilia, 20 Curia (Senatsgebäude), 21 Forum des Augustus, 22 Forum des Nerva, 23 Forum Pacis (Vespasian).

1
2
3
5
4
7
8
9
11
14
20
10
19
21
12
22
6
13
16
17
18
15
23

Römische Mietshäuser im Hafen von Ostia (Rekonstruktion)

Größten Aufwand trieben die Kaiser, um die Massen Roms durch Spiele zu unterhalten. Nichts begeisterte die Römer so leidenschaftlich wie die Wagenrennen im Zirkus und die Tierhetzen und Gladiatorenkämpfe im Amphitheater. Stürmisch wurden die siegreichen Wagenlenker gefeiert, obwohl sie Sklaven waren; denn vor allem die Reichen unter den Zuschauern hatten beträchtliche Wetten abgeschlossen. Noch höher gingen die Wogen der Erregung bei den Fechterspielen und den Tierhetzen. Unaufhörlich trafen aus den Provinzen Transporte wilder und seltener Tiere ein. Das vergnügungssüchtige und verrohte Volk verlangte immer unmenschlichere Schaustellungen. Äußerst beliebt waren naturgetreu nachgeahmte Seeschlachten, die durch besondere Anlagen im Amphitheater ermöglicht wurden. Dabei kamen oft Hunderte von Menschen ums Leben. Bei den Griechen haben diese grausamen Spiele selbst unter römischer Herrschaft niemals rechten Anklang gefunden.

Außer den Prachtbauten und Parkanlagen der Kaiser, außer den Privathäusern und Gärten der Wohlhabenden gab es in Rom aber auch Wohnviertel mit armseligen Mietskasernen. Oft waren sie so baufällig, daß sie einstürzten und die Bewohner unter sich begruben. Nicht umsonst unterhielten die Kaiser eine stattliche Feuerwehr; denn bei den vielen Bränden und Unglücksfällen erwies sie sich als bitter nötig. In den Elendsquartieren Roms hausten auch 200000 Nichtstuer, die vom Staate erhalten werden mußten. Alle Bemühungen, diese in die Zeit der Republik zurückreichenden Mißstände zu beseitigen, waren erfolglos geblieben.

Die Städte der Provinzen. Auch in den Provinzen förderten die Kaiser die Bautätigkeit und gründeten selbst viele Städte. Im ganzen Weltreich verbreitete sich die römische Baukunst und römische Steinbauweise. Triumphbogen, Amphitheater, Aquädukte, Thermen gab es in Britannien und in Gallien, in Dakien und in Kleinasien ebenso wie am Rande der Wüsten Nordafrikas und Syriens. Und überall dahin, wo römische Städte entstanden, führten gepflasterte römische Straßen.

Rechte Seite oben: Blick vom Kapitol auf das Forum Romanum (vgl. S. 173). Links der Triumphbogen des Kaisers Septimius Severus, dahinter das Senatsgebäude (Curia). Im Vordergrund die Säulen des Saturntempels, dahinter der Tempel des Antoninus und der Faustina. Im Hintergrund das Kolosseum. – Unten: Das Grabmal Hadrians, die sogenannte „Engelsburg" mit der Engelsbrücke (135–140 n. Chr.). Der Rundbau hat einen Durchmesser von 64 m und ist 21 m hoch (vgl. S. 170).

6. Das Reich in Not

161 bis 180 **Schwere Grenzkämpfe unter Mark Aurel.** Zur Zeit des Kaisers Mark Aurel (Marcus Aurelius) (161–180) rührten sich wieder die alten Feinde Roms, die Parther und die Germanen. Als die Parther im Osten besiegt waren, brachten die an Rhein und Donau zurückkehrenden Legionen die Pest mit. Weite Gebiete in den Grenzlanden wurden durch die Seuche entvölkert, und Hungersnöte folgten. Germanenvölker, vor allem die Markomannen aus Böhmen, überfluteten die geschwächten Grenzverteidigungen und drangen teilweise bis nach Norditalien vor. Unter dem Einsatz aller im Reich verfügbaren Kräfte stellte der Kaiser die Donaugrenze wieder her. Nach diesem Erfolg plante er sogar, die römischen Grenzen bis zu den böhmischen Grenzgebirgen und den Nordkarpathen vorzutragen. Aber mitten in den Vorbereitungen zur Verwirklichung seiner Pläne starb Mark Aurel an der Pest in Wien (Vindobona). Eine Ehrensäule in Rom erzählt uns heute noch von seinen Taten, und die Reiterstatue des Kaisers ziert jetzt den Kapitolsplatz.

„Nur das hat Wert, was der Allgemeinheit Nutzen bringt. Man muß der Sache wegen arbeiten und schaffen und nicht, um Dank zu ernten. Heiter und fröhlich sollen wir sein und niemals verzagen. Es darf keinen Menschenhaß auf Erden geben", so schrieb Mark Aurel in seinen „Selbstbetrachtungen", denen er den Ehrennamen des Philosophenkaisers verdankt.

Neue Grenzgefahren im 3. Jahrhundert. Der Markomannensturm war nur der erste Vorbote schwerster Gefahren an den Reichsgrenzen. Im Osten wurden sich die Perser ihrer großen Vergangenheit wieder bewußt (Neupersisches Reich); sie unterwarfen das Partherreich und stürmten gegen die römischen Ostprovinzen an.

Germanische Stämme, die Vandalen, Burgunder, Goten, die einst von Skandinavien (Gotland = Goten; Burgundarholm, Bornholm = Burgunder) in Gebiete an Oder und Weichsel gekommen waren, drängten nach Süden und Südosten. Die Goten stießen bis an das Schwarze Meer und an den Unterlauf der Donau vor. Um die Mitte des 3. Jahrhunderts gelang es ihnen mehrmals, über die Donaugrenze in römisches Gebiet einzudringen. Die Abwehr wurde für die Römer immer schwieriger. Sie verloren Dakien (Rumänien) an die Goten, die hier ein Westgotenreich neben dem Ostgotenreich am Schwarzen Meer gründeten.

Im Westen verhinderten Limes und Rhein die Ausbreitung der Germanen. Da aber die Volkszahl ständig wuchs, mußten die Stämme enger zusammenrücken. So verschmolzen die vielen kleinen Völkerschaften allmählich zu den großen Stammesverbänden der Franken, Alemannen, Sachsen.

Die Franken schoben sich langsam über den Niederrhein vor. Die seefahrenden Sachsen und die im heutigen Holstein ansässigen Angeln beunruhigten die Küsten Galliens und Britanniens. Die Alemannen (Sueben) stürmten so lange gegen den Limes an, bis er zerbrach. In kühnem Vorstoß überquerten sie die Alpen, drangen bis Mittelitalien vor und konnten erst auf dem Rückweg bei Mailand (258) von den Römern geschlagen werden. Im Jahre 260 gaben die Römer die Zehntlande endgültig auf, und die Alemannen rückten in breiter Front bis an den Rhein nach.

Bezeichnend für die Schwäche des Reiches und für die Unsicherheit an den Grenzen war es, daß Kaiser Aurelian (270–275) trotz eigener Kriegserfolge die Hauptstadt Rom durch eine neue Mauer befestigen ließ (Aurelianische Mauer).

193 bis 284 **Die Soldatenkaiser.** Die gefährlichen äußeren Feinde trafen auf das Römische Reich in einer Zeit innerer Schwäche. Mit der Regierung des Sohnes von Mark Aurel hatte für Rom eine Zeit des Niedergangs begonnen. Seit der Ermordung dieses unwürdigen Herrschers wählten der Senat, die Prätorianer, aber auch die Provinzheere ihre

Links: Schiffsbrücke über die Donau (von der Säule des Mark Aurel). – Rechts: Die Reiterstatue des Mark Aurel (um 170 n. Chr.). – Unten: Zerstörung eines Germanendorfes (Relief auf der Säule des Mark Aurel, errichtet 176–193 n. Chr.). Vor dem Kaiser, der auf einer Schwelle steht, wird ein Germane niedergeschlagen. Links im Bild wird ein anderer Mann von Frau und Kind getrennt.

Prätorianer (2. Jh. n. Chr.)

eigenen Kaiser, die dann alle miteinander um die Macht kämpften. Etwa hundert Jahre lang herrschten diese Soldatenkaiser (193–284).

Die Legionen mußten jetzt aus der Bevölkerung der Provinzen, in denen sie ihre Standlager hatten, ergänzt werden, weil viele römische Bürger zum Heeresdienst nicht mehr bereit oder fähig waren. Aber auch in den von römischer Kultur geprägten Provinzstädten wollte man nicht viel vom Kriegsdienst wissen. Darum kamen jetzt die Soldaten meist vom flachen Lande, und es wurde üblich, daß auch die Söhne der Soldaten wieder das Kriegshandwerk ergriffen. Diese einfachen Illyrer, Thraker, Syrer oder Mauren (aus Nordafrika) kümmerte es wenig, was in Rom geschah. Ihnen standen der Feldherr oder ein General, der gar aus ihrem eigenen Volk stammte, viel näher. Sie waren der Ansicht, daß sie ebenso gut einen Kaiser wählen konnten wie die verwöhnte Paradetruppe der Prätorianer in Rom. Aber je mehr sich die Provinzlegionen daran gewöhnten, Kaiser zu wählen und von jedem neuen Kaiser erhöhten Sold und Geldgeschenke zu erhalten, desto mehr verloren sie den Geschmack am Krieg. Verlangte ein Kaiser strenge Zucht und harten Dienst, plante er einen mühevollen Krieg, dann wurde er vom Heer wieder abgesetzt oder beseitigt. Viel angenehmer als ein Feldzug in Feindesland erschien es den Legionären, die eigenen Provinzen zu plündern und den verhaßten, eingebildeten Städtern die Truhen zu leeren. In den Jahren 235 bis 284 folgten einander nicht weniger als 26 Kaiser. Nur wenige starben eines natürlichen Todes.

Die Not des Volkes. Die Kaiser brauchten mehr denn je Geld für die Kriege im Innern und an den Grenzen, für die Forderungen der Heere und für die zahlreichen Beamten. Darum erhöhten sie immer wieder die Steuern. Aber Handel und Wandel stockten infolge der zahlreichen Bürgerkriege und der Einfälle feindlicher Grenzvölker. Die Hauptlast der Steuern trugen immer die Pächter und Bauern des flachen Landes. Blieben sie mit ihren Abgaben im Rückstand, dann gerieten sie in völlige Abhängigkeit von den Grundbesitzern. Oft verließen die Pächter aus Verzweiflung ihr Gut. In manchen Gegenden schlossen sich die durch den Druck der Steuern und der Grundherrn verarmten Bauern zu Banden zusammen und durchzogen plündernd das Land.

Um zu Geld zu kommen, ließen die Kaiser außerdem die Münzen verschlechtern, dem Gold Silber, dem Silber Kupfer, dem Kupfer Blei beimengen. Dadurch wurden

Rechts oben: Die Säulenhallen in Palmyra (Syrien) aus dem 3. Jh. n. Chr. sind ein charakteristisches Beispiel römischer Baukunst in den Provinzen. Die Hauptstraße von Palmyra war zu beiden Seiten von Säulenhallen begrenzt, die gegen die Sonne schützen sollten (Säulenhöhe: 17 m). – Rechts unten: Ein Soldatenkaiser muß sich 260 n. Chr. dem König des Neupersischen Reiches unterwerfen (vgl. S. 176). Das Felsrelief zeigt den Kaiser zu Füßen des prunkvoll gekleideten Perserkönigs.

Rekonstruktion des Diokletian-Palastes in Spalato. Der achteckige Bau (Oktogon) im Zentrum der Palastanlage ist das Mausoleum. Er erinnert durch seine Form an das Theoderich-Grab in Ravenna (vgl. S. 198) und an die Kapelle Karls des Großen in Aachen.

Handel und Gewerbe empfindlich geschädigt, zumal die Steuereintreiber das verschlechterte Geld oft nicht annahmen. Schließlich kam es so weit, daß nur noch der Soldatenstand, die kaiserlichen Beamten und eine dünne Schicht der Großgrundbesitzer dem harten Zwang des Staates entgingen. Das Römische Reich war zu einem Zwangsstaat geworden, den die Kaiser mit Hilfe des Heeres despotisch beherrschten.

7. Die Neuordnung des Reiches und das Christentum

284 bis 305

Der Rettungsversuch Diokletians. Im Jahre 284 wurde der Dalmatiner Diokletian von der kaiserlichen Leibwache zum Kaiser ausgerufen. Er erkannte, wie schwierig es für einen einzigen Herrscher war, das Riesenreich mit seinen überall gefährdeten Grenzen zu sichern. Der Kaiser selbst konnte nicht sofort an jedem vom Feind bedrohten Punkte erscheinen. Ein Grenzgeneral aber, der mit seinen Legionen gesiegt hatte, war zu leicht geneigt, sich zum Gegenkaiser aufzuschwingen.

Durch eine scharfsinnig ausgeklügelte Ordnung wollte Diokletian für die Zukunft diese Gefahr ausschalten. Er bestimmte für den Westen des Reiches einen Mitkaiser, der in Mailand seinen Sitz hatte. Er selbst regierte im Osten und wählte Nicomedia in Kleinasien zu seiner Hauptstadt. Rom war keine Kaiserresidenz mehr. Jeder Hauptkaiser ernannte einen Unterkaiser zu seinem Mithelfer und zukünftigen Nachfolger. Die Herrscher, allen voran Diokletian, betrachteten sich als Schutzbefohlene oder gar Abkömmlinge der Götter und hielten sich von der Masse der Untertanen weit entfernt. Nur bei feierlichen Anlässen zeigte sich Diokletian in einem mit Edelsteinen übersäten Purpurmantel, mit Zepter und Globus (Zeichen der Weltherrschaft) dem Volke. Wer in das Gemach des allmächtigen Kaisers vorgelassen wurde, mußte ihn mit Kniefall begrüßen.

Der Zwangsstaat Diokletians. Durch verschiedene Zwangsmaßnahmen versuchte Diokletian, die Steuereinkünfte des Staates zu erhöhen. Da die Münzen aus schlechtem Metall keinen festen Wert mehr hatten, ersetzte er die Geldsteuern durch Abgaben von Getreide, Vieh oder Erzeugnissen des Gewerbes. Die Bauern durften ihre Scholle nicht mehr verlassen, die Handwerker mußten bei ihrem Handwerk bleiben, damit dem Staat die Steuern und die Arbeitskraft dieser Stände nicht verloren gingen. Für das Gesamtreich wurde ein genauer Tarif für Preise und Löhne festgesetzt, daß die Preise nicht ins Ungemessene stiegen. Aber auch so hatte Diokletian trotz aller Strenge keinen Erfolg. Schließlich legte er nach zwanzigjähriger Regierung zusammen mit seinem Mitkaiser die Regierung nieder und zog sich in seine Heimat Dalmatien zurück (305). Teile seines riesigen Palastes in Spalato sind heute noch erhalten. Hier mußte er selbst noch erleben, wie seine künstliche Ordnung zusammenbrach.

Die Tetrarchen (um 300 n. Chr.), Steinplastik am Markus-Dom in Venedig. Die Herrschergestalten deuten durch das Umarmen die Reichseinheit an.

Die Christenverfolgung Diokletians. Trotz der vielen Verfolgungen hatte sich die christliche Kirche immer mehr gefestigt. Christengemeinden hatten sich im ganzen Römischen Reich gebildet. An ihrer Spitze standen Bischöfe (griechisch: episkopos = Aufseher). In Wort und Schrift verteidigten sich die Christen gegen die Vorwürfe der Heiden und Juden. Der erste bedeutende Verteidiger des christlichen Glaubens war Tertullian, der in Karthago lebte (um 160–220). Er wandte sich heftig dagegen, daß man die Christen immer wieder für alles Unglück verantwortlich machte:

„Wenn der Tiber bis an die Stadtmauern dringt, wenn der Nil die Fluren nicht überschwemmt, wenn die Himmelstore verschlossen sind, daß es nicht regnet, wenn die Erde bebt, Seuche und Hungersnot über die Menschen kommen, sofort heißt es: Vor die Löwen mit den Christen!"

Auch Diokletian wollte nicht dulden, daß die Christen den Göttern, die nach seinem Glauben das Reich beschützten, die Opfer verweigerten. Zuerst schloß er die Christen von allen Ämtern aus und ließ ihre Versammlungshäuser zerstören. Die heiligen Schriften mußten ausgeliefert werden und wurden verbrannt. Schließlich wurden alle Christen, die den Staatsgöttern nicht opferten, in die Bergwerke geschickt oder zum Tod auf dem Scheiterhaufen verurteilt. Aber jetzt zeigte sich deutlich, daß das Christentum schon tief in alle Schichten des Volkes eingedrungen war und mit Gewalt nicht unterdrückt werden konnte.

Konstantin der Große und der Sieg des Christentums. Nach dem Rücktritt Diokletians stritten sechs Thronbewerber um die Macht. Konstantin (306–337) trug den Sieg davon und glaubte, ihn dem Gott der Christen zu verdanken.

Vor der entscheidenden Schlacht in Italien soll Konstantin ein flammendes Kreuz erschienen sein mit der Inschrift: „In hoc signo vinces!" („In diesem Zeichen wirst du siegen!"). Daraufhin ließ der Kaiser seine Soldaten christliche Schildzeichen aufstecken. Als er tatsächlich den Sieg erringen konnte, war er von der Segenskraft des Christengottes überzeugt.

Schon der Vater Konstantins, der als Unterkaiser in Trier und in York (England) residierte, hatte die Anweisungen Diokletians zur Christenverfolgung nur lässig aus-
313 geführt. Konstantin selbst erlaubte im Jahre 313 den Christen, ihre Religion frei auszuüben, und gab alle eingezogenen Kirchengüter zurück (sogenannter Mailänder Duldungserlaß).

Auch weiterhin erwies sich Konstantin immer als Schutzherr der Kirche. Er wollte durch das Christentum die Völker seines Reiches in einem einzigen Glauben einigen. Darum versuchte er auch, die Glaubensstreitigkeiten innerhalb der Kirche beizulegen.

Das Konzil von Nicaea. Die Lehre des Priesters Arius, daß Christus, als Mensch geboren, nur Gott ähnlich, nicht aber von Ewigkeit her im Wesen Gott gleich sei, hatte schon Jahre hindurch die Gläubigen des Ostens entzweit. Da berief Konstantin

Vorder- und Rückseite einer Münze Konstantins des Großen. Der Helm des Kaisers trägt das Christus-Monogramm.

325 die erste allgemeine Kirchenversammlung (Konzil) nach Nicaea in Bithynien (Kleinasien) ein. Der Kaiser, der noch nicht getauft war, eröffnete die Versammlung der Bischöfe und verhielt sich im Glaubensstreit um die Lehre des Arius zunächst unparteiisch. Als die Bischöfe sich nicht einigen konnten, verhalf Konstantin durch sein Machtwort der Lehre von der Wesensgleichheit des Sohnes mit Gottvater, die der Bischof Athanasius gegen Arius verteidigt hatte, zum Sieg. Trotzdem behielt die Lehre des Arius im Osten des Römischen Reiches noch lange viele Anhänger. Die vom Bischof in Rom geleitete westliche (katholische) Kirche dagegen übernahm sofort das Nicänische Glaubensbekenntnis.

Konstantinopel, das neue Rom. Dem heidnischen Rom wollte Konstantin ein zweites, christliches Rom gegenüberstellen. Auf dem Boden des alten Byzanz gründete er eine neue Hauptstadt, die nach ihm den Namen Konstantinopel erhielt. Die neue Residenz sollte in allem dem alten Rom gleichen. Kaiserpaläste, Kirchen, Theater, großartige Wasserleitungen und Bäder wurden in kurzer Zeit aufgebaut. Auch die Zirkusspiele blieben dem Volk von Konstantinopel nicht vorenthalten, doch verzichtete die christliche Zeit auf die blutigen Gladiatorenkämpfe. Das Christentum war jetzt in seinem Siegeslauf nicht mehr aufzuhalten. Konstantin, dem die Christen dies verdankten, ließ sich allerdings erst auf dem Totenbette taufen (337).

In einem Punkte konnte die neue christliche Hauptstadt am Bosporus der Macht der heidnischen Überlieferung nicht widerstehen: in der Verherrlichung der Person des Kaisers. Wohl verzichtete der Kaiser darauf, als Gott verehrt zu werden, aber hoch über die Untertanen hinausgehoben, stand er im Mittelpunkt seines prunkvollen Hofes und des ganzen Reiches. Nicht nur der Kaiser selbst, auch alles, was mit ihm zu tun hatte, galt als geheiligt. Der Zutritt zum Kaiser war durch ein strenges Zeremoniell geregelt. Für den Besucher blieb der Thronsitz zunächst von zwei Vorhängen verdeckt. Der erste hob sich, wenn der Kaiser seinen Platz einnahm. Sobald der zweite, unmittelbar vor dem Thronsitz, hochgezogen wurde, mußte der Kaiser durch Kniefall begrüßt werden. In der Nähe des Kaisers durften auch die höchsten Beamten sich nur stehend aufhalten.

Der Triumphbogen des Kaisers Konstantin in Rom. Der Bogen wurde zum Andenken an den Sieg Konstantins über seinen Rivalen in Italien (vgl. S. 182) errichtet. Im Gegensatz zum Titus-Bogen (vgl. S. 160) hat dieser Triumphbogen drei Tore.

Entscheidungen des Kaisers Theodosius. Kaiser Theodosius (379–395) erhob das Christentum zur Staatsreligion; er befahl, die heidnischen Tempel zu schließen und verbot jeden Opferdienst. Eine andere Entscheidung des Kaisers sollte sich verhängnisvoll auswirken. Er teilte das Römische Reich im Jahre 395 unter seine beiden Söhne. Arcadius erhielt den Osten des Reiches mit Konstantinopel, Honorius den Westen mit Rom. Das Ränkespiel zwischen den 395
Kaiserhöfen des Ostens und Westens hat viel dazu beigetragen, daß das Weströmische Reich den Stürmen der Völkerwanderung erlag. Das Oströmische Reich dagegen bestand noch bis zum Jahre 1453.

8. Römische Kultur an Rhein und Donau

Handel und Verkehr. In den Jahrhunderten der römischen Kaiserzeit wurden römische Kultur und Lebensart in den Gebieten zwischen Mosel, Rhein und Donau heimisch, die von Kelten und Germanen bewohnt waren. Zwischen den römischen Städten auf germanischem Boden und den bäuerlichen Gebieten entwickelte sich bald ein reger Handelsverkehr. Fuhren mit westfälischem Schinken, mit Wachs, Honig, Daunen, Bernstein und Pelzwerk gelangten in die römischen Lagerstädte und wurden eingetauscht gegen Waffen, Hausgerät und Schmuck. Beide Teile lernten dabei voneinander. Die Römer brachten den Wein- und Obstbau (vinum = Wein, pirum = Birne, cerasus = Kirsche, persicum = Pfirsich) und den Anbau von mancherlei Gemüsesorten (radix = Rettich, caulis = Kohl) zu den Germanen. Diese waren den Römern dagegen auf manchen Gebieten des bäuerlichen Lebens überlegen. Den eisernen Schaufelpflug z. B. haben die Römer erst von den Germanen übernommen. Und wie diese den Südländern den Wein- und Obstbau verdanken, so haben jene den Anbau von Roggen und Hafer durch unsere Vorfahren kennengelernt.

Die Römer waren die ersten, die in unserer Heimat Kunststraßen bauten. Bis dahin hatte es nur einfache Wege gegeben, die ein Dorf mit dem anderen verbanden. Nun wurden feste, geschotterte Straßen gebaut, die schnurgerade das Land nach allen

Richtungen durchzogen. In gewissen Abständen waren Meilensteine aufgestellt, an denen man lesen konnte, wohin die Straße führte und wie groß die Entfernungen waren.

Städte- und Hausbau. An Rhein und Donau entfaltete sich während der römischen Herrschaft eine reiche und blühende Kultur. Im Schutze der großen Truppenlager (Kastelle) wuchsen Städte empor. Die bedeutendste unter ihnen war die mächtige Kaiserstadt Trier (Augusta Treverorum). Mit ihren Mauern, Türmen, Toren, Palästen und Tempeln, den großen Bädern, dem Theater und dem Amphitheater für mindestens 20000 Zuschauer bot die Stadt ein großartiges Bild. Die Porta Nigra, das Schwarze Tor, das durch die wuchtigen dunklen Quader und die mörtellose Bauweise wie von Riesenhand aufgetürmt anmutet, erinnert heute noch an die glanzvollen Zeiten der Kaiserstadt. Auch Xanten und Köln, Mainz und Straßburg, Augsburg und Regensburg sind römischen Ursprungs (vgl. S. 165/166).

Unter dem Einfluß der römischen Gewohnheit, die Häuser aus Stein zu bauen, gab man an Rhein und Donau die alte Holzbauweise mehr und mehr auf. Das notwendige Baumaterial (Backsteine und Ziegel) wurde fabrikmäßig hergestellt. Auch in der Provinz wollte der Römer in Räumen wohnen, wie er sie von seiner italischen Heimat her gewohnt war. Aber auch die einheimischen Gutsbesitzer, der Adel und die reiche Kaufmannschaft bauten jetzt ihre großen Gutshöfe und ihre prächtigen Villen aus Stein. Von ihnen übernahmen später dann die freien Germanen außerhalb des römischen Reichsgebietes den Steinbau und die dazugehörigen Fachausdrücke (z. B. Keller, Kalk, Ziegel).

Der rauhe nordische Winter zwang die Römer dazu, die Wohnräume zu heizen. Sie versahen ihre Häuser mit der gleichen Heizanlage, mit der die Thermen ausgestattet waren (vgl. S. 172). Heizbare Badeanlagen gab es in jedem kleinen Ort, in jedem Kastell, ja sogar in jeder Villa und auf jedem Gutshof.

Früh machten sich die Römer die deutschen Heilquellen zunutze. So hat man in Wiesbaden, Baden-Baden und Badenweiler Überreste von Thermen gefunden. Badenweiler besitzt heute die besterhaltene römische Thermenruine auf rechtsrheinischem Gebiet.

Grabdenkmäler an der Mosel. Einen guten Einblick in das bäuerliche und städtische Leben an Rhein und Mosel gewinnen wir bei einer Betrachtung zweier Grabdenkmäler, die sich reiche Trierer Bürger und Kaufherren im 2. und 3. Jahrhundert n. Chr. am Ufer der Mosel setzen ließen. Bei den Auftraggebern handelte es sich wohl um Einheimische, die unter der römischen Herrschaft reich geworden waren. Sie hatten sich römische Namen zugelegt, schrieben lateinisch, bauten sich Landhäuser im römischen Stil und bezahlten mit römischem Geld.

Eines der beiden Grabdenkmäler zeigt uns das Innere einer Schule. In der Mitte sehen wir den bärtigen Lehrer, links und rechts von ihm Schüler, die eifrig ihre Bücher lesen. Ein dritter Schüler ist zu spät gekommen und hebt grüßend seine Hand. Der Lehrer blickt ihn verweisend an und droht mit dem Finger.

Auf dem anderen Grabdenkmal sieht man einen Gutshof, auf dem die Pächter ihren Pachtzins abliefern. An einem Tisch sind zwei Schreiber damit beschäftigt, das Geld zu prüfen und das Ergebnis in die Bücher einzutragen. Einer der Pächter hat aus seinem Beutel gerade Geld auf den Tisch geschüttet. Ein Schreiber hat ein Geldstück herausgegriffen und streckt es prüfend dem verlegenen Bauern entgegen. Sollte es etwa nicht mehr gültig oder gar falsch sein? Ein anderer Bauer steht abwartend daneben, bis er an die Reihe kommt (vgl. Bilder S. 187).

Rechte Seite oben: Die Porta Nigra in Trier (Ende des 3. Jh.). Die Steine waren mit eisernen Klammern zusammengehalten. Im Mittelalter hat man sie herausgebrochen und für Waffen und Geräte verwandt. – Unten: Die Kaiserthermen in Trier (um 300 n. Chr.). Eines der Fenster wurde im Mittelalter als Stadttor benützt.

Römischer Kult. Die Römer waren kluge Verwaltungsleute und geschickte Politiker. Sie forderten von den Unterworfenen zwar Gehorsam, im übrigen konnte aber jeder Untertan im Römischen Reich so leben, wie er es gewohnt war. Den drei höchsten römischen Gottheiten und auch dem Kaiser mußten göttliche Ehren erwiesen werden. Daneben konnten die unterworfenen Völker aber ungehindert ihren eigenen Glauben behalten. Zusammen mit dem römischen Götterglauben und den orientalischen Kulten des Mithras und der Isis (vgl. S. 153) kam auch die christliche Lehre in die Gebiete an Rhein und Donau. Die Verbindung von römischem und germanischem Erbe mit dem christlichen Gedankengut sollte zur Grundlage einer neuen Geschichtsepoche werden.

Wir fassen zusammen:

Augustus wollte dem Reiche Frieden schenken. Seine Macht stützte sich auf den Oberbefehl über das Heer und auf seine Unverletzlichkeit als Volkstribun. Er schmückte die Stadt Rom mit prächtigen Bauwerken. In seiner Zeit lebten die Dichter Vergil und Horaz und der Geschichtsschreiber Livius. Nach der Niederlage des Varus im Teutoburger Wald (9 n. Chr) im Kampf gegen den Cherusker Arminius beschränkte sich Augustus auf die Rhein- und Donaugrenze.

Unter den Nachfolgern des Augustus zeigten sich schon bald gefährliche Auswüchse der Alleinherrschaft: Tiberius scheiterte an seiner Menschenverachtung, Nero verlor alles Maß und verfiel überheblichem Wahn. Nach dem Brand von Rom 64 n. Chr. veranlaßte Nero die erste Christenverfolgung.

Vespasian und Titus herrschten gerecht und zum Nutzen des Reiches. Unter Titus verschüttete der Vesuv im Jahre 79 n. Chr. die Städte Pompeji und Herculaneum.

Die Kaiser Domitian, Trajan und Hadrian sicherten das Gebiet zwischen Rhein und Donau durch den Limes. Trajan gab dem Reich die größte Ausdehnung seit seinem Bestehen und eroberte u. a. das heutige Rumänien. Der Friedenskaiser Hadrian beschränkte sich auf die Sicherung der Grenzen durch Befestigungen.

Mark Aurel mußte in harten Kämpfen die Parther im Osten und die Germanen an der Donau abwehren.

Die Soldatenkaiser verdankten ihre Herrschaft meist der willkürlichen Ernennung durch Grenzlegionen. Sie waren vielfach nicht mehr italischer Abstammung. Angriffe der Germanen und Perser, Bürgerkriege und Seuchen, unerträglicher Steuerdruck und Ausplünderung der Provinzen beschleunigten den Niedergang des Reiches.

Diokletian versuchte, durch seine Nachfolgeordnung die Willkür der Heere auszuschalten. Durch viele Zwangsverordnungen für das Gesamtreich wollte er die Steuerkraft heben. Durch harte Christenverfolgungen versuchte er, auch die Einheit des Glaubens zu erzwingen.

Konstantin gewann nach Diokletian wieder die Alleinherrschaft. Er erlaubte im Jahre 313 den Christen, ihre Religion frei auszuüben, bemühte sich um die Einheit des christlichen Glaubens (Konzil von Nicaea 325) und gründete Konstantinopel als neue Hauptstadt des Reiches.

Theodosius erhob das Christentum zur Staatsreligion und teilte im Jahre 395 das Reich unter seine beiden Söhne.

Rechte Seite oben: Weintransport auf der Mosel. Dieses Grabdenkmal wurde bei Neumagen gefunden. Am Bug des Weinschiffs ist ein Auge sichtbar, das ebenso wie die Tierköpfe Unheil abwehren sollte. Während die Ruderer das Schiff mit gleichmäßigen Schlägen fortbewegen, sitzt der Steuermann gemütlich unter einem kleinen Dach im Hintergrund. – Mitte: Kinder werden im Lesen unterrichtet. Auch dieses Grabdenkmal wurde bei Neumagen an der Mosel gefunden (vgl. S. 184). – Unten: Die Pachtzahlung, ebenfalls ein Fund aus Neumagen (vgl. S. 184). Die genaue Prüfung der Echtheit der Münzen war nicht unberechtigt. In Trier wurden mehrere antike Falschmünzerwerkstätten nachgewiesen!

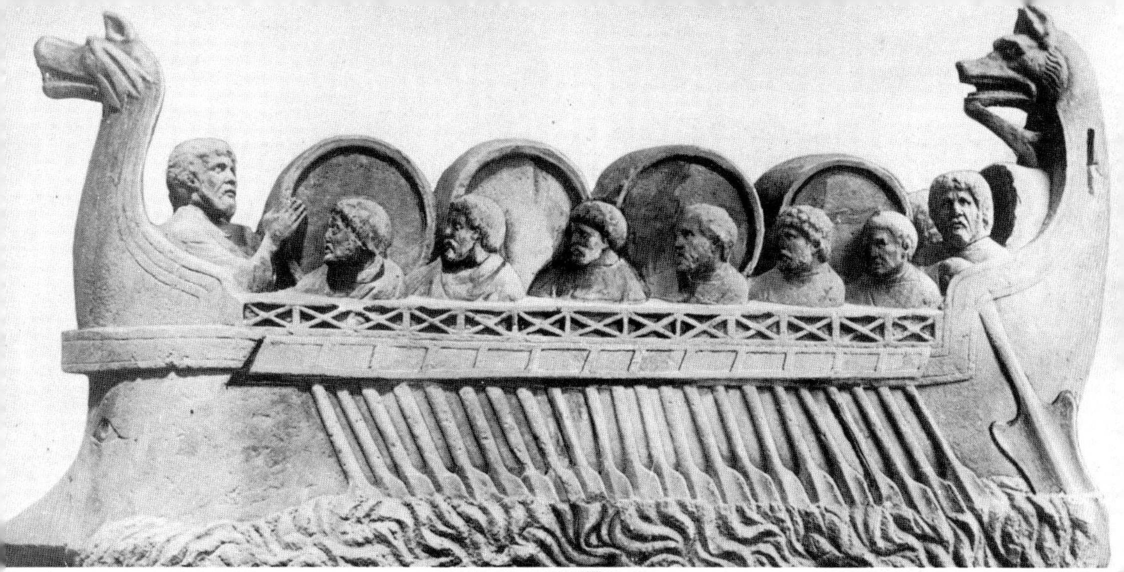

FÜNFTES KAPITEL

Die Zeit der großen Völkerwanderung

I. Die germanische Kultur um Christi Geburt

1. Die Siedlung der Germanen

Die Germanen in der Sicht des Römers. Man kann sich den Unterschied zwischen der römischen Kultur an Rhein und Donau und der Kultur im freien Germanien nicht groß genug vorstellen: dort ein hochentwickeltes städtisches Leben nach italischem Muster, das auch die unterworfenen keltischen und germanischen Stämme beeinflußt hatte; in Germanien dagegen die einfache Lebensweise eines Bauernvolkes, das zäh an seinen alten Überlieferungen und Gebräuchen festhielt und trotz aller römischen Verlockungen sein eigenes Leben weiterlebte.

Weitblickende Römer hatten sehr bald erkannt, daß diese urwüchsigen und naturverbundenen Völkerschaften ihnen eines Tages gefährlich werden könnten. Sie wußten um die Gefahren, die ihnen selbst aus ihrer überfeinerten und verweichlichenden Lebensführung erwuchsen. Nicht nur aus Interesse an den Germanen, sondern auch aus Sorge um Roms Zukunft hatte der römische Geschichtsschreiber Cornelius Tacitus (vgl. S. 167) sein Büchlein „Germania" geschrieben, das die kostbarste Quelle für die germanische Geschichte darstellt.

Tacitus schildert die Germanen als große, kräftige Gestalten mit blauen Augen und rötlichem Haar. Im Kampf tragen sie nur eine leichte Bekleidung; ein kleiner Mantel liegt ihnen um die Schultern. Nur wenige besitzen Panzer und Helme. Ihre Schilde bemalen sie mit grellen Farben. Im Kampfe seinen Schild zu verlieren, gilt als eine besondere Schmach. Hinter den Männern stehen die Frauen und Mädchen und spornen die Kämpfenden an. Ist einer der Männer verwundet, so wird er von ihnen verbunden und erfrischt.

Vieles von dem, was Tacitus erzählt, ist durch Funde bestätigt worden. In norddeutschen Mooren fanden sich, in Tücher oder Felle eingehüllt, Tote dieser Zeit. Es waren Verbrecher, die man zur Strafe ins Moor versenkt hatte. Die erhaltene Bekleidung dieser Moorleichen ist so, wie sie uns Tacitus schildert. Sie bestand beim Mann aus einer langen, eng anliegenden Hose und einem einfachen Kittel. Die Frauen liebten lange Leinengewänder. Ihre Arme blieben frei. Die Schuhe waren aus Leder, hinten mit einer Kappe versehen, vorn mit Riemen verschnürt.

Die Stammesgruppen. Wir unterscheiden heute drei große germanische Stammesgruppen: die Nordgermanen, die in Skandinavien zurückblieben, die Westgermanen, die in Nord- und Mitteldeutschland siedelten, und die Ostgermanen an Oder und Weichsel, die bis zum Schwarzen Meer vordrangen (vgl. S. 176). Schon zur Römerzeit begannen sich diese Gruppen auch in der Sprache zu unterscheiden.

Haus und Hof. Zu Beginn unserer Zeitrechnung gab es in Deutschland mehr Wälder und Sümpfe als heute. Regen, Nebel und Stürme machten das Land unwirtlich, wenigstens in der Vorstellung des Südländers, dem die Sturmfluten an der germanischen Küste ungewohnt und furchtbar erschienen:

„Wer möchte Asien, Afrika oder Italien verlassen und nach Germanien reisen, das mit schaurigen Wäldern und widerwärtigen Sümpfen bedeckt ist?"

„Daß die germanischen Völker keine Städte bewohnen ..., ist allbekannt. ... Ihre Dörfer bestehen nicht wie die unseren aus verbundenen, zusammenhängenden Häuserreihen; jeder umgibt sein Haus rings mit einem freien Platz. ... Sogar Mauersteine und Ziegel sind ihnen unbekannt, sie brauchen zu allem unförmige Balken" (Tacitus).

Germanisches Paar zur Römerzeit

In den weiten Lichtungen der Wälder und in den offenen Flußtälern lagen die einzelnen Bauernhöfe für sich wie auch heute in einem Teil Westfalens, im Schwarzwald und in den Alpen, oder aber sie bildeten in eigenwillig zerstreut liegenden Gruppen „Haufendörfer"; denn jeder baute sich sein Block- oder Fachwerkhaus da, wo es ihm gefiel. Das Dach war mit Stroh gedeckt. Der Rauch zog durch eine Öffnung in der Decke ab, und der Innenraum, dem die Fenster fehlten, wurde durch das Herdfeuer oder durch einen Kienspan erhellt.

Haus und Hof waren Eigentum des einzelnen Germanen. Im Wald durfte jeder Dorfangehörige sein Bau- und Brennholz schlagen und das Borstenvieh zur Eichelmast weiden lassen. Auch Wiese, Torfmoor, Wasser und Bäche waren gemeinsamer Besitz der Dorfbewohner (Allmende = Allgemeine). Von Zeit zu Zeit wurde die Ackerflur in schmale, lange Streifen aufgeteilt und den freien Bauern zur Nutzung überlassen. Die einzelnen Feldfluren wurden einheitlich bebaut. Auf dem einen Feld säten alle Bauern Roggen, auf dem andern Hafer, auf einem dritten Gerste, wieder ein anderes blieb brach liegen (Flurzwang). Jährlicher Fruchtwechsel war nötig, damit der Ackerboden sich erholen konnte. Mit einem Räderpflug, an dem eine breite, eiserne Pflugschar befestigt war, pflügte der Bauer den Boden tief um. Mit Sicheln schnitt er im Sommer das reife Getreide. Eine große Viehherde bildete den Reichtum des Germanen. Mit Vieh wurde bezahlt.

2. Das Gemeinschaftsleben und der Glaube der Germanen

Familie, Sippe und Stamm. Der Vater war wie bei den Römern der unumschränkte Herr der Familie. Ihm oblag auch der Schutz der zu seinem Haushalt gehörigen Menschen einschließlich des Gesindes. Neben ihm stand als ebenbürtige Gefährtin, angesehen und verehrt, die Frau, die „Herrin" des Hauses. Verwandte Familien bildeten eine Sippe. Bei der Arbeit und vor allem im Kampf und vor Gericht stand die Sippe treu zusammen. Sippengenossen traten als Eideshelfer auf, wenn es galt, die Unschuld eines Angehörigen zu beteuern. War eines ihrer Mitglieder im Streit erschlagen worden, so mußten die Sippengenossen des Toten Blutrache üben oder Bußgeld in Vieh („Wergeld") verlangen.

Heilig war den Germanen die Gastfreundschaft. Jeder konnte ungeladen als Gast erscheinen. Man hielt es für frevelhaft, einen Gast abzuweisen. Beim Abschied tauschte man Geschenke aus. Große Gastmähler waren sehr beliebt. Dabei wurde gelacht und gescherzt, aber auch ernsthaft beratschlagt. Man trank ein bierähnliches Getränk aus Gerste oder Korn oder auch den Honigtrunk, den „Met".

Bronzefigur eines betenden Germanen, die im Niederrhein bei Xanten gefunden wurde.

Während Familie und Sippe eng zusammenhingen, war die Verbindung von Völkerschaft zu Völkerschaft nur lose. Erst in späterer Zeit vereinigten sich Völkerschaften zu Stämmen.

Die Standesordnung. Den Kern einer germanischen Völkerschaft bildeten die freien Bauern. Über ihnen standen die Sippen der Edelinge, die sich durch hervorragende Tüchtigkeit und ungewöhnliche Leistungen ihrer Mitglieder besonderes Ansehen und auch größeren Besitz erworben hatten. Aus ihren Reihen wurden die Priester und die Fürsten gewählt. Nicht zur Gemeinschaft gehörten die Unfreien, unterworfene Ureinwohner sowie Kriegsgefangene und deren Nachkommen. Sie erhielten von den Freien ein Landstück zur Bearbeitung angewiesen oder dienten als Knechte auf einem Gut.

Hervorragenden Männern schloß sich eine „Gefolgschaft" tapferer Jünglinge an. Sie wurden in die Hausgenossenschaft ihres Gefolgsherrn aufgenommen. Aus seinem „Hort", dem ständig Beuteanteile und Geschenke zuflossen, spendete er ihnen reiche Ehrengaben. Seine Gattin versorgte die Mannen mit Speise, Trank und Kleidung.

Das Ding. Die Aufnahme des Jünglings in die Gemeinschaft der Wehrfähigen erfolgte vor allen Freien auf dem Ding, zu dem die Dorfgemeinde oder die ganze Völkerschaft regelmäßig bei Neumond oder Vollmond zusammentrat. Dazu versammelten sich alle wehrfähigen Männer. Sie stimmten ab über Krieg und Frieden und hielten Gericht. Stammesverräter wurden zum Tode verurteilt und gehängt, andere Verbrecher ins Moor versenkt. Die Dingversammlung wählte die Fürsten. Sie hob in Kriegszeiten den Tapfersten auf den Schild und erkor ihn so zum Herzog, zum Führer eines Feldzuges. Nur die Ostgermanen kannten ständige Könige, die auch in Friedenszeiten über einen Stamm herrschten.

Der Glaube der Germanen. Für die Germanen war die Natur von geisterhaften Wesen belebt. Daraus entwickelten sich im germanischen Glauben allmählich bestimmten Göttergestalten. Die Sonne als Lebensspenderin wurde in dem Bild einer goldenen Scheibe angebetet.

Der Gott Wodan genoß großes Ansehen. Die Nordgermanen nannten ihn Odin. Im Laufe der Zeit wurde er als höchster der germanischen Götter verehrt. Der Name „Wodan" hängt mit „Wehen" und „Wüten" zusammen. Ein Sturmgeist ist er ursprünglich. Auf achtfüßigem Wolkenhengst braust er dahin. Er ist der Schlachtenlenker und -denker, der grübelnde Gott aller Künste, der Erfinder der geheimnisvollen Runenzeichen. Er allein vermag mit seinem Zauberspruch lahmende Pferde zu heilen. Auf seinen Schultern sitzen zwei Raben, die von Zeit zu Zeit ausfliegen und ihrem Herrn alles berichten, was sie gesehen und gehört haben. Als einsamer Wanderer im flatternden Wolkenmantel durchstreift Wodan die Welt. Ein breit-

Der Sonnenwagen von Trundholm auf Seeland (Dänemark). Er stammt aus der Bronzezeit und wurde während der Sonnenwende bei Prozessionen mitgeführt.

krempiger Hut verbirgt das Fehlen eines Auges; das andere aber erstrahlt wie die Sonne und überschaut das All. Dem höchsten Gott der Germanen ist, wie heute noch in manchen Gegenden Deutschlands, in England und den nordischen Ländern, der Mittwoch (Godestag) als Wodanstag geweiht (Wednesday). In seinem himmlischen Saal, in Walhall, versammeln sich die auf dem Schlachtfeld Gefallenen, die von den Walküren, göttlichen Jungfrauen, dorthin geleitet werden.

Aus schwarzem Gewölk schleudert den Wetterstrahl und rollt den Donner der gewaltige, rotbärtige Donar (nordisch Thor). Auf einem von Ziegenböcken gezogenen Wagen jagt er durch die Lüfte und läßt seinen Hammer (den Blitz) niedersausen. Dabei spendet er den die Natur belebenden Gewitterregen. Der Gott thront auf freier Bergeshöhe, auf den zahlreichen „Donnersbergen". Nach ihm trägt der Donnerstag seinen Namen.

Der Gott des Krieges ist Tiu oder Ziu. Er erscheint bei den römischen Schriftstellern als Mars, und so kommt es, daß der Tag des Mars (mardi) zum Ziutag (so noch heute in Schwaben und im Elsaß) oder nach einem Beinamen (Thingsus, Dings = Gott der Versammlungen) zum Dienstag wurde.

Unter den übrigen Göttergestalten ragt Frija („die Liebliche"), die Gemahlin Wodans, hervor. Ihr gehört der Freitag. Sie beschützt den häuslichen Herd und die Ehe, sie segnet das Spinnen, Weben und Nähen; sie beschenkt die Fleißigen und straft die Faulen, wie es Frau Holle im Märchen tut.

Beliebt bei Göttern und Menschen ist der lichte Frühlingsgott Baldur. Auf Anstiften des bösen Loki findet er durch einen als Pfeil abgeschossenen Mistelzweig des blinden Hödur ein frühes Ende; tödlich getroffen sinkt er in das finstere Reich der Unterweltsgöttin Hel. Ebenso muß die Sonne der Nacht, das Licht des Sommers dem dunklen Winter weichen.

Über den Göttern steht das Schicksal eines furchtbaren Kampfes zwischen dem machtvollen Göttergeschlecht der Asen und den auf Verderben sinnenden Riesen. Ein Weltbrand vernichtet den Göttersaal; aber aus der Götterdämmerung entsteht eine neue Welt.

II. Der Hunnensturm

1. Beginn der Völkerwanderung

Der Einfall der Hunnen in Europa. Die römischen Kaiser Diokletian und Konstantin vermochten noch die Rhein-Donaugrenze gegen West- und Ostgermanen zu halten. Konstantin kämpfte am Rhein gegen Franken und Alemannen, stellte aber auch viele Germanen in sein Heer ein und ließ sie sogar bis in die höchsten Offiziersstellen aufsteigen. An der unteren Donau besiegte er die Westgoten in Dakien und verpflichtete sie, gegen jährliche Verpflegungslieferungen Ruhe vor der Donaugrenze zu halten. Aber schon nach wenigen Jahrzehnten brachte ein furchtbarer Völkersturm aus dem Osten die römische Grenzverteidigung in Europa ins Wanken.

Bald nach der Mitte des 4. Jahrhunderts drängten aus dem Innern Asiens die Hunnen durch die Kaspische Senke in die russischen Steppen und fielen über die Länder und Völker am Schwarzen Meer her. Sie waren ein mongolisches Reitervolk, schlitzäugig, von gelber Gesichtsfarbe und kleiner Gestalt. An Wildheit übertrafen sie alle anderen Völker. Ein Augenzeuge gibt von ihnen aus römischer Sicht folgende Schilderung:

„Ihr untersetzter Körper mit dickem Kopf gibt ihnen ein ungewöhnliches Aussehen. Wurzeln und rohes Fleisch, das sie den Pferden auf den Rücken legen und etwas warm und mürbe reiten, bilden ihre Nahrung. Fortwährend streifen sie durch Berge und Wälder und verändern unaufhörlich ihre Wohnsitze. Auf ihren kleinen, häßlichen, aber unermüdlichen Pferden sitzen sie wie angeheftet. Immer sind sie zu Roß, ja sie schlafen und träumen, über den Hals ihrer Pferde hingebeugt. Beim plötzlichen Reiterangriff überschütten sie den Gegner mit einem Hagel spitzer Pfeile. Im Handgemenge kämpfen sie mit ihrem kurzen Schwert und mit Fangstricken" (Ammianus, römischer Geschichtsschreiber).

Der Aufbruch der Ost- und Westgoten. Die Hunnen unterwarfen die Ostgoten nördlich des Schwarzen Meeres. Der Ostgotenkönig Ermanarich stürzte sich aus Verzweiflung über die Zukunft seines Volkes in sein Schwert. Die Ostgoten mußten von
375 jetzt an für lange Zeit im Gefolge der Hunnen kämpfen. Im Jahre 375 griffen die Hunnen auch die Westgoten an der Donau an. Diese verließen zum Teil mit Weib und Kind ihre Wohnsitze und suchten hinter der schützenden Donau Aufnahme im Römerreich. Hier wurden sie angesiedelt, mußten sich jedoch verpflichten, fortan auf römischem Boden die Grenze zu verteidigen.

Der Hunnensturm riß auch die germanischen Nachbarstämme der Goten mit sich nach Westen. Die Völkerwanderung der Ostgermanen hatte begonnen.

2. Attila, der Hunnenkönig

Hunnen und Burgunder. In der Sage von König Gunther und seinen treuen Burgundern steckt ein geschichtlicher Kern: Ein Hunnenheer war nach 400 bis an den Rhein vorgestoßen, wo die ostgermanischen Burgunder nach langer Wanderung in der Gegend von Worms ein Reich gegründet hatten. Im Bunde mit Westrom besiegten die Hunnen die Burgunder unter ihrem König Gunther und zwangen den Rest des Volkes, fortzuziehen und sich im oberen Rhonetal eine neue Heimat zu suchen. An diesen Vorgang erinnert das Nibelungenlied, das von dem Untergang des burgundischen Königshauses im Kampf gegen die Hunnen erzählt. Die Sage hat den geschichtlichen Kampf der Burgunder mit der Person des Königs Etzel verknüpft und das Geschehen nach Ungarn verlegt.

Westgotische Königshalle bei Oviedo in Spanien, seit 848 als Kirche benutzt (vgl. S. 194).

Das hunnische Großreich. Von der ungarischen Tiefebene aus hatte König Etzel, gotisch Attila (= Väterchen) genannt, die hunnischen Teilreiche in seiner Hand vereinigt. Er herrschte vom Kaukasus bis nahe an den Rhein und weit nach Norddeutschland und Polen hinein. Als echter Mongole unterschied er sich sehr von den hochgewachsenen Fürsten der Germanen: er war klein von Gestalt, hatte einen großen Kopf, eine stumpfe Nase und fahle Hautfarbe. Stolz und gemessen war seine Haltung; sie zeugte von gewaltiger Willensstärke. Die listigen, scharfspähenden, dunklen Augen verrieten Menschenkenntnis. „Gottesgeißel" sollen ihn die vor Schrecken wie gelähmten Völker genannt haben.

Ein Oströmer, der mit einer Gesandtschaft das Hoflager Attilas besuchte, berichtet:

„In der Mitte saß Attila, neben ihm, aber in geziemendem Abstand, sein ältester Sohn, der aus Ehrfurcht vor dem Vater den Blick zu Boden senkte. Leckere Gerichte wurden uns dargeboten, welche auf silbernen Schüsseln lagen; für Attila aber lag auf einer hölzernen Platte nur Fleisch. Mäßig erwies er sich auch in allem übrigen. Sein Gewand war schlicht; es zeigte keine andere Pracht, als daß es rein war. Sobald der Abend kam, zündete man Fackeln an, und zwei Germanen, die dem Attila gegenüberstanden, trugen selbstverfaßte Lieder vor, in denen sie seine Siege besangen. Nach den Gesängen trat ein Narr ein; er erregte Gelächter bei allen durch Aussehen, Pracht, Stimme und die zusammengestoppelte Rede, die Lateinisch, Hunnisch und Gotisch durcheinandermengte; nur bei Attila nicht, sein Antlitz blieb steinern" (Priscus)

Germanen leisteten dem Hunnenkönig in Politik und Kriegführung wertvolle Dienste. Durch zahlreiche germanische Scharen verstärkt, rückte um die Mitte des 5. Jahrhunderts das Hunnenheer nach Westen.

Die Hunnenschlacht an der Seine. Attilas Absicht war, Gallien zu erobern. Da schlossen sich in Gallien die römischen Bewohner und die eingedrungenen Germanenstämme der Franken, Burgunder und Westgoten zusammen, um die allen gemeinsame Gefahr abzuwehren. Den Oberbefehl führte Aëtius, der Heermeister des Weströmischen Reiches, dem man den Ehrennamen „der letzte Römer" gab.

An der Seine, auf den Katalaunischen Feldern (bei Troyes), stießen die Heerscharen aufeinander (451). Die Gegner kämpften verbissen und mit blutigen Verlusten 451 auf beiden Seiten bis tief in die Nacht. Später erzählte das Volk, die Geister der Erschlagenen hätten in den Lüften den Kampf fortgesetzt. Es heißt auch, Attila habe in seiner Wagenburg einen Scheiterhaufen aus Holzschilden und Sätteln mit all seinen erbeuteten Schätzen beladen. Er habe sich selbst mit ihnen verbrennen wollen, falls die Feinde sein Lager angriffen. Aber auch diese waren so geschwächt, daß sie abzogen. Attila kehrte nach Ungarn zurück. Damit war zum erstenmal die mongolische Gefahr vom Abendland abgewendet. Bald darauf starb Attila nach der Hochzeit mit einer germanischen Fürstentochter. Sein Reich zerfiel.

III. Ausbreitung der Ost- und Westgermanen

1. Westgoten und Vandalen

Arianisches Christentum der Ostgermanen. Die Nachfolger Konstantins im Osten des Römerreiches hatten trotz des Konzils von Nicaea die Lehre des Arius begünstigt (vgl. S. 182). So wurde auch den Westgoten, als sie noch nördlich der Donau an der römischen Grenze saßen, das Christentum nach der Lehre des Arius gebracht. Ihr Bischof war *Wulfila*, der die Bibel ins Gotische übersetzte. Das arianische Christentum fand dann auch bald Eingang bei den Ostgoten, Vandalen, Burgundern und Langobarden. Obwohl sich im Römischen Reich schließlich doch die Lehre des Konzils von Nicaea durchsetzte, behielten die germanischen Stämme den arianischen Glauben bei. Dadurch gerieten sie in einen religiösen Gegensatz zu der römischen Bevölkerung, als sie auf römischem Reichsboden selbständige Reiche begründeten.

Die Westgoten in Gallien und Spanien. Bald nach dem Tode des gotenfreundlichen Kaisers Theodosius (395, vgl. S. 183) entstanden Gegensätze zwischen dem oströmischen Hof in Konstantinopel und den Germanen. Das bekamen auch die Westgoten zu spüren. Ihr junger, tatkräftiger König *Alarich* nutzte die Spannungen zwischen Ost- und Westrom. Er wollte für seine Westgoten auf römischem Boden ein Reich und Sicherheit gewinnen. Zuerst zog er durch Griechenland, dann nach Italien. Im Jahre
410 410 eroberte er *Rom*. Dieses Ereignis erschütterte die ganze römische Welt. Bald darauf starb Alarich in Süditalien. Im Flußbett des Busento liegt er begraben. Die Westgoten setzten sich dann im südlichen Gallien fest und breiteten sich bis nach Spanien aus (*Katalonien* = Gotalanien).

Die Vandalen in Nordafrika. Die Vandalen waren aus Schlesien abgewandert. Sie überschritten den Rhein und zogen durch Gallien und Spanien. Von dort führte sie ihr König *Geiserich* im Jahre 429 in das fruchtbare Nordafrika, die Kornkammer Roms, hinüber. *Karthago* wurde die Hauptstadt ihres neuen Reiches. Mit ihren Schiffen beherrschten die Vandalen das westliche Mittelmeer. Auch ihnen gelang es einmal bei einem Vorstoß nach Italien, Rom zu erobern (455). Sie schleppten eine Menge Gold und Silber nach Karthago, darunter das vergoldete Bronzedach vom Jupitertempel auf dem Kapitol. Aber die Bauwerke Roms haben sie nicht zerstört, wie ihnen später fälschlich nachgesagt wurde (Vandalismus); diese sind vielmehr im Mittelalter von den Römern selbst als Steinbrüche ausgebeutet worden.

2. Theoderich und die Ostgoten

Die Herrschaft Odowakars in Italien. Bald nach der Ermordung des tüchtigen Aëtius durch seinen mißtrauischen Kaiser beschränkte sich die Herrschaft der weströmischen Kaiser in der Hauptsache nur noch auf Italien. Dabei wurden sie immer mehr

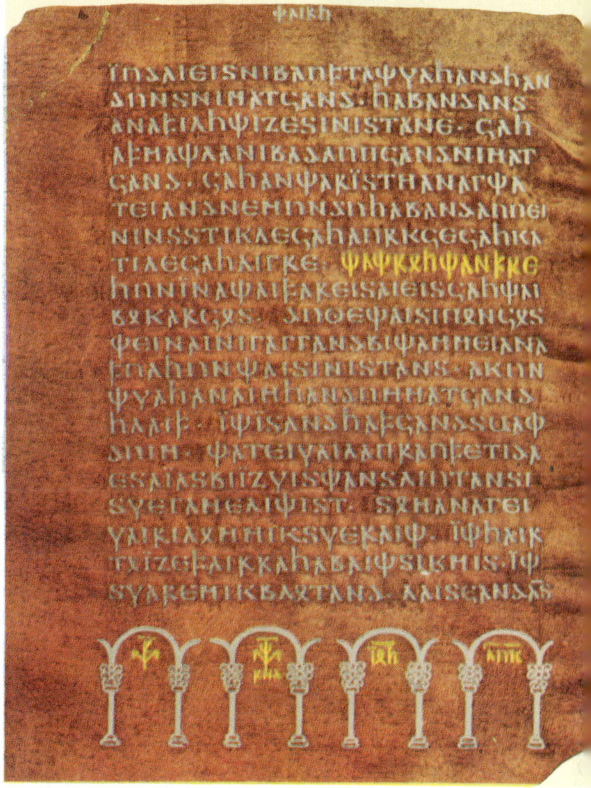

Links: Krone aus einem Priestergrab bei Toledo. Weihegabe eines westgotischen Königs (7. Jh.). – Rechts: Eine Seite aus dem „Codex argenteus" („silbernes Buch"), einer ostgotischen Handschrift mit der Bibelübersetzung des Wulfila.

von ihren germanischen Söldnerheeren abhängig. Schließlich setzte der germanische Söldnerführer Odowakar den weströmischen Kaiser Romulus Augustulus ab und machte sich selbst zum König Italiens (476). Das war das Ende des Weströmischen Reiches. Der oströmische Kaiser mußte Odowakar notgedrungen als Statthalter anerkennen. Aber man sann in Konstantinopel auf eine Möglichkeit, ihn zu stürzen. Dabei sollten die Ostgoten helfen. **476**

Die Eroberung Italiens durch Theoderich. Der Zerfall des Hunnenreiches hatte die Ostgoten wieder frei gemacht. Sie siedelten sich mit Erlaubnis des oströmischen Kaisers zuerst in Pannonien an der Donau an. Als Geisel für den Bündnisvertrag kam der junge ostgotische Königssohn Theoderich an den Kaiserhof nach Konstantinopel. Er lernte dort römische Verwaltung und römisches Heerwesen, aber auch römische Sitte und Kultur kennen. Der Kaiser überschüttete ihn mit Ehren. Im Alter von 18 Jahren durfte Theoderich zu seinem Volke zurückkehren und übernahm die Herrschaft.

Als die Ostgoten unter ihrem neuen König für Ostrom gefährlich zu werden drohten, gab der Kaiser Theoderich den Auftrag, dem Odowakar Italien zu entreißen. So brach das ostgotische Volk zur Eroberung Italiens auf. Nach zwei Niederlagen in offener Feldschlacht zog sich Odowakar in das von Sümpfen umschlossene Ravenna zurück. Nach dreijähriger Belagerung ergab er sich freiwillig. Theoderich verbürgte ihm persönliche Sicherheit und königliche Ehren; doch schon zehn Tage nach der Übergabe erstach er Odowakar beim Festmahl. Fortan herrschte der **493 bis 526**

Eine ostgotische Adlerfibel (um 500), die bei Cesena in der Nähe von Ravenna gefunden wurde.

Ostgotenkönig über Italien (493–526); er erkannte zwar die Oberhoheit des oströmischen Kaisers an, in Wirklichkeit regierte er jedoch unabhängig. Durch seinen Sieg über Odowakar bei Verona ging er in die Sage ein als „Dietrich von Bern“.

Das Ostgotenreich Theoderichs. Wie alle großen Germanenkönige bewunderte Theoderich die Verwaltung des römischen Staates, die klaren römischen Gesetze und die überlegene Bildung und Baukunst der Römer. Darum wollte er die römische Bevölkerung Italiens nicht unterdrücken; friedlich sollten seine Goten und die Römer zusammenleben.

Für die römischen Untertanen galt weiterhin das römische Recht. Handel, Gewerbe und Verwaltung lagen in römischen Händen. Die meisten Beamten waren Römer; dem König selbst stand als Kanzler der kluge Römer Cassiodor zur Seite. Trotz des arianischen Glaubens der Goten bewies Theoderich großzügige Duldsamkeit gegenüber den katholischen Römern. Sein Grundsatz war: „Die Religion können wir nicht befehlen, weil sich niemand zwingen läßt, gegen seinen Willen zu glauben.“

Der Heeresdienst blieb allein den Goten vorbehalten. Dafür erhielten sie ein Drittel der römischen Landgüter mit Wohnung, Sklaven und Vieh zur Nutzung zugeteilt. So war es seit langem in den römischen Reichsgebieten üblich gewesen, in denen geschlossene Germanenstämme den militärischen Schutz übernahmen. An dem Heiratsverbot zwischen Germanen und Römern hielt Theoderich fest. Dies hatte schon für die Westgoten gegolten, als sie im Römerreiche Aufnahme fanden (S. 192). So sollte verhindert werden, daß die Ostgoten in der Masse der italischen Bevölkerung aufgingen. Wenn Theoderich auch die Bildung seines Volkes durch Schulen zu heben versuchte, so wachte er doch zugleich darüber, daß die Gotenjugend vor allem zur Waffentüchtigkeit erzogen wurde. Er selbst wollte auch in den neuen Verhältnissen seinen Ostgoten der germanische Gefolgsherr, das Vorbild aller Mannestugenden, bleiben.

So erlebte Italien unter Theoderich noch einmal eine goldene Friedenszeit. Die italische Bevölkerung kannte keine Knechtung und Ausbeutung, da die Steuerlasten zur Unterhaltung der Söldnerheere wegfielen. Als sich gegen Ende seines Lebens ein Bündnis zwischen den Katholiken Italiens und dem oströmischen Kaiser anbahnte, traf der König entgegen seiner sonstigen Milde harte Maßnahmen. Trotzdem zeichnete ein Oströmer nach Theoderichs Tod sein rühmendes Bild: „Seine gewaltige Hand sorgte für Gerechtigkeit und war ein starker Schirm für Recht und Gesetz. Seine Weisheit und Tapferkeit waren gefürchtet und geehrt weit in der Runde.“

Rechte Seite: Mosaiken aus S. Apollinare Nuovo, der Hofkirche Theoderichs in Ravenna. Die Kirche war ursprünglich dem Salvator (Erlöser) geweiht, und die Mosaiken stammen zum großen Teil noch aus der Zeit des Ostgotenkönigs. Oben: Die Anbetung der Könige. Neben den in demütiger Haltung nahenden Weisen aus dem Morgenlande auf dem Thron Maria mit dem Kinde, von Engeln umgeben. – Unten: Darstellung des Theoderich-Palastes in Ravenna. In der Mitte des dreibogigen Tores und unter den Bogen der Arkaden waren ursprünglich der Gotenkönig und Gefolgsleute dargestellt. Nach 548 wurden die Figuren durch die neuen oströmischen Machthaber entfernt.

+SCS BALTHASSAR +SCS MELCHIOR +SCS CASPAR

PALA TIVM

Das Grabmal Theoderichs

Die Bautätigkeit Theoderichs. Theoderich betrachtete sich geradezu als Nachfolger der weströmischen Kaiser. Als er im Jahre 500 in Rom weilte, besuchte er das Grab des hl. Petrus und den Senat. Das Volk erfreute er durch Zirkusspiele und Lebensmittelspenden. Die Kaiserpaläste und Stadtmauern ließ er ausbessern.

In Ravenna, seinem Regierungssitz, sind noch heute die Kirchen zu sehen, die Theoderich erbauen ließ, desgleichen die Reste seines Palastes. Am Stadtrand ragt aus tiefer gelegenem Gelände sein mächtiges Grabmal empor, einem römischen Rundtempel ähnlich. Eine riesige Flachkuppel, die aus einem einzigen Felsblock gehauen und 8000 Zentner schwer ist, lastet wie der Deckstein eines Hünengrabes darauf (vgl. S. 11). Der untere Raum des Grabmals hat im Innern die Form des Kreuzes, des Zeichens der neuen Weltreligion.

Germanische Bündnispolitik. Theoderich sah ein, daß die Germanenreiche auf dem Boden des römischen Westreiches durch gegenseitigen Kampf um Land und Herrschaft nur sich selbst schädigten und ihren Bestand gefährdeten. Den Nutzen davon hatte Ostrom. Darum suchte er die Gegensätze zwischen den Germanenreichen zu mildern und bemühte sich, einen Bund der germanischen Völker unter seiner Leitung zustande zu bringen. Dieses Ziel hat er vorübergehend erreicht. Durch Heiratsverbindungen mit den Königshäusern wollte er die Freundschaft festigen. Dem Vandalenkönig gab er seine Schwester zur Frau, den Königen der Westgoten und Burgunder seine Töchter. Er selbst heiratete die Schwester des Frankenkönigs Chlodwig. Er warnte vor der Unbeständigkeit des Kriegsglücks und mahnte zur Eintracht der Völker. Maßvoll und versöhnlich wie im Innern war er auch nach außen. Aber vor allem Chlodwig durchkreuzte schließlich die Politik des Ostgotenkönigs. Dieser mußte die Alemannen, Westgoten und Burgunder gegen den Franken in Schutz nehmen.

3. Der Kampf des Kaisers Justinian gegen die Germanenreiche am Mittelmeer

Die Festigung des Oströmischen Reiches. Die römischen Kaiser des Ostreiches vergaßen nicht die alte Größe des Gesamtreiches und gaben den Anspruch auf die von den Germanen besetzten Gebiete nicht auf. Ein zäher und gefährlicher Gegner erstand den Vandalen und Ostgoten in Kaiser Justinian (527–565). Er war ein Bauernsohn des illyrisch-makedonischen Berglandes und durch seine ungewöhnliche Begabung und politisches Geschick bis zum Kaiser aufgestiegen. Seine Gemahlin Theodora war die Tochter eines Zirkuswärters. Mit klugem Rat unterstützte sie den Kaiser bei den gemeinsamen Plänen. Trotz ihrer Herkunft verstanden es beide, das Diadem und den Purpur der kaiserlichen Würde mit Hoheit zu tragen.

Germanische Reiche zur Zeit Theoderichs

Durch eine umfangreiche Gesetzgebung wollte Justinian zuerst die Staatsverwaltung neu aufbauen und die innere Kraft des Reiches wiederherstellen. Er ließ durch Rechtsgelehrte die Gesetze und Rechtssprüche der römischen Kaiser sammeln. Dieses Gesetzeswerk, das Corpus juris, bildet heute noch die Grundlage unseres Rechts.

Justinian war auch ein eifriger Bauherr von Kirchen, Palästen und Brücken sowie von Festungswerken an den bedrohten Grenzen. In Konstantinopel ist bis heute sein prächtigstes Bauwerk erhalten, die Hagia Sophia, die Kirche der „Heiligen Weisheit". Freilich bürdete die Bauleidenschaft des Kaisers dem Ostreich eine riesige Steuerlast auf. Außerdem waren die Kriege, die er im Osten gegen die Perser, im Westen zur Niederwerfung der Germanenreiche führte, sehr kostspielig.

Untergang der Vandalen und Ostgoten. Die Vandalen saßen in Nordafrika auf den besten Gütern der ehemals römischen Grundbesitzer. In dem warmen Klima Afrikas hatten sie sich bald an das bequemere römische Leben gewöhnt und die alte, rauhe Strenge des Wander- und Kriegerlebens abgelegt. Sie kleideten sich in Seide, saßen in römischen Theatern, bewohnten prunkvolle Paläste inmitten prächtiger Palmengärten. Nirgends war die Feindschaft zwischen den arianischen Germanen und der katholischen Bevölkerung so heftig wie in Nordafrika. Durch einen Zwist im Königshaus wurde die vandalische Macht noch mehr geschwächt. So konnte Belisar, der Feldherr Justinians, im Jahre 533 ohne große Mühe die Vandalen besiegen. Nordafrika wurde oströmische Provinz.

Darauf wandte sich Belisar gegen die Ostgoten in Italien. Der große Ostgotenkönig Theoderich war im Jahre 526 gestorben. Zwistigkeiten und Mord im königlichen Hause gaben Justinian Gelegenheit, als Oberherr in Italien einzugreifen. Die Bündnisse der Ostgoten mit den anderen Germanenreichen versagten, die Franken nutzten die

Innenansicht der Hagia Sophia in Konstantinopel (vgl. S. 199)

Lage zu eigenem Landgewinn in Gallien. 20 Jahre dauerte der Vernichtungskampf Justinians gegen die Ostgoten. Die tapferen Kämpfe der Gotenkönige Totila und Teja konnten das Schicksal nicht wenden. Endlich stellte sich der Rest des ostgotischen Heeres dem kaiserlichen Feldherrn Narses, dem Nachfolger Belisars, am Vesuv zum Entscheidungskampf (553):

„Die Schlacht begann am frühen Morgen. Weithin sichtbar stand Teja, den Schild vor sich haltend, den Speer vorgestreckt, als erster mit nur wenigen vor dem Heere. Da glaubten die Römer, wenn er falle, sei das Ringen sofort entschieden, und alle, die sich auszeichnen wollten, traten in großer Zahl zusammen und stießen und warfen mit ihren Lanzen nach ihm. Er aber fing mit seinem Schild alle Lanzen auf und erlegte in blitzschnellem Sprunge viele Feinde. So oft aber sein Schild voll war von aufgefangenen Lanzen, reichte er ihn einem seiner Waffenträger und ergriff einen anderen. Auf diese Weise hatte er den dritten Teil des Tages ununterbrochen gekämpft. Eben staken in dem Schild wieder zwölf Lanzen. Darum rief er eilig einen seiner Waffenträger herbei, wich aber nicht um eines Fingers Breite. Da kam dieser mit dem Schilde, und sofort ergriff ihn Teja an Stelle des seinigen. Als dabei seine Brust nur einen Augenblick ungedeckt blieb, wurde Teja von einem Speer getroffen und war auf der Stelle tot. Aber die Goten setzten den Kampf fort bis in die Nacht“ (Prokop, Ratgeber des Belisar).

Die letzten Goten durften mit dem toten König nach Norden abziehen. Italien wurde oströmisch.

Die Langobarden in Oberitalien. Schon wenige Jahre nach dem Untergang der Ostgoten brachen die Langobarden als letzter Germanenstamm der Wanderzeit
568 in Oberitalien (Lombardei) ein (568). Sie hatten ihren Wohnsitz einst an der unteren Elbe (Bardowiek) gehabt. Jetzt gründeten sie ein Reich mit der Hauptstadt Pavia. Hart lastete der Druck der neuen Herren anfangs auf der römischen Bevölkerung Italiens; denn die Eroberer nahmen alles Land in Besitz und fühlten sich nicht wie die Ostgoten durch Vertrag mit dem Kaiser gebunden. Gern gedachten die Einheimischen jetzt der milden Herrschaft Theoderichs. Als sich aber unter den arianischen Langobarden das katholische Bekenntnis ausbreitete, begannen sie mit den römischen Untertanen zu einem Volke zu verschmelzen. Auf der Apenninhalbinsel blieben nur Ravenna, Rom und Unteritalien im Besitz des oströmischen Kaisers. In dem vom langobardischen Königreich räumlich getrennten Süden Italiens entstanden einige zum Teil unabhängige langobardische Herzogtümer.

Rechte Seite: Mosaiken aus der 547 geweihten Kirche S. Vitale in Ravenna. Oben: Kaiserin Theodora mit Gefolge. – Unten: Kaiser Justinian, links von ihm zwei unbekannte Würdenträger, ganz rechts Bischof Maximian von Ravenna. Zwischen ihm und dem Kaiser vermutlich Belisar.

MAXIMIAN

Links: Eine bei Wittislingen in der Nähe von Lauingen an der Donau gefundene Bügelfibel aus vergoldetem Silber mit Almandinen, d. h. den schön glänzenden Granatsteinen verwandten Mineralien, und grünen Glasflüssen (um 650). Nach der Inschrift auf der Rückseite gehörte die Fibel einem Fürsten namens Uffila. Rechts: Der Reiterstein von Hornhausen (Thüringen) aus der ersten Hälfte des 8. Jh. Auf dem Pferd ein bärtiger Reiter mit Lanze, Schwert und Schild, zu seinen Füßen eine ornamental dargestellte Schlange. Der Stein gehörte zu einem Grabdenkmal. Vermutlich ist nicht der Tote dargestellt, sondern der Gott Wodan (vgl. S. 190), auf den auch das Symbol der Schlange hinweist.

4. Die Landnahme der westgermanischen Stämme

Die Ausbreitung der Westgermanen. Bevölkerungszunahme zwang auch die Westgermanen, ihr Land sorgfältiger zu bebauen und neues Acker- und Weideland zu gewinnen. Sie zogen aber nicht über so weite Strecken wie die Ostgermanen. Von ihren Stammessitzen aus versuchten sie, die Grenzen ihres Gebietes auszudehnen. Der Verfall des Römischen Reiches erleichterte ihnen das Vordringen nach Westen und Süden.

Die Friesen. Soweit unsere Kenntnis in geschichtlicher Zeit zurückreicht, siedelten die Friesen im Bereich der Nordseeküste. In der Römerzeit saßen sie an einem schmalen Küstensaum zwischen Rhein- und Emsmündung. Während und nach der Völkerwanderung breiteten sie sich im Westen bis zur Schelde, östlich der Ems bis in das heutige Schleswig-Holstein aus. In der fetten Marsch, auf der sandigen Geest und auf den Inseln lagen ihre Höfe.

Die Sachsen. Ihre Nachbarn waren die Sachsen, deren Heimat zwischen Nordsee und Harz, Rhein und Elbe lag. Den großen Sachsenbund (benannt nach dem Kurzschwert „Sax“) bildeten vier Gruppen: die Westfalen, in denen die Cherusker aufgegangen waren, die Engern im Wesergebiet, die Ostfalen und jenseits der Elbe die Nordelbier. Sie allesamt waren ein Menschenschlag, der den Pflug so gut wie das Ruder zu führen verstand, bedächtig und verwegen zugleich.

Das Nydamboot, das sich heute im Museum von Schleswig befindet, zeigt, wie ihre Ruderboote gebaut waren. Es müssen außerordentlich seetüchtige Schiffe gewesen sein, welche die Sachsen ohne Kompaß, aber himmelskundig, tagsüber nach der Sonne und nachts nach den Sternen über das Meer steuerten.

Die Sachsen beunruhigten das Römerreich auf vielen kühnen Seefahrten und plünderten mehrmals die Küstengebiete Galliens und Britanniens. Der stärkste Angriff erfolgte um 450. Gemeinsam mit Angeln und Jüten eroberten sächsische Scharen Britannien. Diese Provinz war von den Römern geräumt worden, damit sie Italien gegen Alarich verteidigen konnten. Die Einwohner des Landes, die keltischen Briten, zogen sich in die Berge von Wales zurück oder fuhren übers Meer nach der Halbinsel, die von ihnen den Namen Bretagne hat.

Franken, Alemannen und Thüringer. Die Franken überschritten den Niederrhein und drangen in das römische Gallien ein. Sie gaben aber die Verbindung mit ihrem Heimatgebiet nicht auf, das ihnen Rückendeckung und ständigen Zuzug sicherte. In den südlichen Teilen des heutigen Baden-Württemberg, im westlichen Bayern bis zum Lech, im Elsaß und in der Schweiz fanden die Alemannen ihre neue Heimat, nachdem sie das alte Suebengebiet östlich der Elbe verlassen hatten (vgl. S. 176). Das Volk der Thüringer hatte seinen Wohnsitz vom Harz bis nahe an die Donau.

Die Bayern. Das Kernvolk der Bayern bildeten die Markomannen (vgl. S. 176). Marbod führte sie aus dem Maingebiet nach Böhmen (Bojohemum, Land der Bojer, die früher hier wohnten). Von diesem neuen Wohnsitz erhielten sie wahrscheinlich den Namen Bayern (Baiuvarii = Bewohner des Landes Bajas, das heißt Böhmens). Zur selben Zeit, als die Ostgoten unter Theoderich in Italien eindrangen, besetzten sie südlich der Donau das Voralpenland zwischen Enns und Lech. Längs der Flußtäler rückten sie allmählich in die Alpen vor. Die Unterwerfung dieser verhältnismäßig dünn besiedelten Gebiete erfolgte wohl friedlich. Noch am Ende des 8. Jahrhunderts wohnten Romanen in den Städten. Von den keltischen Walchen (Walchensee!) übernahmen die Einwanderer die Salzgewinnung (Salzburg) und die Almwirtschaft.

Das Eichenboot aus Nydam in Nordschleswig. Die Länge des Bootes beträgt 22 m. Es benötigt 30 Ruderer. Angefüllt mit zahllosen Waffen und Schmuckstücken war es als Opfergabe vergraben worden (4. Jh.).

Die fünfschiffige Kirche S. Paolo fuori le mura (= außerhalb der Mauern) in Rom. Mit dem Bau der Kirche wurde im Jahre 386 begonnen. Nach einem großen Brand wurde sie im Jahre 1831 im alten Stil wiederaufgebaut. Die Kirche vermittelt einen besonders guten Eindruck vom Aussehen einer altchristlichen Basilika. Im Gegensatz zum griechischen Tempel, der als Haus des Gottes nur vom Priester betreten wurde, ist die christliche Basilika der Versammlungsraum der Gläubigen. Die Baumeister bemühten sich in erster Linie um die prächtige Gestaltung des Innenraumes, während auf das äußere Bild, das für den griechischen Tempel bestimmend war, kein großer Wert gelegt wurde. Die Flächen unter und zwischen den Fenstern der altchristlichen Basilika sind meist mit Gemälden oder Mosaiken (vgl. S. 197) geschmückt. Eine flache Holzdecke schließt den Raum nach oben ab.

IV. Die christliche Kirche in West und Ost

1. Grundlagen der abendländischen Kircheneinheit

Das Papsttum. Seit der Zeit Diokletians regierten die Westkaiser nicht mehr in Rom, sondern in Mailand, später in Ravenna. Dadurch war der Bischof von Rom dem unmittelbaren Einfluß der weltlichen Macht entzogen. Nach dem Untergang des Westreiches bewahrten die Bischöfe von Rom und die Kirche die Überlieferungen des römischen Reichsgedankens und römischer Ordnung. Tatkräftige Päpste übernahmen in Zeiten der Not die Führungsaufgabe in Italien und wehrten die Eingriffe der oströmischen Kaiser in die Angelegenheiten der Kirche ab.

Der Bischof von Rom nahm als Nachfolger des Apostels Petrus und Hüter zweier Apostelgräber schon früh eine Vorrangstellung gegenüber allen anderen Bischöfen ein. Seit dem 1. Jahrhundert christlicher Zeitrechnung haben immer wieder römische Bischöfe ihr Entscheidungsrecht in Glaubensfragen geltend gemacht. Der Name Papst (= Vater) bezeichnet diese Vorrangstellung des Bischofs von Rom. Er betrachtete sich als Haupt der ganzen Christenheit. Deshalb nannte sich die römische Kirche schon in früher Zeit „katholische" Kirche (griech. katholikos = allgemein).

Der Sarkophag des römischen Stadtpräfekten Junius Bassus (gestorben 359), der in der alten Peterskirche in Rom gefunden wurde und heute in den Grotten von St. Peter steht. Die Längsseite des Sarkophags zeigt Darstellungen aus der Bibel und der Frühgeschichte der Kirche. In der oberen Säulenreihe von links nach rechts: das Opfer Abrahams, Petrus an der Richtstätte, der thronende Christus (bartlos) zwischen Petrus und Paulus auf dem Himmelsbogen, die Vorführung Christi, der römische Statthalter Pilatus. Unten von links nach rechts: Hiob, Adam und Eva, der Einzug Christi in Jerusalem, Daniel in der Löwengrube, die Enthauptung des Paulus.

Große Päpste. Papst Leo I. (440–461) griff mutig und geschickt in die politischen Wirren seiner Zeit ein. Er soll den Hunnenkönig Attila vom Zug gegen die Stadt Rom abgebracht haben. Den König Geiserich, der im Jahre 455 mit seinen Vandalen Rom plünderte (vgl. S. 194), hielt er von der Verhaftung und Bestrafung unschuldiger römischer Bürger ab. Er wagte es auch, dem Kaiser in Konstantinopel das Recht abzusprechen, ohne päpstliche Zustimmung ein Konzil der Bischöfe einzuberufen. Papst Gregor I. (590–604) ordnete die Verwaltung des Landbesitzes der Kirche in Italien und Sizilien und bereitete so die Entwicklung des Kirchenstaates vor. Er sandte die ersten Glaubensboten zu den Angeln und Sachsen nach England und hat dadurch weit in die Zukunft gewirkt: Von England aus kamen später christliche Missionare ins Innere Deutschlands. Schließlich leitete Gregor I. auch mit Erfolg die Verteidigung Roms gegen die Langobarden.

Der Kirchenlehrer Augustinus. Hervorragende Bischöfe bauten die Lehre der Kirche aus. Einer der bedeutendsten war Aurelius Augustinus (354–430).

Er stammte aus einer kleinen Stadt Nordafrikas. Seine Mutter Monika, eine Christin, hatte ihn im Christenglauben erzogen. Er aber bereitete ihr viel Kummer. Zwar wurde er ein bekannter Redner in Karthago, aber Christ konnte und wollte er nicht sein. Als Lehrer der Beredsamkeit kam er nach Mailand, wo Bischof Ambrosius wirkte. Dieser brachte ihn durch seine Predigten dem christlichen Glauben wieder näher. Eines Tages hörte Augustinus aus einem Nachbarhaus eine Stimme singen: „Nimm und lies, nimm und lies!“ „Da drängte ich meine Tränen zurück, stand auf und deutete diese Worte so, als werde mir von Gott befohlen, die Bibel aufzuschlagen." Dort las er: „Lasset uns ehrbar wandeln!" (Römer 13, 13). Daraufhin wurde Augustinus wieder Christ. Als Bischof von Hippo Regius in Nordafrika starb er mit 76 Jahren, als die Vandalen die Stadt belagerten.

Das Hauptwerk des Augustinus „Über den Gottesstaat" (De civitate Dei) schildert, wie Gott und Teufel um die Herrschaft über den Menschen kämpfen. Nach Augustins Ansicht ist dem Teufel auch im christlichen Staat die Macht nicht genommen. „Wenn die Kaiser Christen geworden sind, ist etwa der Teufel Christ geworden?" Erst am Ende der Zeiten wird der Gottesstaat, die Gemeinschaft der Gottesfürchtigen und Gerechten, vom Widersacher befreit sein. Staat und Kirche, Kaiser und Papst müssen gemeinsam das hohe Ideal verwirklichen, die Menschen auf Erden möglichst nahe an den Gottesstaat heranzuführen.

529 **Benedikt von Nursia.** Im Jahre 529 ließ Kaiser Justinian (vgl. S. 198) einen der letzten geistigen Mittelpunkte des Heidentums in seinem Reiche, die Universität zu Athen, schließen. Im gleichen Jahre gründete Benedikt von Nursia auf dem Monte Cassino (zwischen Rom und Neapel) ein Kloster. Die Regel Benedikts wurde mit der Zeit von allen Klöstern des Abendlandes angenommen.

Wer in ein Kloster eintrat und sich während der Prüfungsjahre als Novize (= Neuling) bewährte, entsagte der Welt für immer und gelobte Armut, Ehelosigkeit und unbedingten Gehorsam. Mit der Strenge des altrömischen Familienoberhauptes gebot der Abt, der Vater, über die Mönche. Das ganze Leben des Mönches, seine einfache Zelle, sein hartes Lager, seine grobe Kleidung, die gemeinsamen Mahlzeiten, das Gebet (siebenmal am Tage, davon einmal um Mitternacht), die Körperhaltung, das Sprechen und das Schlafen, alles war aufs genaueste geregelt.

Benedikt war davon überzeugt, daß Müßiggang der Feind der Seele sei. Deshalb mußten sich die Mönche zu bestimmten Zeiten mit Handarbeit beschäftigen und wieder zu bestimmten Zeiten mit beschaulicher Lektüre. Ihr Grundsatz sollte sein: „Ora et labora!" (Bete und arbeite!).

Diese Bestimmung Benedikts bewirkte, daß die Klöster nicht nur Stätten der Beschaulichkeit blieben, sondern Mittelpunkte segensreicher, schöpferischer Arbeit wurden. Mancher hervorragende Römer fühlte sich in der Zeit der Ohnmacht seines Volkes von Benedikts Klosterregel angezogen. Auch Cassiodor (vgl. S. 196) zog sich in ein Kloster zurück und schrieb dort eine Geschichte des Gotenvolkes. Reiche Schätze des antiken Schrifttums und beste römische Überlieferung retteten die Klöster des Benediktinerordens für die Nachwelt. Sie wurden dadurch Pflanz- und Pflegestätten unserer heutigen europäischen Kultur.

2. Das Patriarchat von Konstantinopel

Die Staatskirche in Ostrom. Im Kampf gegen den Vorrang des Bischofs von Rom war die Kirche im Osten des ehemaligen Römerreiches immer mehr in die Gewalt der oströmischen Kaiser gekommen. Die theologischen Streitigkeiten aber, die in der Ostkirche ausgebrochen waren, hatte schon Kaiser Justinian nicht zu schlichten

Rechte Seite oben: Christus mit Engeln und Heiligen aus dem Apsis-Mosaik in S. Vitale zu Ravenna (vgl. S. 200). – Unten: Christus als guter Hirte, Mosaik im Mausoleum der Galla Placidia in Ravenna (zweite Hälfte des 5. Jh.). Galla Placidia war die Tochter des Kaisers Theodosius (vgl. S. 183) und die Schwester des Kaisers Honorius, der im Jahre 409 die Hauptstadt des Weströmischen Reiches nach Ravenna verlegt hatte (vgl. S. 204). Sie starb im Jahre 450 in Rom und wurde in Ravenna bestattet.

SCS VITALIS
ECLESIVS EPS

vermocht. Sie häuften sich und förderten ebenfalls den Bruch mit der westlichen Kirche.

Unter den schwächlichen Nachfolgern Justinians geriet das oströmische Reich an den Rand des Abgrundes. Erst nach der erfolgreichen Verteidigung Konstantinopels gegen die anstürmenden Araber konnte es wieder genesen. Jetzt aber schloß sich Ostrom immer mehr gegen den Westen ab. Die Kirche wurde eine vom Kaiser weitgehend abhängige Staatskirche. Der lange „Bilderstreit", den der oströmische Kaiser Leo III. im Jahre 730 durch sein Verbot der Bilderverehrung heraufbeschwor, führte die Kirche in Ost und West noch mehr auseinander; denn der Papst in Rom wandte sich heftig gegen die Bilderstürmer.

Sprachliche Trennung des Ostreiches vom Westen. Der Gegensatz der Kirchen von Ost und West wurde begünstigt durch die Trennung der Sprachen. Unter den Nachfolgern Justinians wurde das oströmische Reich ein ausgesprochen griechischer Staat. Statt des Lateinischen wurde das Griechische die Amtssprache; griechisch wurden die Bezeichnungen der Behörden, die Kommandos in Heer und Flotte, griechisch die Fassung der Gesetze und die Sprache der Kirche. Aus dem Neu-Rom Konstantins des Großen wurde wieder ein griechisches Byzanz.

Damit schied sich die griechisch-slawische Welt des Ostens endgültig vom Abendland mit seiner römisch-germanischen Überlieferung. Gleichwohl behütete Byzanz noch jahrhundertelang die christliche Welt vor den anstürmenden Feinden des Christentums, den mohammedanischen Arabern und den Türken. Der Patriarch (Bischof) von Konstantinopel wurde zum geistlichen Oberhaupt der christlichen Völker des Ostens. Im Jahre 1054 trennte sich die Kirche des Ostreiches vom römischen Papst (griechisch-orthodoxe Kirche).

Wir fassen zusammen:

Die Gebiete westlich des Rheines und nördlich der Donau wurden von den freien Germanen immer dichter besiedelt. Ihr Siedlungsgebiet erstreckte sich von Skandinavien bis zum Schwarzen Meer. Sie besaßen eine eigene Kultur. Landnot und Abenteuerlust veranlaßten sie zu wandern. Zunächst wurden sie aber an den römischen Grenzbefestigungen aufgehalten.

Der Hunneneinfall (375) brachte die Ostgermanen erneut in Bewegung. Sie bedrohten das Oströmische und zerstörten das Weströmische Reich (476). Ihre eigenen Reiche waren jedoch meist nur von kurzer Dauer. Die Gründe sind 1. die völlige Loslösung vom alten Stammesgebiet, 2. die zahlenmäßige und kulturelle Unterlegenheit und 3. der religiöse Gegensatz zwischen den germanischen Eroberern und den unterworfenen Völkern. Besondere Bedeutung gewann das Ostgotenreich Theoderichs (493–526), das jedoch durch Uneinigkeit und im Kampfe gegen die Feldherrn des oströmischen Kaisers Justinian 553 zerstört wurde. Seit 568 wurden die Langobarden Herren Oberitaliens.

Die Westgermanen schoben sich als geschlossene Völkerschaften mit Rückhalt am alten Stammesgebiet in das Weströmische Reich hinein.

Unter Kaiser Justinian blühte Ostrom noch einmal auf. Sein Corpus juris wird noch heute an unseren Universitäten studiert.

In dieser Zeit legten große Päpste und Kirchenlehrer sowie der Vater der Mönche, Benedikt von Nursia, die Grundlagen für die Entwicklung der christlichen Kirche. Ost- und Westkirche trennten sich wegen Glaubensstreitigkeiten. Die völlige Beherrschung der Kirche durch den Staat in Ostrom hat zu dieser Trennung wesentlich beigetragen.

Eine neue Zeit hatte begonnen. In den Wirren der Völkerwanderung war das Römische Reich zerbrochen, aber die christliche Kirche überlieferte dem Abendland die antike Kultur. So wurde sie zur Mittlerin zwischen der Zeit des Altertums und des Mittelalters.

Alphabetisches Register

Das nachstehende Register soll als Stichwortverzeichnis dem Schüler das Nachschlagen von Orts- und Personennamen, Ereignissen, Begriffen usw. erleichtern. Es gibt ihm weiter die Möglichkeit, die Belegstellen unter bestimmten Gesichtspunkten aufzufinden.
Der Lehrer findet stichwortartig die Anhaltspunkte für die Erarbeitung geschichtlicher Zusammenhänge im Unterricht. Er erhält auch Anregungen für Arbeitsfragen und für die Behandlung der in den Bildungsplänen geforderten kultur-, sozial- und wirtschaftsgeschichtlichen Längs- und Querschnitte.

Verzeichnis der Karten

Vorsatzkarten:

Textkarten:

Zeittafel

Eiszeitalter der Erde **Altsteinzeit**	Etwa 600 000 bis 10 000 v. Chr.	Homo Heidelbergensis – Faustkeil Neandertaler Die Vorfahren der europäischen Menschen – Feuersteinklingen – Höhlenmalerei
Beginn des **Gegenwartszeitalters der Erde** **Mittelsteinzeit**	Etwa 10 000 bis 5000/2500 v. Chr.	In Mitteleuropa drängen die Menschen dem weichenden Eise nach. Die Urbevölkerung der Mittelmeergebiete wird allmählich seßhaft
Ägypten und Vorderasien		Das Mittelmeergebiet und Europa
Sumerer wandern in Mesopotamien ein	vor 3000 v. Chr.	
Älteste Siedlung von Troja König **Menes** vereinigt Ober- und Unterägypten	um 3000	**Jüngere Steinzeit** (etwa 3000/2500 bis 1800/1500). Es bilden sich seßhafte Bauernvölker
Pyramiden von Gizeh	um 2600	
Königsgräber von Ur	um 2500	**Kretisches Inselreich** 2100–1400
Hethiter in Kleinasien (nach 2000)	um 1900	Die Vorfahren der Griechen wandern auf der Balkanhalbinsel ein
Hammurabi von Babylon	um 1700	**Mykenische Kultur** 1600–1200 Urgermanen, Urkelten
Ende des Großreiches der Hethiter. Griechische Besiedlung der kleinasiatischen Westküste	um 1200	**Bildung der Italikerstämme** durch Einwanderungen aus dem Bereich der Urnenfelderkulturen **„Dorische Wanderung"**
Blütezeit des jüdischen Königreiches (**David** und **Salomon**)	um 1000	
	um 800	**Gründung Karthagos** *Homers Ilias*
Assyrien wird Vormacht in Vorderasien		**Die griechische Kolonisation** 750 bis 550
Zerstörung Ninives, Ende der Assyrerherrschaft	612	
Nebukadnezar von Babylon (605 bis 562), **Babylonische Gefangenschaft der Juden** (seit 587)	um 600	**Etrusker** fassen die Hügelsiedlungen am Tiber zur Stadt **Rom** zusammen. Verfassung **Solons** in Athen 594
Perser erobern unter Kyros 550 bis 539 Vorderasien	550	Peloponnesischer Bund um 550
Das Perserreich und Griechenland		
Dareios 522–486 Ausbau der persischen Reichsordnung	um 500	Vertreibung des etruskischen Königsgeschlechtes aus Rom; Rom wird Republik
Schlacht bei Marathon	490	

Das Perserreich und Griechenland		Das westliche Mittelmeergebiet und Mitteleuropa
Schlacht von Salamis	480	Sieg der sizilischen Griechen über die Karthager bei Himera
Blütezeit Athens unter Perikles	um 450	Zwölftafelgesetzgebung in Rom
Peloponnesischer Krieg 431–404 Die sizilische Expedition 415–413 (Alkibiades)		Blütezeit des Keltentums, Erstarken germanischer Bauernvölker
Tod des Sokrates 399	um 400	**Beginn der großen keltischen Wanderungen**
Gründung der „Akademie" durch Platon		Einnahme und Zerstörung Roms durch die Gallier 387
Vorherrschaft Philipps von Makedonien nach der Schlacht bei Chäronea	338	Auflösung des Latinerbundes durch die Römer
Alexander der Große	336–323	
Philosophenschule des Aristoteles in Athen	334	Samnitenkriege Bau der Via Appia

	Die Diadochenreiche	Rom, das westliche Mittelmeergebiet und Mitteleuropa	
um 300	*Blüte der Wissenschaft in Alexandria*	Mittelitalien unter römischer Herrschaft 264–241 1. Punischer Krieg	
um 250	*Übersetzung des Alten Testaments ins Griechische (Septuaginta)*	241 Sizilien erste röm. Provinz 218–201 2. Punischer Krieg	
	Rom wird Schutzmacht griechischer Insel- und Küstenstädte	Niederlage bei Cannae 216 Entscheidungssieg bei Zama 202 Spanien an Rom 201	
	Zeusaltar von Pergamon (um 180)		
146	**Makedonien wird röm. Provinz** 148 Zerstörung Korinths 146	**Zerstörung Karthagos,** röm. Provinz Africa	Einbruch der germanischen Kimbern und Teutonen von Jütland in den keltischen Raum
	Das Königreich Pergamon fällt an Rom 133	Die Revolution der Gracchen 133–121 Siege des Marius über Teutonen und Kimbern 102–101	Abwanderung der Helvetier aus dem Rhein-Main-Gebiet in die heutige Schweiz
	Blutbefehl des Mithridates zu Ephesus 88	**Sullas Diktatur** 82–79 Sklavenaufstand unter Spartakus 73–71	Suebische Stämme setzen über den Oberrhein nach Gallien über
	Neuordnung des Ostens durch **Pompeius** 64/63 **Ende des Seleukidenreiches** 64		
60		**Triumvirat** des Pompeius, Crassus und Cäsar	**Cäsar** erobert **Gallien** 58 bis 51
		Ermordung Cäsars an den Iden des März 44	
	Ägypten wird röm. Provinz 30		
27		Ernennung Oktavians zum **Augustus** († 14 n. Chr.)	

	Das Römische Reich	Die Grenzgebiete und Nachbarvölker
	Geburt Jesu Christi *Bautätigkeit des Augustus in Rom* *Geschichtsschreibung: Livius* *Dichtung: Vergil, Horaz, Ovid*	8–6 v. Chr. und 4–6 n. Chr. Tiberius in Germanien
9 n. Chr.		**Niederlage des Varus** im Teutoburger Wald durch **Arminius**
64 n. Chr.	Brand Roms; 1. Christenverfolgung Vespasian, Titus, Domitian 69–96 *Bautätigkeit: Kolosseum, Titusbogen*	
98–117	**Trajan. Größte Ausdehnung des Römerreiches** *Tacitus, Plutarch* *Trajansforum, Trajanssäule* Hadrian 117–138, *Pantheon* *Mausoleum Hadriani = Engelsburg* Mark Aurel 161–180 „*Selbstbetrachtungen*“	ab 90 Ausbau des **Limes** Kriege gegen Daker und Parther Ostgrenze: Euphrat; Hadrianswall in Britannien Partherangriffe im Osten Markomannenkriege 166–175 **Aufgabe des germ. Limes,** Erneuerung der Rheingrenze 260
284–305	**Diokletians Reichsordnung**	
ab 303	Christenverfolgung im Gesamtreich	
306–337	**Konstantin der Große**	
325	Konzil von Nicaea Konstantinopel wird Hauptstadt	332 übernehmen Westgoten den Grenzschutz an der unteren Donau
375	Ambrosius Bischof von Mailand 374 Das **Christentum** wird **Staatsreligion**	**Einfall der Hunnen,** Unterwerfung der Ostgoten. Westgoten treten südlich der Donau auf römisches Reichsgebiet über.
395	**Reichsteilung** des Theodosius	

	Der Osten	Der Westen
395	Beginn einer germanenfeindlichen Politik in Ostrom; Westgoten ziehen unter König Alarich durch die Balkanhalbinsel	407 Burgunder und Alemannen überschreiten den Rhein 410 Einnahme Roms durch Alarich 429–534 **Vandalenreich in Nordafrika**
451		Schlacht auf den Katalaunischen Feldern, Rückzug Attilas
476	Der oströmische Kaiser erkennt Odowakar in Italien an Der oströmische Kaiser ernennt 488 Theoderich zum Statthalter in Italien	Erhebung Odowakars zum König Italiens. **Ende des Weströmischen Reiches.** **Das Ostgotenreich in Italien** (493–553)
493–526		**Theoderich**
527–565	**Kaiser Justinian**	
529	*Schließung der heidnischen Universität Athen. – „Corpus Juris“, Hagia Sophia* Justinian vernichtet die Reiche der Vandalen (534) und Ostgoten (553)	*Gründung des Klosters Monte Cassino durch Benedikt von Nursia* (529) 568–774 **Das Langobardenreich in Italien**

Ausdehnung der römischen Herrschaft